9783803136480
AF534127

Das Meer ist die größte Region der Erde. Fast drei Viertel der Oberfläche des wasserblauen Planeten sind davon bedeckt. Die marinen Lebensräume umfassen sogar das Vierzehnfache der terrestrischen. Gleichzeitig ist das Meer die unbekannteste Region; vor allem seine Tiefenschichten bergen noch immer die größten Geheimnisse. Mit dem Meer ist die Geschichte fast aller Kulturen der Erde eng verbunden. Das gilt nicht zuletzt für die europäische Kultur: Sie ist um das Mittelmeer herum entstanden – ein Mittler-Meer, das Begegnungen ermöglichte, aber auch Grenzen setzte und Insel-Welten entstehen ließ.

Dieter Richter beschreibt die Wahrnehmung des Meeres, von den Urängsten über die Mythisierung und Romantisierung dieser Landschaft bis hin zum aktuellen, dem ökologischen Blick auf das Meer. Er schildert die Aneignung der Meere durch Seefahrt, Piraterie und Handel. Und er erzählt die kurzweilige Geschichte des – gesundheitsfördernden und vergnüglichen – Schwimmens im Meer.

Dieter Richter

Das Meer

Geschichte der ältesten Landschaft

Verlag Klaus Wagenbach Berlin

Inhalt

Vorwort

Wenn Landschaft die vom Menschen in Besitz genommene, gestaltete und veränderte Natur ist, dann ist das Meer die älteste Landschaft der Erde. Ihre Geschichte erzählt dieses Buch. Sie beginnt mit dem menschlichen Blick aufs Meer, ihm folgen Erzählung, Idee, schließlich der tätige Zugriff. Die Geschichte des Meeres berührt damit die wichtigsten menschlichen Formen der Auseinandersetzung mit der Natur, von der Mythologie über Philosophie, Literatur und Kunst bis zu Technik und Ökologie. Die Geschichte des Meeres ist Teil der Geschichte der menschlichen Kultur.

Zugleich wiegt uns das Meer wie keine andere Landschaft in der Vorstellung, es sei unberührt von Zeichen der Vergänglichkeit. Wer nachts an einer einsamen Felsenküste aufs Meer schaut, leuchtend im Widerschein des Mondes, kann sich in dem Gedanken verlieren, daß den gleichen unverstellten Blick schon Menschen vor hundert, vor tausend, vor zehntausend Jahren gehabt haben mögen. Das Meer ist nicht nur die älteste Landschaft der Erde, es ist auch diejenige, die sich allem Künstlichen, menschlich Erschaffenen am hartnäckigsten entzieht. Es ist eine archaische Landschaft, Widerpart der Zivilisation, daher immer wieder Traum- und Fluchtort eines alternativen Lebens. Und immer noch widerständig wie keine andere gegenüber allen Versuchen, es zu zähmen, zu berechnen. Selbst die Grenzen zwischen Land und Meer sind fließend, verändern sich ständig.

Geprägt von dieser Archaik sind auch unsere Wahrnehmungs- und Erfahrungsweisen. Wer vom Meer redet, steht in der Tradition einer langwirkenden Bildsprache, die sehr alte Wurzeln hat. In ihr lebt ein Gefühl weiter, das uns beim Anblick anderer Landschaften eher selten und nicht in der gleichen Weise überkommt: Ehrfurcht, in der Bewunderung und Angst sich mischen.

Das Meer ist die größte Region der Erde. Fast drei Viertel der Oberfläche des wasserblauen Planeten sind davon bedeckt. Die marinen

Lebensräume umfassen sogar das Vierzehnfache der terrestrischen. Gleichzeitig ist das Meer die unbekannteste Region; vor allem seine Tiefenschichten bergen noch immer die größten Geheimnisse.

Auch die wandelbarste aller Landschaften ist das Meer. Sein Spiegel oszilliert im Spiel der Sonne. Von einem Augenblick zum andern kann er sich verfinstern oder aufhellen, zum Zauberspiegel der Seele werden. Keine Farbe, die nicht die seine wäre: das stumpfe Taubenblau hochsommerlich heißer Mittagsstunden, das düstere Aschengrau aufziehender Gewitter, das Violett südlicher Sonnenuntergänge, die blitzend konturierte Schwärze der Nacht. Und das helle Türkis am Saum der schönsten Insel. Über Jahrtausende hinweg haben die Menschen versucht, dem Meer eine Farbe zu geben. Es hatte alle und keine. Denn jeder Blick, der aufs Meer fällt, trifft auf ein anderes Meer. *Chi ama il mare, sarà sempre libero*, »Wer das Meer liebt, wird immer frei sein«: Dieses Graffito habe ich 2010 an der Mole einer apulischen Hafenstadt gesehen. Ob der Sprayer wohl Baudelaire, Heine, Nietzsche oder Neruda gelesen hatte?

Kann es Erinnerungen geben, die stärker sind als die an das Meer? Im Alter von zwanzig Jahren stehe ich nachts am Bug eines griechischen Frachters auf dem Weg von Piräus nach Alexandria: schlaflose Nacht der Einsamkeit und des Glücks. Ich esse Früchte, die ich vorher nicht kannte, ich höre fremde Sprachen, fremde Musik, sehe fremde Menschen. Die Sonne wird aufgehen und wieder untergehen, und noch immer wird kein Land in Sicht sein. O großes Meer! Wir träumen auf deiner schönen, glänzenden Fläche, aber deine Tiefe muß schrecklich sein. Rückkehrend wird uns die schwere Krankheit in den engen Kabinen an den Rand des Todes bringen.

Mein Buch folgt der Methode einer kulturhistorischen Topographik, wie ich sie in früheren Arbeiten entwickelt habe. Sie sucht die Wandlungen in der Wahrnehmung des Meeres zu beschreiben und mit historischen Verläufen zu dessen Aneignung in Beziehung zu setzen. Nahblicke und Fernblicke verschränken sich dabei immer wieder, mikrohistorische Einzelbeobachtungen werden den langen Linien einer Geschichte eingeschrieben, die sich im Falle des Meeres als besonders lang und kontinuierlich erweist.

Wo bist du, Proteus? – Hier! und hier! Die Lektüre des Meeres nötigt in besonderer Weise zum Wechsel der Optik. Fachdisziplinen sind eher Zuchtmeisterinnen als Musen einer kreativen Wissenschaft. Erst in der Zusammenführung des in geistiger und realer Geschichte Getrennten erschließt sich Landschaft als Ensemble aus natürlichen

Gegebenheiten, eingreifender menschlicher Tätigkeit und kulturellen Zeichensystemen.

Das Meer ist nicht nur im evolutionären Sinn die Mutter alles Lebendigen. Indem es trennt und zugleich verbindet, ist es Mittlerin der Entstehung menschlicher Kulturen. Es lockt zur Überschreitung der festen Grenzen, nötigt zu technischen Erfindungen, stiftet Austausch durch Seefahrt und Handel. Aber seine dunklen, zerstörerischen Kräfte machen es auch zum ewigen Feind. Nachdenken über seine Beschaffenheit, seine Entstehung und seine Bewegungen steht am Beginn der griechischen Naturphilosophie und beschäftigt noch die aktuelle Meeresforschung. Ästhetisch war es über lange Zeit ein Nicht-Ort, der Wüste vergleichbar. Es hat Jahrhunderte gedauert, bis aus der *Ars natandi*, der Kunst des Schwimmens, ein Massenvergnügen geworden ist. Heute ist der Strand eine der weltweit meistbesuchten touristischen Landschaften. Zugleich ist das Meer ein verwundeter Planet geworden, *un planeta herido* (Pablo Neruda), die große Mutter des Lebens bedarf selber der Fürsorge, der Heilung. Auch diese Verwundungen sind Teil seiner Geschichte.

In jedem Fall wird das Meer den Menschen überleben. Dann freilich wird es auch keine Landschaft mehr sein.

Das Flüssige und das Feste
Von Scheidung und Unterscheidung

Mare e terra, Meer und Land

Mit der Scheidung des Festen vom Flüssigen beginnt die Geschichte des Meeres. Und mit ihr die Geschichte alles Lebendigen. Der biblische Schöpfungsbericht legt dieses Ereignis auf den dritten der sechs Schöpfungstage:

> Und Gott sprach: Es sammle sich das Wasser unter dem Himmel an besondere Orte, daß man das Trockene sehe. Und es geschah so. Und Gott nannte das Trockene Erde, und die Sammlung der Wasser nannte er Meer.[1]

Meer und Land, *mare e terra*: So kann man die Welt nur sehen, wenn man an der Grenze lebt. Dort, wo das Land im Meer endet, das Meer gegen das Land schlägt. Wo es Landzungen, Vorgebirge und Kaps gibt, an denen das »Trockene« sichtbar wird, und Buchten, Syrten und Golfe, in denen sich das Wasser »sammelt«. Wo am Horizont Inseln erscheinen, aufragend in der Salzflut. Und wo das Wunder der Scheidung sich täglich aufs neue vollzieht, wenn die Sonne am frühen Morgen das Land aus dem Meer hebt.

Das Mittelmeer, *mare medi-terraneum*, ist *mare* und *terra* in einem, Mittlermeer zwischen dem Flüssigen und dem Festen – ein hermaphroditisches Gewässer. Von seiner geologischen Struktur her ist es wie kein anderes zerfranst, zerklüftet, zerrissen und mit Inseln übersät. Berge und Gebirge drängen an seinen Küstensaum, und manchmal treiben sie dieses *Meer* sogar in die *Enge* – am *Estrecho de Gibraltar* oder am *Stretto di Messina* –, schnüren es von beiden Seiten ein. An

Am Meer, am Land

seinem nordöstlichen Ausgang, am Bosporus, muß es sich sogar als *bous poros*, als »Rinderfurt« verspotten lassen.

Auf der Landkarte gleicht es einem blauen, nach Westen hin rüsselnden Meermonster, und geologisch ist es, an der Grenze zweier Kontinentalplatten gelegen, in beständiger Unruhe. In erdgeschichtlich relativ junger Zeit, vor rund sechs Millionen Jahren, trocknete es aus, sein Grund wurde zur glühendheißen Salzwüste, aus der die Fundamente der künftigen Halbinseln und Inseln als gigantische Berge aufragten.[2] Rund eine Million Jahre später brach der Atlantik durch die Meerenge von Gibraltar ein und füllte das gewaltige Becken erneut. Unzählige kleinere Katastrophen mariner und terrestrischer Art prägen auch seine weitere Geschichte: Erdbeben, Vulkanausbrüche, Überschwemmungen, Hebungen und Senkungen des Meeresspiegels. Meer und Land bekämpfen, versöhnen sich hier beständig. Und die Scheidung des Festen vom Flüssigen signalisiert immer wieder das Ende des Chaos.

Das Urgewässer

Die Schöpfungsmythen der mediterranen Welt erzählen von diesem Kampf der Gewalten. Fast immer steht dabei am Anfang der Dinge ein amorphes Urgewässer. *Tohu-wa-bohu* heißt es im biblischen Schöpfungsbericht – »und der Geist Gottes schwebte auf dem Wasser«.[3] Auch als gewaltiges Seeungeheuer kann das Formlose vor allem Anfang gedacht werden. Im babylonischen Schöpfungsmythos ist es *Tiamat*, die sich aus dem Ur-Chaos erhebt; zu ihr, die das Salzmeer repräsentiert, tritt *Apsu*, der unterirdische Süßwasser-Ozean, der die Flüsse und Quellen speist.[4] Zur Polarität von Meer und Festland kommt also schon früh die Opposition von Salzwasser und Süßwasser: geboren aus Geist und Anschauung von Völkerschaften, die zwischen dem unfruchtbaren Meer im Westen und der unfruchtbaren Wüste im Osten siedeln und denen »süßes«, trinkbares Wasser alles bedeutete. »Dein Salzwasserbrunnen soll ein Süßwasserbrunnen werden«, heißt es in einem mesopotamischen Schöpfungslied.[5]

Die frühen Bewohner des Nildeltas hatten eine solche aquatische Urlandschaft über Jahrtausende hinweg immer wieder vor eigenen Augen: wenn der ungezügelte Strom über die Ufer trat, das Feste unter dem Flüssigen verschwand und sich als fruchtbar erneuerte Erde wieder erhob – eine alljährlich sich wiederholende Genesis. Der

Am dritten Schöpfungstag trennt Gott, hier mit Zepter und Zirkel, das Feste und das Flüssige.
Aus dem Genesis-Zyklus in der Kirche S. Caterina d'Alessandria in Galatina (Fresko, 15. Jh.)

Gott *Nun*, der »Träge«, steht in der ägyptischen Kosmogonie für das Ur-Chaos, eine dunkle Wasserfläche, aus der im ersten Akt der Geschichte des Lebens der »Urhügel« aufsteigt.[6] Die Insel im Meer als Bild für den Ursprung der Welt: Auch diese Idee ist aus Anschauung geboren. Meer-Landschaften sind immer auch Schöpfungs-Landschaften.

Aus dem ägyptischen Totenbuch (ca. 2300 v. Chr.)

Ich bin der Große Gott, der von selber entstand. – Was bedeutet das? – Der Große Gott, der von selber entstand [ist] das Urwasser, ist der Urozean, der Vater der Götter.

Das Totenbuch der Ägypter, übersetzt von Erik Hornung, Zürich und München 1979, S. 59 f. (= Spruch 17,2).

Okeanos. Bodenmosaik aus den Thermen der Villa dei Severi bei Rom, um 200 n. Chr. Rom, Palazzo Massimo

Auch die griechisch-römische Kosmogonie[7] kennt das Urgewässer. Es ist *Okeanos*, jener »Strom, der allen Geburt verliehn und Erzeugung«[8] und der als gewaltiger Wasserring die »nahrungspendende Erde« umgibt, Grenze zwischen den Welten der Lebenden und der Toten. Ihm steht ein weibliches Wesen zur Seite, *Tethys*, die mit dem Gemahl die »wirbelnden Flüsse« zeugt, »dreimaltausend an Zahl«.[9] Auch hier wird an die rätselhafte Doppel-Natur des Wassers erinnert: Ein und dasselbe Element kann salzig oder süß sein, lebensfeindlich oder lebenspendend. Es ist ein Thema, das auch später in Philosophie und Dichtung immer wieder erörtert wird.

In anderen Schöpfungsmythen steht *Chaos* am Anfang der Dinge, so in Hesiods *Theogonie*. Das Meer tritt dabei erst in einem zweiten Stadium in Erscheinung, und es wird in zweierlei Form und auf zwei verschiedene Arten geboren: *Gaia*, die Erde, bringt zunächst aus eigener Kraft *Pontos* hervor, das »unfruchtbare, von Wogen heftig bewegte Meer«; auf dem Liebeslager mit *Uranos*, dem »Himmel«, zeugt sie hingegen *Okeanos*, den Ozean, der den Erdkreis umspannt. »Ohne die Liebe, die flüchtige« ist danach also die Salzflut entstanden, das Unfruchtbare ist Resultat einer jungfräulichen Urzeugung.[10]

Tethys und Okeanos. Mosaik aus Harbiye, 4. Jh. Antakya, Archäologisches Museum

Die Idee des Ur-Chaos, aus dem als eines der ersten lebendigen Wesen das große Wasser hervorgeht, liegt auch der Schöpfungsgeschichte zugrunde, wie sie Ovid zu Beginn seiner *Metamorphosen* erzählt: »Eine rohe, gestaltlose Masse, nichts als träges Gewicht«, sei die Urmaterie gewesen, und sie habe das Feuchte ebenso wie das Trockene in sich gefaßt. Auch hier ist Schöpfung Scheidung, die Trennung der Elemente.

Die Urmaterie

Und, wenn Erde darin auch enthalten und Wasser und Luft, so
War doch die Erde nicht fest und war das Wasser nicht flüssig,
Fehlte der Luft das Licht. Seine Form blieb keinem erhalten,
Eins stand dem Andern im Weg, denn in ein und demselben
Körper lagen das Warme und Kalte, das Trockne und Feuchte,
Weiches und Hartes im Zwist und Schwereloses mit Schwerem.
Diesen Streit hat ein Gott und die beßre Natur dann geschlichtet,
Denn er schied vom Himmel die Erde, von dieser die Wasser.

Ovid, Metamorphosen I, 15–22 (Übersetzung: Erich Rösch).

Alle Wasser laufen ins Meer, doch wird das Meer nicht voller. **Marine Naturphilosophie**

»Gott« oder eine »bessere Natur« habe den Streit der Elemente im Ur-Chaos geschlichtet, heißt es bei Ovid, und die Worte des Dichters aus der Zeit des Kaisers Augustus lassen bereits deutlich kritisches, nachmythologisches Denken erkennen. Schon längst hatte die Philosophie die uralte Frage nach dem Ursprung der Dinge übernommen, aber die Idee des Urgewässers spielte auch hier eine wichtige Rolle. Was ist die *arché,* der Urgrund der Welt, fragt die ionische Naturphilosophie, und Thales aus Milet, der Seestadt am östlichen Rand der Ägäis, antwortet (um 600 v. Chr.): Es ist das Wasser, aus dem alles entstanden sei und zu dem alles wieder zurückkehre. Und wie ein gewaltiges hölzernes Floß schwimme die Erdscheibe auf diesem Wasser, immer wieder erschüttert von dessen Bewegungen.[11] »Alles ist aus dem Wasser entsprungen!!/Alles wird durch das Wasser erhalten/ Ozean gönn' uns dein ewiges Walten«: Mit diesen Worten wird Thales noch in Goethes *Faust* auftreten.[12] Denn das Diktum des »Vaters der Philosophie« sollte bis weit ins 18. Jahrhundert hinein zu einer Leitidee abendländischer Erdentstehungstheorien werden.

Wie aber mag Thales sein Wort vom Wasser als dem Urgrund aller Dinge verstanden haben? Dachte er an die vielerlei Gestalten, in denen das Element in Erscheinung tritt, an seine Beweglichkeit, Geschmeidigkeit, Allgegenwärtigkeit, gar Göttlichkeit?[13] Und von welchem »Wasser« war eigentlich die Rede? *Hydor* (»Wasser«) hat er es vermutlich genannt, wie die späteren Quellen ihn zitieren. Aber meinte er nicht auch *thalassa*, das (Meer-)Wasser? Die Frage, wie die verschiedenen Gewässer der Erde sich zueinander verhalten – das salzige Meer und die süßen Brunnen, der Regen und die Feuchtigkeit der Erde –, gehört ebenfalls zu den naturphilosophischen Grundthemen der Antike. Das große Staunen steht dabei am Anfang, wie es schon das biblische Buch Kohelet, der »Prediger Salomo« mit den Worten formuliert: »Alle Wasser laufen ins Meer, doch wird das Meer nicht voller.«[14]

Auch andere Fragen bewegten die frühe Philosophie: Hatte das Meer einen Anfang und wird es ein Ende haben? Anaximander, wie Thales aus Milet gebürtig, vertrat zum Beispiel die Auffassung, es würde durch die Sonne allmählich austrocknen und endlich ganz verschwinden.[15] Wie ist das Salz ins Meer gekommen? – eine Frage, auf die auch zahlreiche Volksmärchen, sogenannte »Ursprungserzählungen«, eine Antwort geben wollten. Und eine der schwierigsten Fragen: Gibt es einen Zusammenhang aller irdischen Gewässer?

Platon versucht in seinem Dialog *Phaidon* (in dem es um das Sterben des Sokrates geht) eine Antwort zu geben: Alle Wasser der Erde seien durch ein System unterirdischer Kanäle miteinander verbunden. In einer gewaltigen Erdspalte (die Dichter hätten sie *Tartaros* genannt) sammelten sich die Wasser und entströmten ihr immer wieder aufgrund der Bewegung der Erde – »so wie der Hauch der Atmenden in beständiger Bewegung immer einströmt und ausströmt«.[16] Dabei verteile sich das Wasser abwechselnd in die »oberen« und die »unteren« Partien des Planeten:

Das Strömen der Wasser

Wenn nun strömend das Wasser nach der Gegend hin ausweicht, welche ›unten‹ genannt wird: so fließt es in das Gebiet der dortigen Ströme und füllt es an wie beim Pumpen. Wenn es aber von dort wiederum sich wegzieht und hierher strömt, so erfüllt es dann die hiesigen. Diese, wenn sie erfüllt sind, strömen durch die Kanäle und durch die Erde; und wenn sie wieder in die Gegenden kommen, wohin sie jedesmal geleitet werden, so bilden sie Meere und Seen und Flüsse und Quellen.

Platon, Phaidon, 112b-c (Übersetzung Friedrich Schleiermacher).

Diese wunderbare Vorstellung von einer das Wasser ein- und ausatmenden Erde konnte nirgendwo plausibler erscheinen als im Süden: hier, wo in den heißen Sommermonaten auch breite Flüsse zu dünnen Rinnsalen verkümmern oder ganz versiegen und wo sich Trockentäler und Wadis über Nacht mit Wasser füllen können. Mußte die Erde nicht wie ein schaukelndes Wasserreservoir erscheinen, das durch unterirdische Kanäle das nasse Element bald hierhin, bald dorthin leitete, es fließen und sich wieder zurückziehen ließ? Auch die Idee von der planetarischen Verbindung der Wasser durch subterrestrische Kanäle sollte von langer Dauer sein: Sie taucht noch in Immanuel Kants naturwissenschaftlichen Schriften über die Ursachen der Erdbeben auf, um Fernwirkungen von Erderschütterungen zu erklären.[17]

Auch die Frage, ob es auf dem Planeten Veränderungen im Verhältnis von Land und Meer gebe, ist Thema der frühen griechischen Naturphilosophie – eine Frage, die sicherlich durch die Beobachtung des sich hebenden und senkenden Meeresspiegels oder durch die Erfahrung von Überschwemmungen ausgelöst wurde. Es ist erstaunlich, daß dabei schon früh – ähnlich wie in der modernen Paläontologie – Funde von Versteinerungen mariner Lebewesen die Idee solcher historischen Verschiebungen zwischen Meer und Festland inspiriert haben. So heißt es über Xenophanes, einen Philosophen des 6. Jahrhunderts v. Chr., der seine ionische Heimatstadt Kolophon verlassen mußte und anschließend als wandernder Sänger große Teile der Ägäis und des östlichen Mittelmeers kennenlernte:

»Xenophanes meint, es finde eine Mischung der Erde mit dem Meer statt und die Erde werde mit der Zeit vom Feuchten aufgelöst. Er behauptet, er habe folgende Beweise dafür: Mitten im Lande und auf den Bergen werden Muscheln gefunden, und in Syrakus, sagt er, wurde in den Steinbrüchen der Abdruck von einem Fisch und von Robben gefunden, auf Paros tief im Gestein der Abdruck eines Lorbeers und auf Malta flache Formen von allen möglichen Seetieren. Er sagt, dies sei geschehen, als einmal alles mit Schlamm bedeckt gewesen sei, der Abdruck im Schlamm sei aber trocken geworden.«[18]

Noch zweieinhalbtausend Jahre später faszinieren solche marinen Versteinerungen, lassen bereits bei Kindern eine Ahnung davon aufkommen, daß Land nicht immer Land war.

Nicht für alle Zeiten. Aristoteles und die fließenden Grenzen

Es war der universale Denker Aristoteles, der in seinen naturwissenschaftlichen Schriften das Verhältnis von Meer und Land in einem kosmischen – wir würden heute sagen: planetarischen – Gesamtsystem zu bestimmen suchte, wobei er sich immer wieder kritisch mit früheren Denkern beschäftigte. Nach Aristoteles ist die irdische Welt aus vier Elementarqualitäten zusammengesetzt: Wärme, Kälte, Feuchtigkeit und Trockenheit. Ihnen entsprächen die vier Grundelemente Feuer, Luft, Wasser und Erde. Die auf diese Weise zusammengefügte kosmische Urmaterie habe weder Anfang noch Ende, demzufolge sei auch das Meer als Medium des Feuchten ewig und unvergänglich. Es sei immerwährend wie die Zeit und das All. Wohl aber ergäben sich aus der wechselnden Mischung der Elemente des Feuchten und des Trockenen immer wieder »Verschiebungen« zwischen Meer und Festland. Und unter dieser Prämisse, so Aristoteles, kenne auch das Meer »ein Werden und Vergehen«.[19]

> Es sind aber nicht fortwährend dieselben Teile der Erdoberfläche wasserreich oder trocken, sondern es treten an ihnen Veränderungen auf je nach dem Entstehen und Versiegen der Flüsse. So wechseln auch (im ganzen) Festland und Meer ab, nicht für alle Zeiten bleibt dies hier Land und jenes dort See, sondern Meer entsteht, wo jetzt trockener Boden ist, und wo jetzt Meer, dort bildet sich wieder Land. [...] Weil aber das ganze Naturgeschehen sich am Erdkörper nur langsam auswirkt und in Zeiträumen, die unserem Leben gegenüber riesig sind, kommt es eher zum Untergang und Verderben ganzer Völker, ehe es zu einer Überlieferung von diesen Vorgängen kommt, von ihrem Anfang und ihrem Ende.
>
> Aus: Aristoteles, Meteorologie, übersetzt von Hans Strohm, Berlin 1984, S. 35 (= 351a-b).

Das sind Einsichten, die denen der modernen Geowissenschaften durchaus entsprechen – auch wenn sich Aristoteles vermutlich nicht hätte vorstellen können, wie »riesig« tatsächlich die »Zeiträume«

waren, in denen sich solche Entwicklungen vollzogen haben und noch immer vollziehen. Es ist überhaupt erstaunlich, wie wenig statisch das Verhältnis von Land und Meer im Altertum gedacht wurde, und man ist versucht, darin das Fortleben menschheitsgeschichtlicher Erinnerungen an geologische Verwerfungen oder Naturkatastrophen zu erkennen, wie sie gerade für das östliche Mittelmeer typisch waren und noch immer sind. Auch in geographischen Werken antiker Autoren ist immer wieder von geologischen Veränderungen der Erdoberfläche die Rede. So weiß beispielsweise Plinius in seiner *Naturgeschichte* (1. Jh. n. Chr.), daß die Kykladen als Auffaltungen aus dem Meer entstanden sind oder daß Sizilien, Zypern und Euböa ursprünglich mit dem Festland verbunden waren.[20]

Aristoteles. Römische Kopie nach Lysippos. Rom, Palazzo Altemps

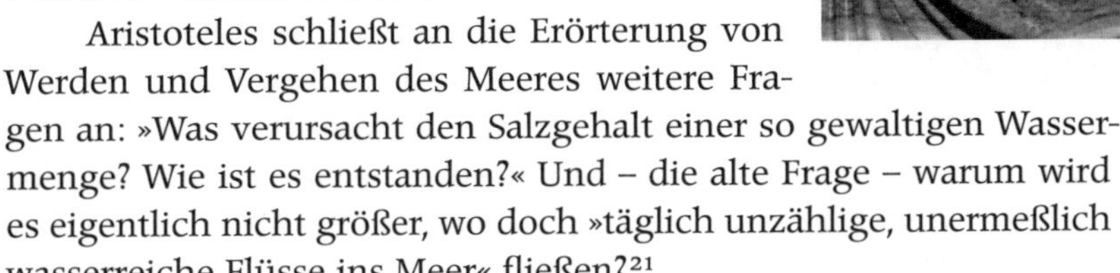

Aristoteles schließt an die Erörterung von Werden und Vergehen des Meeres weitere Fragen an: »Was verursacht den Salzgehalt einer so gewaltigen Wassermenge? Wie ist es entstanden?« Und – die alte Frage – warum wird es eigentlich nicht größer, wo doch »täglich unzählige, unermeßlich wasserreiche Flüsse ins Meer« fließen?[21]

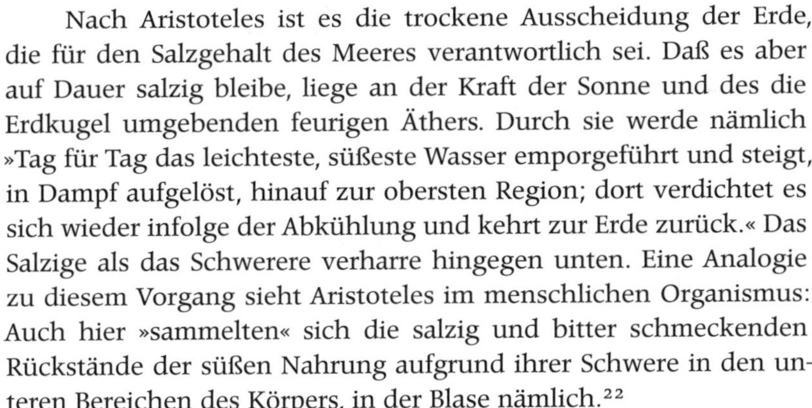

Nach Aristoteles ist es die trockene Ausscheidung der Erde, die für den Salzgehalt des Meeres verantwortlich sei. Daß es aber auf Dauer salzig bleibe, liege an der Kraft der Sonne und des die Erdkugel umgebenden feurigen Äthers. Durch sie werde nämlich »Tag für Tag das leichteste, süßeste Wasser emporgeführt und steigt, in Dampf aufgelöst, hinauf zur obersten Region; dort verdichtet es sich wieder infolge der Abkühlung und kehrt zur Erde zurück.« Das Salzige als das Schwerere verharre hingegen unten. Eine Analogie zu diesem Vorgang sieht Aristoteles im menschlichen Organismus: Auch hier »sammelten« sich die salzig und bitter schmeckenden Rückstände der süßen Nahrung aufgrund ihrer Schwere in den unteren Bereichen des Körpers, in der Blase nämlich.[22]

Selbstbewußt schließt Aristoteles in der *Meteorologie* seine Ausführungen mit den Worten: »So viel also über Gewässer und Meer, was die Ursachen ihrer fortwährenden Existenz, ihre Wandlungen, ihre Natur betrifft, sowie ihre natürlichen aktiven oder passiven Eigenschaften.«[23]

Und das Meer ist nicht mehr?
Eine apokalyptische Verdammung

Die Probleme scheinen geklärt, die Fragen beantwortet – und in der Tat sollte die Autorität des großen Aristoteles über anderthalb Jahrtausende hinweg immer wieder im Hintergrund stehen, wenn das Meer Gegenstand gelehrter Dispute von Philosophen, Theologen oder Naturwissenschaftlern wurde. Durch seine intensive, über die arabische Welt vermittelte Rezeption im Hochmittelalter konnten scholastische Autoren wie Albertus Magnus oder Thomas von Aquin die Lehre des griechischen Philosophen ohne große Schwierigkeiten mit christlichen Glaubensvorstellungen verbinden. Aristoteles' »unbewegter Beweger«, der die Urmaterie zu ihrer immerwährenden Bewegung veranlaßt hatte, konnte mit dem Schöpfer-Gott gleichgesetzt werden, die Mischung der vier Elemente verdankte sich der göttlichen Vorsehung,[24] und die Auffassung von Vergehen und Werden der natürlichen Dinge harmonisierte mit der Idee von Tod und Auferstehung. Schwierig wurde es allerdings mit Aristoteles' Diktum von der Ewigkeit und Unvergänglichkeit des Meeres. So folgt zwar Albertus Magnus in seinen *Meteora*, einer umfassenden Welt- und Naturkunde, die auch dem Meer ein umfangreiches Kapitel widmet, getreulich seinem großen Vorbild Aristoteles und verwirft alle Auffassungen, die von einem möglichen Ende des Meeres sprechen: *secundum ordinem naturae semper manebit aequale*, heißt es dort, »gemäß der Ordnung der Natur wird es immer bleiben, wie es ist«.[25] Im Widerspruch dazu stand nun die eschatologische Botschaft des Neuen Testaments, die – so die Vision der Johannes-Apokalypse – der gesamten Schöpfung mit der Wiederkunft des Messias ein Ende setzte.[26] Während dabei dem »Himmel« und der »Erde« – aristotelisch gedacht – eine Art von Dauer zugesprochen wird (werden sie doch in geläuterter Form als »Neuer Himmel« und »Neue Erde« wiedererstehen), gilt diese Verheißung für das dritte der kosmischen Elemente ausdrücklich nicht: »Und das Meer ist nicht mehr«, heißt es im letzten Kapitel der Bibel über die neue kommende Welt. Der christliche *mundus novus* kennt kein *mare novum.*

Was steckt hinter dieser expliziten eschatologischen *damnatio maris*? Ist es wirklich, wie die Theologen meinen, »nach alter semitischer Vorstellung Sinnbild der gottfeindlichen, die Schöpfung und ihre Ordnung bedrohenden Macht«?[27] Als solches erscheint es tatsächlich in den jüdischen Schriften immer wieder.[28] Andererseits sprechen diese auch mit großer Bewunderung vom Meer als dem Werk der göttlichen Schöpfung. »Er hält die Wasser des Meeres zusammen«, heißt es in den Psalmen, oder »Sein ist das Meer, und er hat's gemacht«.[29] Hätte es also – eschatologisch gedacht – nicht genügt, das alte Meer vom Bösen zu reinigen, den »Drachen im Meer«[30] ebenso auszutilgen wie die widergöttlichen Ungeheuer auf Erden und im Himmel, um auf diese Weise neben dem »Neuen Himmel« und der »Neuen Erde« auch ein »Neues Meer« entstehen zu lassen? Vermutlich war das Bild, das der Verfasser der Johannes-Apokalypse und seine Zeitgenossen vom Meer, dem wirklichen, hatten, so nachhaltig negativ geprägt, daß sie die eschatologische Botschaft »Siehe, ich mache alles neu« nur auf den Himmel und die Erde, nicht jedoch auf das Meer beziehen mochten.

Für die scholastische Exegese der Johannes-Apokalypse entstanden damit Probleme. Einen Versuch, den Satz vom »Ende des Meeres« im aristotelischen Sinne korrekt zu deuten, unternimmt der Apokalypse-Kommentar des Alexander Minorita (um 1240), eines franziskanischen Gelehrten, der zu den Anhängern des Joachim von Fiore gezählt wird. Bei seiner Auslegung zitiert er, wie üblich, zunächst den biblischen Text *Et mare iam non est*, (»Und das Meer ist nicht mehr«), fügt dann aber ein *secundum pristinum modum* hinzu, also »nach vorheriger Weise«. Er läßt damit auch im *mundus novus* ein neues, ein sozusagen von seiner alten, gottfeindlichen Natur gereinigtes Meer wiedererstehen. Und er erläutert: »Unter allem, was ist, hat das Meer etwas Großes. Daher wird Gott, der doch alles neu macht, selbst dieses erneuern.«[31] Der Verfasser stammte übrigens aus der Gegend von Stade, lebte im dortigen Minoritenkloster. Er kannte also das »große Meer«, von dem er sprach, aus eigener Anschauung. Auf der gleichen exegetischen Linie liegt der unter dem Namen des Thomas von Aquin überlieferte Kommentar zur Johannes-Apokalypse: Nicht gemäß seiner Substanz, sondern nur seiner Qualität werde vom Meer gesagt, es existiere in der Neuen Welt nicht mehr, heißt es dort. »Dem subtilen Betrachter wird dadurch zu verstehen gegeben, daß es gereinigt werden wird von aller Verderbnis, von seiner Häßlichkeit und von seinem salzigen Bittergeschmack.«[32] Ein ungefährliches, ein schönes und ein Süßwassermeer wird es danach also in der Neuen Welt geben. So korrigiert scholastische Gelehrsamkeit in Treue zu Aristoteles sogar die Bibel. Und kann man diesem Gedankengang das Verständnis, ja die Sympathie versagen? Ist eine Welt, gar eine paradiesisch neue denkbar ohne das Meer?

Wege aus dem Hadaikum
Die geowissenschaftliche Erzählung vom Meer

Hat das Meer einen Anfang, hat es ein Ende? Warum ist es salzig? Warum hebt und senkt es sich? In welchem Verhältnis stehen die Landmassen des Planeten zu den Ozeanen? Es sind menschheitsgeschichtliche Fragen von langer Dauer, auf welche die Sprache des Mythos, der Philosophie und der Naturbeobachtung immer wieder Antworten formuliert. Sind sie falsch, sind sie richtig? Und was wissen wir heute über das Meer? Lesen sich nicht auch die Nachrichten aus den modernen Geowissenschaften wie große, geheimnisvolle Erzählungen einer Geschichte, die noch immer voller Rätsel steckt? Und wird man nicht naturwissenschaftliche Erkenntnisse, die heute als gesichert gelten, in zweitausend Jahren ebenfalls wie Mythen der Vorzeit lesen?

Es wird also erzählt:[33]

Die Erde ist vor rund fünf Milliarden Jahren entstanden. *Hadaikum*, die »Hadeszeit«, nennen Geochronologen den ältesten Äon in der Geschichte des Planeten, der rund eine Milliarde Jahre dauerte und über den man nichts weiß. Irgendwann entsteht auf der glühendheißen, beständig von vulkanischen Explosionen geschüttelten Urmaterie Wasser. Die Gründe, warum es dazu kam, sind nicht bekannt. Es könnte sich um magmatische Ausgasungen aus dem Erdinneren, aber auch um Import aus dem Weltraum durch Einschläge von Asteroiden oder Eismeteoriten gehandelt haben. Und irgendwann »sammeln sich die Wasser« (wie es poetisch im jüdischen Schöpfungsbericht heißt), das Meer entsteht, zunächst vermutlich eine brodelndheiße Substanz.

Vielleicht vor dreieinhalb Milliarden Jahren, der Äon heißt jetzt *Archaikum*, entwickelten sich in diesem heißen Urmeer die ersten Spuren organischen Lebens: möglicherweise Blaualgen (Cyanobakterien), die über Photosynthese Sauerstoff bilden. Allmählich kühlt der Ozean ab, in seinen Tiefen beginnt der Prozeß der Evolution. Rund drei Milliarden Jahre später, in der Periode des *Kambrium*, entwickelte sich eine Vielfalt mariner Flora und Fauna, vielleicht begünstigt durch eine Veränderung der chemischen Zusammensetzung des Meerwassers.[34] Wahrscheinlich war das Meer damals schon salzig, in früheren Zeiten hingegen möglicherweise ein Sodameer.[35] Auf der »geologischen Zeitskala«, welche die Erdgeschichte in ein 24-Stunden-Modell faßt, ist es jetzt, vor etwa 500 Millionen Jahren, bereits 21 Uhr.

Am Ende der Ära des *Paläozoikums*, des »frühen Lebens«, vor etwa 250 Millionen Jahren, starben fast alle bis dahin existierenden Arten aus. Aber die »schwerste Krise im marinen Lebensraum«[36] wird erfolgreich bewältigt, die Salzflut produziert neue Arten. Aus dem Urmeer ragt jetzt ein einziger Superkontinent – Alfred Wegener, der Entdecker der »Plattentektonik«, hat den beiden Massen von Meer und Land die Namen der griechischen Schöpfungsgottheiten gegeben: *Tethys* und *Pangaea.* Doch »die Verteilung von Meer und Festland auf der Erde [bleibt] nicht immer dieselbe«[37] (Aristoteles). *Pangaea* gebiert die Kontinente, *Tethys* befruchtet das Land. Das Wasser »wimmelt jetzt schon von lebendigem Getier«,[38] aber bis die ersten Arten das Urmeer verlassen, vergeht noch viel Zeit. Der Frosch war dann das erste der noch lebenden Wirbeltiere, das den Sprung aus dem Wasser aufs Festland wagte. Die Chronostratigraphie des 24-Stunden-Modells zeigt jetzt etwa 22 Uhr an.

Nun geht die Entwicklung auf dem Land weiter. Im Meer hingegen, in dem das Leben entstanden war, in dem es sich entwickelt hatte, retardiert die Evolution. Es scheint, als konzentriere sie sich nun ganz auf das feste Land, auf Wälder, Savannen, Gebirge. Große Katastrophen, die zum Massensterben ganzer Arten führen, begleiten sie auch weiter. Meere und Länder gruppieren sich beständig neu. Denn »alles wandelt sich mit der Zeit«.[39]

Etwa zwei Sekunden vor Mitternacht tritt der Mensch auf den Plan. Und die Anlage von Schwimmhäuten zwischen Fingern und Zehen erinnert noch immer an seine aquatische Präexistenz.

Leviathan
Das Meer und der Tod

Monster-Welle

Wie schrecklich ist das Meer, eine schwarze, gierige Bestie. Vor kurzem hat es wieder zugeschlagen, und alle konnten es sehen.

> Tsunami, Japan, 11. März 2011
>
> Dunkle Fläche des Pazifik, unscharfe Spiegelungen, verschwindende Küstenlinien. Kameraschwenk auf das Festland, dann wieder das offene Wasser. Weit draußen die Welle, ein breiter Wurm, der langsam näherkommt. Wo er aufs Land zurollt, wird er groß und größer, wächst unversehens ins Riesenhafte. Aufschäumend setzt er über die Hafenmauer, treibt gekenterte Boote vor sich her, zermalmt ein Schiff unter einer Brücke. Dann läuft die Welle weiter, langsam, stetig, unaufhaltsam, begräbt alles unter sich – ein makabrer Triumph des Todes. Es scheint, als wachse ihr größere Kraft zu, je weiter sie vorankommt. Jetzt schwemmt sie über die Stadt, ein schwarzer, schmutziger Brei, der alles einsaugt, verwirbelt, mitreißt, was ihm im Weg ist. Und kein Haus hält ihm stand, wie von Riesenhand umgelegt, sinkt eins nach dem anderen zu Grund. Und die Stadt, die einst hier stand, ist nicht mehr.
>
> Nach Videofilmen vom Tohoku-Seebeben in Japan, März 2011.

Das Tier aus der Tiefe

Die Bestie aus der Tiefe ist sehr alt, das Meer-Monster hat eine lange Geschichte.[1] Leviathan heißt es im Hebräischen, »der sich Windende«, der Wurm, das apokalyptische »Tier aus der Tiefe«,[2] ein Wesen, an dem menschliche Kraft und Klugheit zuschanden werden. Mit Grauen beschreibt es der Dichter des Buches Hiob, dabei Gott selber seine Worte in den Mund legend, und mit dem Grauen vor dem

Unheimlichen verbindet sich der Respekt vor der Unerforschlichkeit der Schöpfung.

> Kannst du den Leviathan ziehen mit dem Hamen und seine Zungen mit dem Strick fassen? Kannst du ihm einen Ring in die Nasen legen und mit einem Stachel ihm die Backen durchbohren? Meinst du, er wird dir viel Flehens machen oder dir heucheln? Meinst du, daß du einen Bund mit ihm machen mögest, daß du ihn immer zum Knecht habest? Wenn du deine Hand an ihn legest, so gedenke, [daß] das ein Streit sei, den du nicht ausführen wirst. Sein Niesen ist wie ein glänzend Licht. Seine Augen sind wie die Augenlider der Morgenröte. Aus seinem Munde fahren Fackeln und feurige Brände. Aus seiner Nasen gehet Rauch wie von heißen Töpfen und Kesseln. Sein Odem ist glühende Kohlen und aus seinem Munde gehen Flammen. Er hat einen starken Hals, und ist seine Lust, wo er etwas verderbet. Wenn er sich erhebt, so entsetzen sich die Starken, und die Wellen werden trübe. Er achtet Eisen wie Stroh, und Erz wie faul Holz. Er macht, daß das tiefe Meer siedet wie ein Topf und rühret 's ineinander wie man eine Salbe menget.
>
> Hiob 40,25–41,23 (Luther, 1534, gekürzt und orthographisch angepaßt).

Was im Bild des Leviathan aufscheint, ist mehr als ein mythisches Seeungeheuer, es ist das Böse selber. Leviathan ist der unversöhnliche Feind alles Geschaffenen, ist das Chaos, das immer wieder von neuem den Kosmos bedroht. Und nicht aus Regionen des Himmels oder der Erde droht das große Unheil, sondern – wie wir es aus Joseph Haydns *Schöpfung* im Ohr haben –

> Vom tiefsten Meeresgrund
> Wälzt sich Leviathan
> Auf schäumender Well' empor.

Denn das Meer ist das Reich, in dem das Böse wohnt, und immer wieder setzt es an zum Sprung. Die frühesten Stimmen der Menschheit sprechen mit Schauder und Entsetzen vom Meer, es scheint, als sei die Erinnerung daran noch gegenwärtig, daß es einst gebannt, verbannt wurde an den Ort, an dem es sich »sammeln« sollte und von dem es doch jederzeit wieder aufbrechen kann, *auf schäumender Well' empor*, um das Feste, die Feste unter sich zu begraben. Die Geschichte des Meeres beginnt mit der Angst, die Angst vor dem Meer bleibt eine der Urängste der Menschheit.[3] Denn das Meer ist unendlich, es verschlingt den Blick so, wie es Raum und Zeit verschlingt, und damit alles, was irdisch und menschengemäß ist.

Gustave Doré: Die Vernichtung des Leviathan. Bibelillustration zu Jesaja 27,1

Die Stimmen des Mythos schüren diese Angst, aber zugleich erzählen sie auch gegen sie. Sie berichten von der Unterwerfung des marinen Ur-Chaos-Monsters durch die guten Götter des Lichts. Im altbabylonischen Schöpfungsepos *Enuma Elish* aus der Tontafel-Bibliothek des Asurbanipal in Ninive (ca. 15. Jh. v. Chr.) ist es Marduk, das Oberhaupt der neuen, der »jungen« Götter, der den Aufstand der alten Mächte niederwirft und Tiamat, das Ur-Meer, besiegt.[4] In der syrisch-kanaanäischen Welt von Ugarit ist es der Himmelsgott Baal, der Yammu, das Meer, niederwirft und bändigt.[5] Spuren dieses Mythos finden sich, übernommen aus dem Erzählschatz der Nachbarvölker, auch im Alten Testament, das doch theologisch grundsätzlich nur den einen und einzigen Gott kennen will. Auch Jahwe erscheint als siegreicher Kämpfer gegen verschiedene See-Monster, die dämonischen Mächte des Ozeans:[6]

> Du hast zerschmettert die Köpfe der Drachen im Meer,
> Du hast dem Leviathan die Köpfe zerschlagen
> Und ihn zum Fraß gegeben dem wilden Getier –

so rühmt ihn der Psalmist (Psalm 74,13 f.). Wie so oft erzählt der Mythos ein Ur-Ereignis, das sich immer wieder neu aktualisiert, den Fort- und Weitergang des Lebens garantieren soll.[7]

Die Sintflut

Wenn es einen Mythos gibt, der das in besonderer Weise zum Ausdruck bringt, von der Bedrohung durch das Meer und seiner Niederwerfung zugleich berichtet, dann ist es die Erzählung über die Große Flut, die Sintflut. Sie handelt von der Vernichtung alles Lebendigen durch das Wasser und ist zugleich die Geschichte einer zweiten, einer unzerstörbaren Neuschöpfung.

In ihrer bekanntesten Version im biblischen Buch der Genesis (Kap. 7–8) öffnen sich die »Brunnen der großen Tiefe« ebenso wie die »Fenster des Himmels«: Das Ur-Meer, das nach zeitgenössischer Vorstellung sowohl unter die Erde wie in den Raum jenseits des Firmaments gebannt wurde, kehrt also zurück. Zugleich geht ein vierzigtägiger Regen nieder – in der Sintflut-Erzählung des Gilgamesch-Epos ist es außerdem der feuchte Südwind, der die Elemente in Aufruhr bringt: »Das Land, das weite, zerbrach wie ein Topf«.[8] Daß, wie immer wieder vermutet wurde, eine frühgeschichtliche Katastrophe – vielleicht der Einschlag eines Riesenmeteoriten – auf diese Weise seine Spuren im Gedächtnis der Menschheit hinterlassen haben könnte, ist nicht auszuschließen.[9] Auch an die bronzezeitliche Explosion des Santorin (17. Jh. v. Chr.), bei der große Teile des östlichen Mittelmeerraums von einer gewaltigen Flutwelle heimgesucht wurden, hat man gedacht. Im übrigen erzählen Mythen ja immer auch von Gegenwärtigem: Gewaltige Platzregen können in subtropischen Breiten jederzeit apokalyptische Verhältnisse entstehen lassen – schon der mittelalterliche Gelehrte Hrabanus Maurus (um 800) weist im »Sintflut«-Kapitel seiner Weltbeschreibung (*De Universo*) auf diese Möglichkeit hin.[10] In jedem Fall vermischen sich die Wasser der Erde mit den Wassern des Himmels zur Wiederkehr der Ur-Flut. *Omnia pontus erant*, »alles war Meer«, heißt es anschaulich in Ovids Beschreibung der Deukalionischen Flut,[11] der griechisch-römischen Version des mittelmeerischen Sintflut-Mythos.

Die Sintflut. Rettung in die Arche Noah. Aus der Osianderbibel, Lüneburg 1665

Zugleich erzählt der biblische Bericht, explizit wie kein anderer, auch von der Bannung der Angst, daß die Ur-Flut jederzeit wiederkehren könnte: Als sich die Wasser verlaufen hatten und das Leben neu beginnt, schließt Jahwe einen Bund mit Noah und den überlebenden Tieren: »Ich will hinfort nicht mehr schlagen alles, was da lebt, wie ich getan habe. Solange die Erde steht, soll nicht aufhören Saat und Ernte, Frost und Hitze, Sommer und

Die Sintflut. Flucht vor den ansteigenden Wassern. Aus Michelangelos Genesis-Zyklus in der Sixtinischen Kapelle in Rom

Winter, Tag und Nacht« (Gen. 8,21f.). Die Normalität im Ablauf der Jahres- und Tageszeiten soll also nicht wieder durch den Einbruch des Chaos außer Kraft gesetzt werden. Und der Regenbogen – Phänomen des abziehenden Unwetters – soll den Bund besiegeln. Auch dem Meer selber werden damit seine Schranken gewiesen, in einer Art Wiederkehr der Trennung von Festem und Flüssigem, dem Ereignis des dritten Schöpfungstages:

> Ich habe den Sand als Grenze für das Meer gesetzt, als ewige Schranke, die es nicht überschreiten kann; mögen seine Wellen toben, sie können sie nicht bezwingen, mögen sie brüllen, sie können sie nicht überschreiten.
>
> Jeremia 5,22f. (Luther).

Die »letzte Verheerung«, die Zerstörung der alten Welt am Ende der Zeit wird, wie Alain Corbin bemerkt hat, nicht ein Werk des Wassers, sondern des Feuers sein.[12] Nicht im Ur-Chaos soll die Erde erneut versinken, sondern vom reinigenden Feuer verzehrt werden: In dieser Auffassung vom großen Weltenbrand scheinen die apokalyptischen Vorstellungen nicht nur im Alten Orient vereint zu sein.

Gilgameschs Reise übers Meer

Die Grenze, die dem Meer gesetzt ist, gilt freilich in umgekehrter Richtung auch für den Menschen. Das »unendliche, wogengeschwellte Meer« (Hesiod)[13] zwingt ihn innezuhalten. Für die altorientalischen Bauern- und Kriegervölker Mesopotamiens markierte das »Große Meer« im Westen, weit jenseits der syrischen Wüste und des Libanon-Gebirges gelegen, das äußerste Ende der bewohnten Erde, ein fernes, kaum zu erreichendes Ziel. So rühmt sich der babylonische König Jahdun-Lim auf den akkadischen Tontafeln von Mari, einer Stadt am Euphrat, nach einem siegreichen Feldzug (um 1750 v. Chr.): »Seit den alten Tagen, als Gott Mari baute, hat kein König, der in Mari residierte, das Meer erreicht.«[14] Wohin wäre eine solche Reise noch fortzusetzen gewesen?

Im Mythos freilich geht der Weg noch weiter. Das Gilgamesch-Epos, entstanden vermutlich im 3. Jahrtausend, schickt seinen Helden aus dem Zweistromland auf eine Reise nach Westen, wie sie König Jahdun-Lim mit seinen Truppen später tatsächlich ausführen sollte. Und sie verknüpft die Erfahrung des Meeres auf geheimnisvolle Weise mit der Erfahrung des Todes.[15]

Gilgamesch hatte den Tod seines Freundes Enkidu erlebt, aber er weiß noch nicht, was der Tod ist. So sitzt er sieben Tage und sieben Nächte neben dem Leichnam – »bis daß der Wurm sein Gesicht befiel« –, hoffend, daß der Freund wieder lebendig werde. Und entsetzt stellt er sich die Frage: »Werd ich nicht, wenn ich sterbe, sein wie Enkidu?« Es ist die alte Frage nach dem Wesen des Todes, und um seinem Geheimnis auf die Spur zu kommen, macht sich Gilgamesch, von Todesfurcht getrieben, auf die Reise nach Westen, der Richtung der untergehenden Sonne. Er sucht Utnapischtim, der, wie der biblische Noah, die Große Flut überlebt hat. »Nach Tod und Leben will ich ihn fragen.« Am Ufer des Meeres angekommen, trifft er die Schenkin Siduri:

> Die Schenkin sprach zu ihm, zu Gilgamesch:
> »Nicht gab es, Gilgamesch, je eine Übergangsstelle,
> Und niemand, der seit vergangenen Zeiten herkommt,
> Geht übers Meer.[16]

Denn das Meer ist »das Gewässer des Todes, das unzugänglich ist«, und als es Gilgamesch dennoch gelungen war, seinen Weg fortzusetzen, muß er von dem unsterblichen Utnapischtim erfahren, daß der Tod das unvermeidliche Schicksal aller Menschen ist.

Das Gilgamesch-Epos reflektiert hier, in der Bildersprache des Mythos, eine Erfahrung aus der Entwicklungsgeschichte der Menschheit. Irgendwann auf seinem Weg vom *homo erectus* zum *homo sapiens* hat das Wesen Mensch – als einziges unter allen – den Tod nicht nur erlitten, sondern auch begriffen (und daraufhin, als einziges Lebewesen, die Sitte entwickelt, die eigenen Artgenossen zu bestatten). Im Gilgamesch-Epos verbindet sich diese Einsicht in das Wesen des Todes mit der Entdeckung des Meeres. Der Held muß das Meer befahren, um den Tod zu erfahren. Beide markieren die Grenzen alles Lebendigen, beide sind unendlich. Und wer über die dunklen Wasser gefahren ist, kehrt niemals zurück.

Große Landschaft der Toten

Das »Grab des Tauchers«, Paestum, 480/470 v. Chr.

Denn das Meer ist nicht nur das Reich des Todes, sondern auch »die große Landschaft der Toten« (Marie-Luise Kaschnitz).[17] Von den »Schläfern im Urgewässer« spricht das ägyptische Totenbuch, die Seelen der Verstorbenen sind dort nach ihrer Fahrt auf der Todesbarke über das unterirdische Meer zurückgekehrt in die Materie, aus der das Leben entstanden ist und aus der alles künftige Leben sich erneuert.[18] Auch in der griechisch-römischen Mythologie bringt ein Schiff, Charons Nachen, die Seelen zum Hades, und das »grausige Gewässer des Styx« (Homer),[19] des Unterweltflusses, erinnert deutlich an das finstere Meer und seine Schrecken.

Auch das früheste bekannte griechische Wandgemälde stellt die Jenseitslandschaft als Meer dar: das sogenannte »Grab des Tauchers« aus Paestum (480/470 v. Chr.), zugleich wohl die älteste visuelle Darstellung des Meeres in der abendländischen Kunst überhaupt. Die Szene, abgebildet auf der Innenseite der Deckplatte des Grabes, zeigt einen nackten jungen Mann in athletischer Pose beim Sprung in den Ozean des Todes. Die diesseitige Welt erscheint, am rechten

Rand, als Säulen-Bündel – hatte der Maler dabei vielleicht die »Säulen des Herkules« im Sinn, die in der Antike die Grenzen der bekannten Welt markierten?[20] Im Zentrum des Bildes erwartet den Springer das gekrümmte, wogengeschwellte Meer – sollte die Krümmung möglicherweise an den die Weltkugel umgebenden Okeanos erinnern? Jedenfalls erscheinen Leben und Tod, Diesseits und Jenseits in der symbolischen Opposition von Land und Meer, von Festem und Flüssigem. Es ist eine einzigartige Szene des Übergangs aus der diesseitigen in die Anderswelt, und dieser Übergang erscheint fast als heiteres, festliches Ereignis.

Nasses Grab, schimpflicher Tod

Landschaft der Toten war das Meer freilich auch in einem sehr realen und durchaus bedrohlichen Sinn. Die Geschichte des Meeres ist auch eine unendliche Katastrophen-Geschichte: der im Sturm gesunkenen oder in Kriegszeiten versenkten Schiffe, der Fischer, die »auf dem Meer blieben« (wie es euphemistisch hieß), der Passagiere, die an Krankheiten oder Erschöpfung an Bord gestorben waren und denen – wieder ein Euphemismus – ein »nasses Grab« zuteil wurde. »Der Wille des Höchsten geschehe, aber ich möchte doch gern eines trockenen Todes sterben«, dichtet Shakespeare, schon ironisch gebrochen, im *Sturm*.[21] Denn der Tod auf See galt seit alters als ein besonders schimpflicher Tod – keine Rede von romantischen Gefühlen, wie sie die Anbieter heutiger »Seebestattungen« evozieren wollen. Der Leichnam im Meer, eine Beute der Fische oder irgendwo an Land gespült, galt als ein Unbestatteter und damit als einer, dessen Seele die ewige Ruhe versagt blieb. *Inhumatus*, »nicht bestattet« sei er, klagt Palinurus,[22] der Steuermann des Aeneas, als dieser den alten, in die See gestürzten und an Land erschlagenen Gefährten bei seinem Abstieg in die Unterwelt unter den Schatten derjenigen trifft, denen Charon die Überfahrt über den Todesfluß verweigert:

> Jetzt besitzt mich die Flut, mich wälzen am Strande die Winde.
> Drum bei des Himmels erfreulichem Licht, beim Wehen der Lüfte,
> Bei dem Vater bitt' ich, beim Stern des steigenden Julus:
> Unbesiegter, entreiß mich der Not! Entweder wirf Erde
> Selber mir auf – denn du kannst es –, such auf wieder Velias
> Hafen,

> Oder […] gib mir Armem die Hand und nimm mich mit durch
> die Fluten,
> Daß ich an friedlicher Stätte im Tode wenigstens ruhe.[23]

Nunc me fluctus habet, »jetzt besitzt mich die Flut«, klagt Palinurus, und die Flut wird die Glieder lösen, den irdischen Leib zerstören. Die Ganzheit und Unversehrtheit der Glieder war bereits im alten Ägypten notwendige Voraussetzung für die »Resozialisation« (Jan Assmann) des Verstorbenen im Jenseits,[24] und bis heute untersagen jüdische wie islamische Orthodoxie die Seebestattung. Umgekehrt (und aus dem gleichen Grund) ist das Verstreuen der Asche eines Hingerichteten im Meer die wirksamste und demütigendste Art seiner *damnatio memoriae* (Adolf Eichmann, Rudolf Heß, Osama Bin Laden). Nichts, aber auch gar nichts soll und wird von dem verhaßten Toten übrigbleiben. Das Verfahren, heute gern praktiziert, um, wie es heißt, einer »falschen Heldenverehrung« entgegenzuwirken, hat seine Vorläufer bereits in den kriegerischen Auseinandersetzungen zwischen Christen und Sarazenen, als man die Leichen gefallener islamischer Feinde gelegentlich nicht in der Erde bestattete, sondern dem Meer übergab.[25]

Auf dem Friedhof der Heimatlosen in Westerland/Sylt, 2013

Auch in der christlichen Welt war der Tod auf See, plötzlich und ohne den Trost der Sterbesakramente, lange Zeit ein unerlöster Tod – an der Nordsee erinnert bis heute der Glaube, im Kreischen der Möwen die Schreie der irrenden Seelen ertrunkener Seeleute zu hören, an diesen Zusammenhang. Um dem auf See Gebliebenen den Weg zu Gott zu erleichtern und seiner Seele die »ewige Ruhe« zu schenken, entstanden auch im Christentum bestimmte Zeremonien. So wurde bis in die 1960er Jahre auf der bretonischen Atlantikinsel Ouessant für einen auf See verschollenen Fischer die sogenannte »Proella« (volkssprachlich aus *Pro illa* [*anima*]) zelebriert: eine fiktive Totenfeier, bei welcher der Ertrunkene in Form eines wächsernen Kreuzes »anwesend« war, das am Ende auf dem örtlichen Friedhof beigesetzt wurde.[26] An der protestantischen Nordseeküste wurden unbekannte, an Land gespülte Tote in eigenen, sogenannten »Heimatlosen«- oder »Namenlosen-Friedhöfen« bestattet, um ihnen auf diese Weise nicht nur ein Grab in geweihter Erde zu gönnen, sondern sie auch in besonderer Weise

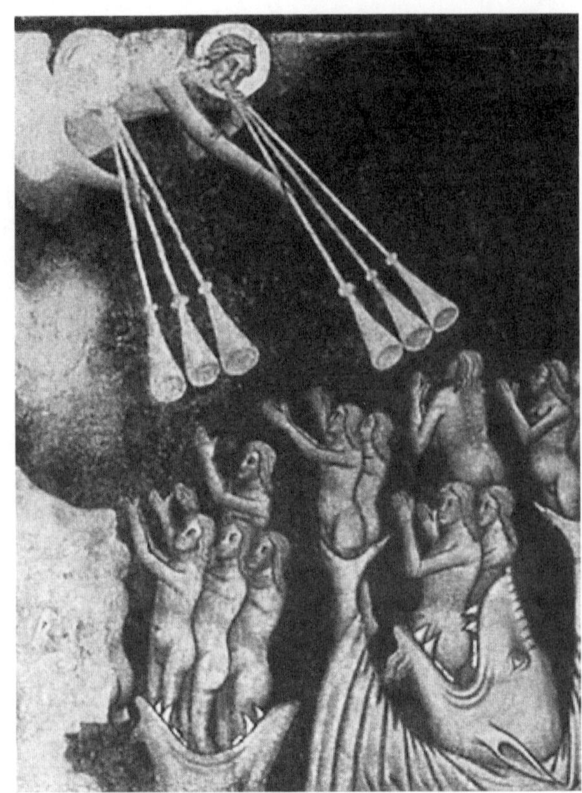

Die Posaunen des Jüngsten Gerichts rufen auch die Toten im Meer. Aus dem Apokalypse-Zyklus in der Kirche S. Caterina d'Alessandria in Galatina, 15. Jh.

Der Prophet Jona wird nach drei Tagen im Bauch des großen Fischs wieder ausgespien. Mosaik an der Kanzel im Dom von Ravello, 1130

dem Gedenken und der Fürbitte der Lebenden anzuempfehlen.[27] Auch sonst stößt man in der Nachbarschaft des Meeres immer wieder auf Orte, die an den Tod erinnern – keine andere Landschaft ist so sehr wie die Küste »Gedächtnislandschaft der Katastrophe« (Norbert Fischer).[28]

Daß jedoch auch die Toten im Meer dem Jüngsten Gericht nicht entgehen würden, macht die Apokalypse des Johannes deutlich. »Und das Meer gab die Toten heraus, die darin waren«, heißt es bei der Beschreibung des göttlichen Gerichts (20,13) – Thomas von Aquin bemerkt in seinem Kommentar zu dieser Stelle, der Seher erwähne das eigens deshalb, weil die Körper der Toten im Meer ganz besonders zerstört (*absorpta*) seien.[29] Mittelalterliche Darstellungen des Weltgerichts bringen die Szene drastisch ins Bild: Riesige Fische speien aus ihren Mäulern die unversehrten Leiber der Ertrunkenen.[30] Im Schicksal des Propheten Jona – verschlungen und wiederausgespien von dem großen Wal – las man die Präfiguration des Geschehens. Da triumphiert noch einmal die Hoffnung – wenn es denn eine solche ist –, daß auch das schreckliche, alles verschlingende Meer am Ende doch nicht das letzte Wort haben möge.

Wie sehr das Meer in der Frühgeschichte der Menschheit die düstere, die unheimliche Landschaft war (und wie sehr sich diese Wahrnehmung im Laufe der Zeit ändern sollte), zeigt auch ein kritisch-historischer Blick auf seine Farbe.

Seit wann ist das Meer blau?

Wer das Meer – wie Fernand Braudel schrieb – »mit den Augen der Alten« zu sehen versucht,[31] kommt um die verwegene Frage nicht herum: In welcher Farbe haben sie es eigentlich gesehen? Farbwahrnehmungen sind historisch extrem variabel, werden immer wieder neu ausdifferenziert und sind stark von Mentalitäten bestimmt. Es genügt ein Blick auf *Ilias* und *Odyssee* mit ihren wiederkehrenden attributivischen Bestimmungen, um den fundamentalen Unterschied zur modernen menschlichen Blickweise zu erkennen: Das Meer der »Alten« trug düstere Farben. Es war »grau« (*polios*), »schwarz« (*melas*), »dunkelbraun« (*ioeides*) oder – mit einem poetischen Bild – »weinfarben« (*oinops*), also rot wie das dunkle Blut der Trauben. Nur einmal trägt es bei Homer die Farbbezeichnung *glaukos*, also »bläulich-grün«,[32] was an den ägyptischen Namen für das Mittelmeer, »Das große Grüne«, erinnert. Daneben hieß es auch bei den Ägyptern »Das große Schwarze«.[33] Für den weniger poetischen als naturwissenschaftlichen Blick des Aristoteles ist das bewegte Meer ebenfalls »dunkel«, und er erklärt das damit, daß das Bewegte dem Auge dunkler erscheine als das Ruhende.[34]

Erst sehr spät nimmt das Meer die Farbe an, die ihm die kollektive Wahrnehmung heute – und vor allem im Norden – zuspricht: blau. »Warum ist das Meer blau?«, fragt eine didaktische Seite im Internet, als wäre das ganz selbstverständlich (2011), und sie gibt den Kindern die zu erwartende Antwort: weil die Wassermoleküle die anderen Spektralfarben des Sonnenlichts herausfiltern. So einfach ist das. Aber seit wann dominiert eigentlich dieser physikalische Vorgang die Wahrnehmung des Meeres? Wie kommt es, daß wir das

Wasser des Meeres so sehr mit der Farbe blau verbinden, daß *meerblau* (*sea blue, bleu marine*) sogar ein eigener Farbwert ist?

Könnte dabei vielleicht das Jahr 1748 eine Rolle gespielt haben, als die Britische Admiralität ihre Seeoffiziere mit Uniformen der Farbbezeichnung *navy blue* ausstattete? Oder waren es wieder einmal die Dichter, die einer kollektiven Veränderung der Wahrnehmung den Weg gebahnt haben? Sicher ist jedenfalls, daß in der englischen Romantik das Meer die Farbe blau trägt:

> Roll on, thou deep and dark blue ocean – roll!
> Ten thousand fleets sweep over thee in vain...

singt einsamkeitstrunken Lord Byrons *Childe Harold* (1812)[35] und auch für Percy Bysshe Shelley – der ebenso wie Lord Byron das einsame Meer über alles liebte – leuchten die Wolken *like islands in a dark blue sea*. In seiner berühmten *Ode an den Westwind* erweckt er das »blaue Mittelmeer« aus seinen sommerlichen Träumen:

> Thou who didst waken from his summer dreams
> The blue Mediterranean...[36]

Im deutschen Sprachraum ist es Heinrich Heine (der in seinen *Nordsee*-Gedichten immer wieder die düsteren Farben des »weithinrollenden« Meeres beschworen hat), und in seinem späten *Bimini*-Gedicht das Meer blau aufleuchten läßt, ein »Märchenweltmeer«, auf dem das Ich zur Paradies-Insel der Sehnsucht segelt:

> Durch das Meer der Märchenwelt,
> Durch das blaue Märchenweltmeer,
> Zieht mein Schiff, mein Zauberschiff
> Seine träumerischen Furchen.[37]

Und blau, »so blau wie die Blätter der schönsten Kornblume«, leuchtet das Meer auch bei Hans Christian Andersen (*Die kleine Seejungfrau*, 1837)[38] – es sollte die Farbe werden, in welcher der verklärend romantische Blick bis heute das Meer sieht.

Der Wechsel der Farbwahrnehmung signalisiert eine neue Gefühlslage. Blau war die Lieblingsfarbe der Romantik: die Farbe der Sehnsucht, der Unendlichkeit und der Poesie. Und auch der Tod, das Aufgehen des Ich im Zeit- und Grenzenlosen war in dieser Farbe ebenso gegenwärtig wie im Bild des unendlichen Meeres. Giacomo Leopardi, der italienische Romantiker, hat in einem seiner bekanntesten Gedichte (*L'infinito*, 1819) den »süßen« Tod in einem solchen Meer der Unendlichkeit beschworen: in den Versen eines Einsamen, dem Vergangenheit und Gegenwart zu den »grenzenlosen Räumen« des Ewigen verschwimmen:

> … Così tra questa
> immensità s'annega il pensier mio:
> e il naufragar m'è dolce in questo mare.[39]
>
> (»… Und so inmitten
> Des Unermeßlichen ertrinkt mein Denken
> Und Schiffbruch leiden ist mir süß in diesem Meere«).

Noch immer ist das Meer das Element des Todes, aber der Schiffbruch erfüllt jetzt die Seele mit Wonne.

Die Götter der Tiefe
Eine Reise durch Poseidons Reich

Der mißgelaunte Gott

Unter allen Göttern macht er die schlechteste Figur: Poseidon. Bei der Teilung der Gewalten nach dem Sturz der Titanen war ihm das Meer zugefallen, während Bruder Zeus über den Himmel, Bruder Hades im Reich der Toten zu gebieten hatte. Der scharfe Dreizack ist sein Zepter, mit ihm wühlt er das Meer auf, türmt er die Wolken, jagt er die Winde aus den vier Enden der Erde:

> Prallend warf sich der Ost auf den Süd, wild wehte der Westwind,
> Mächtig wälzte die Wogen der Sohn des Äthers, der Nordwind. [1]

Denn sogar die feste Ordnung der Windrose bringt er ins Wanken, kehrt das Unterste zuoberst, schafft Zerstörung und Chaos. Es ist schwer, sich diesen Gott – wie Zeus oder Hades – als feierlich thronende Majestät vorzustellen; stets ist er in Bewegung, jagt auf seinem Rossegespann über die Wogen, und wo er auftaucht, verbreitet er Angst und Schrecken. Es scheint, als fehle seinem Charakter jene Ambivalenz, die für andere Gottheiten des olympischen Pantheon so typisch ist. Wenn Zeus der donnernde, aber auch der gütige Herrscher ist, selbst Hades gelegentlich mild gestimmt werden kann, bleibt Poseidon der immer feindliche. Stets scheint er mißgelaunt zu sein, unentwegt kocht ihm die Galle, wirr fließt ihm das nasse Haar, das »dunkelgelockte«, über die Stirn. Die blinde Wut beherrscht ihn, die *cholē* des Cholerikers, des reizbaren alten Mannes. So jedenfalls schildern ihn die ältesten Berichte.

Als Gott des Meeres ist Poseidon auch der Gott der Seefahrer und der Fischer, und sie haben allen Grund, ihn günstig zu stimmen, ihn zu preisen, ihm zu schmeicheln.

An Poseidon

Großer Gott Poseidon, von dir beginn ich zu singen!
Du bewegst die rastlos wogende See und die Erde,
Meergott, der du den Helikon schirmst und Aigai, das breite.
Erderschütterer! Zwiefach schenkten die Götter dir Ehre:
Meister bist du der Rosse, du bist auch der Retter in Seenot.
Heil dir, Poseidon, Erderhalter, dunkel Gehaarter!
Seliger du, mit gütigem Herzen! So hilf deinen Schiffern!

Homerische Hymnen, Nr. 22 (Übersetzung Anton Weiher)

Das ist der älteste Hymnus auf den Gott des Wassers, als Retter wird er beschworen. Aber wurde je von ihm erzählt, daß er, der doch der »Meerbeherrscher« heißt,[2] dieses Element auch einmal besänftigt, es gar wie Moses menschenfreundlich geteilt hätte? Nein – für die Stillung der Stürme und das Glätten der Wogen sind in homerischen Zeiten andere Götter zuständig, Zeus und vor allem Athene. Erst Vergil wird in seiner *Aeneis* dem römischen Neptun überraschend einen großen Auftritt als Bezwinger der Stürme geben, aber da formuliert er eine versteckte Huldigung für Octavian-Augustus, den Sieger in der Seeschlacht von Actium.[3]

Thronender Poseidon. Die verwitterte Statue des Meergottes aus der frühen Kaiserzeit wurde in der Gegend des »Portus Iulius«, des römischen Militärhafens bei Baiae gefunden. In der rechten Hand der Figur schlängelt sich ein Fisch.

Athene, die Göttin der Klugheit und der planenden Vernunft, ist überhaupt Poseidons größte Widersacherin. In der Gründungslegende Athens, wie sie auch auf dem Figurenschmuck im Westgiebel des Parthenon zu sehen war, treten beide in einen Wettkampf der Geschenke um die Vorherrschaft in Attika: Poseidon läßt auf der Akropolis eine Quelle sprudeln, aber ihr Wasser ist salzig; Athene hingegen schenkt dem Land den Ölbaum und erringt damit den Sieg. Poseidon, blindwütiger Verlierer, überschwemmt daraufhin die Ebene von Eleusis, bis Zeus seinem Treiben Einhalt gebietet. Poseidon gegen Athene, Salzwasser gegen Öl: Auch auf diese Weise wurde die Geschichte der Zivilisation erzählt.

Überhaupt ist Poseidon mit seinem Wüten am Ende doch immer der Verlierer-Gott. Zwar besteht er im Götterhimmel auf Parität des Ranges mit Zeus, trotzig erklärend: »Nimmer folg' ich Zeus' Ordnungen«[4] – aber der Göttervater beugt ihn. Denn nicht das Chaos wird in der Geschichte das letzte Wort behalten, sondern die Ordnung. So bleibt ihm am Ende nur der Racheschwur des Unterlegenen: »Wiss' er denn, daß ewig unheilbarer Zorn uns entflammet!«[5] Mit ihm wird er dann Odysseus verfolgen, »mit heißer, unaufhörlicher Rache«,[6] er wird sein Floß zertrümmern, er wird seine Gefährten vernichten, er wird seine Heimkehr behindern, verhindern kann er sie dennoch nicht. Auch hier verliert er sein Spiel. Und der Held rettet sich aus der Salzflut nach Ithaka, reich an Öl.

Es ist schwer, sich Poseidon in der Normalität olympischer Verkehrsformen vorzustellen. Kann dieser Gott lieben, sich in erotische Affären verstricken – wie der stets begehrliche Zeus oder selbst der finstere Hades, der doch wenigstens einmal vom Pfeil einer großen, die Welt der Götter und Menschen erschütternden Liebe getroffen wurde, als er die schöne Persephone erblickte? Poseidons erotische Abenteuer »im wüsten Reiche des Wassers«[7] sind eher brutale Übergriffe mit grauenerregenden Folgen: Die Nymphe Thoósa, die er in einer Höhle geschwängert hat, gebiert Polyphem, den einäugigen, menschenfressenden Kyklopen.

Auch die Verehrer, die dieser Gott hat, sind von zweifelhafter Art: Es sind, so erzählt es Homer, die Aithiopen: mißgestaltete und übel beleumundete Menschen im äußersten Süden der bewohnten Erde. Dort nun darf der glücklose Außenseiter auch einmal olympische Behaglichkeit genießen:

> Allda saß er, des Mahls sich freuend, die übrigen Götter
> Waren alle in Zeus' des Olympiers Hause versammelt.[8]

Aber auch hier ist Poseidon am Ende der Verlierer: Denn die olympischen Götter planen jetzt, in Poseidons Abwesenheit, den göttergleichen Odysseus auf den Weg in die Heimat zu schicken. Als Poseidon »nach Hause« kommt, bleibt dem Getäuschten nur wieder der Rückfall in den alten Grimm.

Großer Auftritt. Im Seesturm

Und jetzt, im fünften Gesang der Odyssee, hat der Meerbeherrscher seinen großen Auftritt, mit ihm wird er in die abendländische Geschichte eingehen. Es ist der Seesturm. Nirgends wurde eindrucksvoller (und literarisch folgenreicher) von den Schrecken des Meeres erzählt. Nicht die individuelle Erfahrung eines einzelnen Autors liegt der Szene zugrunde; hier verdichten sich die Erfahrungen von Generationen von Seefahrern:

> Denn nichts Schrecklicheres ist mir bekannt als die Schrecken
> des Meeres,
> Einen Mann zu verwüsten, und wär er auch noch so gewaltig.[9]

Meer gegen Mann: Das ist der Archetypus der Erzählung, und der *Mann* wird später einmal Kapitän Ahab (*Moby Dick*) heißen oder Kapitän Nemo (*20.000 Meilen unter den Meeren*) oder der Fischer Santiago in Hemingways Erzählung *Der alte Mann und das Meer* sein. Es ist die früheste Heldenerzählung der Menschheit, und sie handelt vom Sieg des *Mannes* über das *Meer*, ein Sieg, der jedoch mit grauenvollen Leiden erkauft werden muß. Denn Poseidon ist ein mächtiger Gegner, ist unberechenbar, ist der Herr der Elemente. Und Odysseus auf seinem Floß, den sicheren Tod vor Augen, kann nur sein Los beklagen.

> Odysseus in Seenot
>
> Also sprach er; da schlug die entsetzliche Woge von oben
> Hochherdrohend herab, daß im Wirbel der Floß sich herum-
> riß:
> Weithin warf ihn der Schwung des erschütterten Floßes, und
> raubte
> Ihm aus den Händen das Steu'r; und mit einmal stürzte der
> Mastbaum
> Krachend hinab vor der Wut der fürchterlich sausenden
> Windsbraut.
> Weithin flog in die Wogen die Stang' und das flatternde Segel.
> Lange blieb er untergetaucht, und strebte vergebens,
> Unter der ungestüm rollenden Flut sich empor zu schwingen;
> Denn ihn beschwerten die Kleider, die ihm Kalypso
> geschenket.
> Endlich strebt' er empor, und spie aus dem Munde das bittre
> Wasser des Meers, das strömend von seinem Scheitel
> herabtroff.
>
> Homer, Odyssee V, 313–23 (Übersetzung: Johann Heinrich Voß).

Es ist die kollektive Erfahrung der seefahrenden Achaier, die aus diesen Versen spricht, und sie wird sich auch in Zukunft immer wieder einstellen. Auch die »Monster-Welle« gehört bereits dazu:

Siehe, da sandte Poseidon, der Erdumstürmer, ein hohes,
Steiles, schreckliches Wassergebirg, und es stürzt auf ihn
nieder…[10]

Es wundert nicht, daß Seesturm und Schiffbruch – im mediterranen Raum eine der Urkatastrophen in der Begegnung des Menschen mit der Natur – später in vielfältiger Weise in die Bildsprache der Seelenerregung und der Liebesleidenschaften eingegangen sind.[11] Wir sprechen vom *Meer der Tränen*, von den *Wogen des Glücks*, vom *Sturm der Gefühle*, vom *Strudel der Leidenschaften*, vom *Schiffbruch der Liebe.* Dieses Feld beherrscht Poseidon-Neptun noch immer:

O des Blutes Neptun, o sein furchtbarer Dreizack.
O der dunkele Wind seiner Brust aus gewundener Muschel.[12]

Mann und Meer. Winslow Homer: Golfstrom, 1870

Der Erderschütterer

Aber nicht nur die Seefahrer, auch die Bewohner des festen Landes hatten den Zorn Poseidons zu fürchten. Denn der Gott bewegt nicht nur die See, sondern auch die Erde, *enosichthōn*, der »Erderschütterer«, ist sein homerisches Beiwort. Berge und Städte läßt er wanken, reißt die Erde auf, daß einmal sogar Hades in seiner unterirdischen Behausung entsetzt vom Thron aufspringt.[13] Denn Poseidon ist nicht nur der Beherrscher des Meeres, er ist auch der Gott der Erdbeben – vielleicht

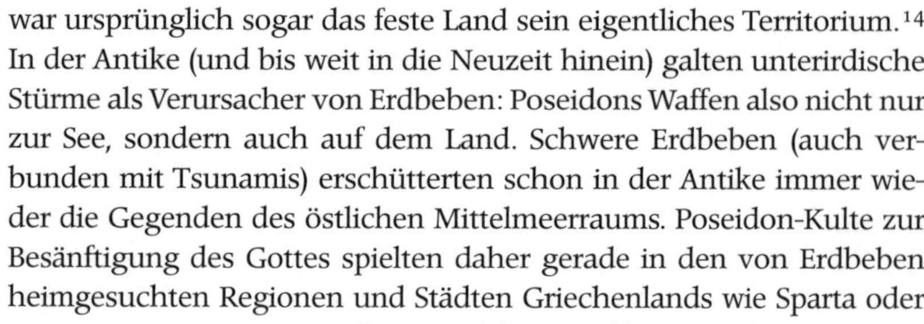

war ursprünglich sogar das feste Land sein eigentliches Territorium.[14] In der Antike (und bis weit in die Neuzeit hinein) galten unterirdische Stürme als Verursacher von Erdbeben: Poseidons Waffen also nicht nur zur See, sondern auch auf dem Land. Schwere Erdbeben (auch verbunden mit Tsunamis) erschütterten schon in der Antike immer wieder die Gegenden des östlichen Mittelmeerraums. Poseidon-Kulte zur Besänftigung des Gottes spielten daher gerade in den von Erdbeben heimgesuchten Regionen und Städten Griechenlands wie Sparta oder Korinth eine wichtige Rolle.[15] Daneben waren es am Meer gelegene Orte, die sich der Gnade des unberechenbaren Gottes in besonderer Weise zu versichern suchten. Auf Kap Sunion, an der Südspitze Attikas, erinnern noch heute die Ruinen des Poseidon-Tempels (5.Jh.v.Chr.) an die Verehrung des Gottes. Und Poseidonia, das heutige Paestum, eine griechische Gründung in Unteritalien (7.Jh.v.Chr.), stellte sich sogar mit der Wahl des Stadtnamens unter das Patronat des Meergottes.

Griechischer Tempel in Poseidonia, 5.Jh.v.Chr., vielleicht dem Meergott Poseidon geweiht

Grotesker Hofstaat

Von den drei Reichen der göttlichen Herrscher ist das des Poseidon das am schwächsten organisierte. Hat Poseidon eine Gemahlin an seiner Seite? Gewiß – aber was gäbe es schon von Amphitrite zu erzählen, verglichen mit den Geschichten, die wir von Zeus und Hera kennen? Sie ist eine der zahllosen Töchter des greisen Nereus, und aus dessen Haus in der Tiefe hat sie der wüste Poseidon geraubt. In der antiken Welt besaß sie nur wenige Kultstätten, mehr noch: Im Reigen der Götter hatte sie keine spezielle Funktion, nicht einmal ein eigenes Attribut.[16] Die große Mutter des Todes und des Lebens: Diese archaische Rolle hätte ihr als weiblicher Wasser-Gottheit wohl zustehen können, aber die frühen Kulturen des Mittelmeerraums waren Kulturen des Ackerbaus, das Land war der Hort der Fruchtbarkeit, die Figuren der Ceres, der Kybele, auch der Aphrodite vertraten die *magna mater.* Die Herrin der Salzflut hingegen, Amphitrite, war Göttin im unfruchtbaren Element, Poseidons blasse Begleiterin. In der mythologischen Genealogie ist Triton ihr Sohn, erst später der heitere Musikant mit dem Muschelhorn – in archaischen Zeiten noch der »große, gewaltige Triton«.[17] Als die Argonauten ihn gewahren, schreien die Helden laut auf bei seinem schrecklichen Anblick.[18] Denn halb Mensch, halb doppelt geschwänzter Fisch wird er gedacht, eines jener grotesken Mischwesen, in denen das Unfertige früher Entwicklungsprozesse in Erscheinung tritt. Er wiederum ist der Urvater der Tritonen, zahl- und namenloser Plurale, ihm gleich gestalteter häßlicher, behaarter Meermänner und Wogenreiter. Zusammen mit den Nereiden begleiten die ungestümen Gesellen Poseidon auf triumphalen Zügen über das Meer: ein beliebtes Thema der hellenistischen Plastik.

> Die Tritonen
>
> Die Tritonen nun sind also gestaltet: Auf dem Kopfe haben sie Haare, die dem Froschkraute in den Sümpfen gleichen, an Farbe sowohl als weil man kein Haar von dem anderen unterscheiden kann; der übrige Leib starret von einer solchen Schuppenbedeckung gleichwie bei dem Fische Rhine [= Rhinoceros]. Unter den Ohren aber haben sie Kiemen und eine Menschennase, aber breiteren Mund und Zähne wie ein Tier. Die Augen, wie mir scheint, sind bläulich grau, auch Hände haben sie und Finger und Nägel gleich den Schalen der Schnecken. Unter der Brust und dem Bauche haben sie einen Schwanz statt der Füße, gleichwie die Delphine.
>
> Pausanias, Beschreibung Griechenlands IX,21,1 (Übersetzung Ernst Wiedasch, 1830).

Zum Hofstaat von Poseidon und Amphitrite gehören ferner die *kētе*, die ungestalten Meermonster und Seeungeheuer mit ihren doppelt verschlungenen Schwänzen, unter ihnen die schreckliche Keto, Mutter der schlangenhaarigen Gorgonen. Es sind die Urbilder jener Grotesk-Figuren, wie sie dann in der Baukunst des Mittelalters zu Sinnbildern des Bösen und des Widergöttlichen werden, Erinnerungen an das Formlose und Ungestalte der Schöpfung im Zustand des Ur-Chaos. Als *monstra marina*, Meermonster, bevölkern sie bis in die Neuzeit die Phantasien vom Meer.

Eine merkwürdige Rolle in Poseidons Reich spielen die »Alten des Meeres« (*halioi gerontes*): Phorkys, der im Inzest gezeugte Sohn der Gaia; Nereus, der mit der Okeanide Doris in der Tiefe haust; Proteus, der über die Gabe der Weissagung verfügt und sich – wie das Meer selber – stets zu verwandeln versteht.[19] Vielleicht lebt in der Figur der »Meer-Alten« die archaische Gestalt einer vor-poseidonischen Ordnung weiter.[20] Alles in allem präsentiert sich Poseidons Gefolge als anonyme Heerschar. Während das Reich der oberen, der

Meermonster. Aus Sebastian Münster, *Cosmographia*, 1550

olympischen Götter ein perfekt organisierter Hofstaat mit klar definierten Rollen und Zuständigkeiten seiner einzelnen Mitglieder ist, verliert sich das mythologische Ensemble des Wassers weitgehend im Undifferenzierten. Im Meer gibt es keine Götterversammlung wie auf dem waldreichen Olymp, keinen Götterboten und keine Götterbotin. Denn auch der Austausch mit der Welt der Irdischen ist begrenzt, selten verlassen die Bewohner des Wassers ihr Reich, um – wie Thetis, die göttliche Mutter des Achilleus – in verwandelter Gestalt den Irdischen zu Diensten zu sein. Und auch Poseidon selber bleibt im Grunde ein rätselhaft gestalt- und gesichtsloser Gott, ungreifbar wie das Element des Wassers selbst. Es scheint, als hätten die Menschen sogar von den Ordnungen im Reich des Hades eine präzisere Vorstellung gehabt.

Die Rosenfarben der Nereiden

Auf andere Weise anonym, ein undifferenziertes Kollektiv, treten die Nereiden in Erscheinung, die Töchter des Nereus. Hesiods *Theogonie*, die Erzählung von der Geburt der Götter, kennt ihrer fünfzig, und sie kennt auch ihre Namen:

Ploto, Eukrante und Sao und Amphitrite, die gaben-
reiche Eudora, dann Thetis, Galene und Glauke,
Kymothoe und Speio und Thoe, Halia voll Liebreiz,
Pasithee, Erato, Eunike mit rosigen Armen,
Melite anmutsvoll, Eulimene wie auch Agaue,
Doto sodann und Proto, Pherusa und auch Dynamene,
ferner Nesaia, Aktaia und Protomedeia, die Fürstin,
Doris und Panopeia, die schöne Gestalt Galateias,
lieblich Hippothoe dann und rosigen Leibs Hipponoe,
auch Kymodoke, die im Verein mit Kymatolege
Wogen und widrige Winde auf dunstigem Meere besänftigt
leicht, im Verein auch mit ihr Amphitrite mit reizenden Füßen.
Weiterhin Kymo, Eione und schönbekränzt Halimede,
huldvoll lachend Glaukonome, dann auch Pontoporeia
und Leagora und Euagora, Laomedeia
und Pulynoe und Autonoe, Lysianassa,
schöngewachsen Euarne und ganz ohne Tadel zu schauen,
Psamethes reizender Leib und die göttlich schöne Menippe,
Neso, Eupompe, Themisto, Pronoe, die sorgliche Nymphe,
und ohne Trug Nemertes, des Vaters Gesinnungen hegend:
Alle sind sie dem edlen Nereus als Töchter entsprossen,
fünfzig Mädchen an Zahl, in edlen Werken bewandert.

Hesiod, Theogonie (um 700), Verse 243–264 (Übersetzung Albert von Schirnding).

Das kann man schwer lesen, aber man kann es hören, und man hört dabei vielleicht den schönen Klang freundlich ans Ufer schäumender Wellen, Eurythmia, Wohllaut strömender Silben. Im Bild der Nereiden begegnet schon früh eine andere Facette der Wahrnehmung des Meeres, und die Attribute der Mädchen deuten sie an: *eroessa*, die »liebliche«, *rodopēchis*, die »rosenarmige«, *chariessa*, die »anmutige«, *eueidēs*, die »schön zu Erblickende«, *philommeidēs*, die »freundlich Lächelnde«. Es sind anmutige Wasserfrauen, die hier auftauchen, mit schön gebildeten, göttlichen Körpern, und auch Wogen und widrige Winde wissen sie zu besänftigen. So wurden sie neben dem wüsten Poseidon schon früh um sicheres Geleit angerufen – wie etwa in einem Gedicht der Sappho für den Bruder-Geliebten auf hoher See:

Kypris und ihr Töchter des Nereus, bringt mir
wohlbehalten hierher den Bruder wieder!
Was sein Herz sich wünscht, daß es wirklich werde,
alles erfüllt ihm![21]

Im mythischen Bild der Nereiden erscheint das wogende Meer dem Menschen jetzt zum ersten Mal auch als freundlich, anmutig, vielleicht sogar als schön, die Rosenfarbe mediterraner Sonnenuntergänge mischt sich in das Schwarz-Wasser der homerischen Epen. Aber nur in abstrakter mythologischer Form ist zunächst sagbar, was erst Jahrhunderte später, in der bukolischen Lyrik, als Rede eines Ich zum Wort findet, eines Ich, das jetzt im Angesicht des Meeres ins Schwärmen geraten kann:

> Wallet das blauliche[22] Meer von dem kräuselnden Wehen des Westwinds,
> Regt sich mir süßes Verlangen im schüchternen Herzen; das Festland
> Ist nicht länger mir lieb, mehr lockt mich das heitre Gewässer...

so singt in der Seestadt Syrakus der griechische Dichter Moschos (2. Jh. v. Chr.). Aber auch seine Begeisterung ist nur von kurzer Dauer, rasch erinnert er sich an die Schrecken des Meeres und preist am Ende seines Gedichts doch wieder die Schönheit und den Frieden des festen Landes.[23]

Delphin, der Schwimmer

Zu diesem finsteren Gott, dem Meeresbeherrscher und Erderschütterer, gesellt sich als beständiger Begleiter eines der heitersten und zugleich intelligentesten Wesen: der Delphin. Wie Zeus mit dem Adler ist Poseidon ikonographisch mit dem Delphin verbunden.[24] Als einem klugen Boten seines Herrn soll es ihm gelungen sein, die widerspenstige Amphitrite für ihn zu gewinnen, wie überhaupt der Charakter des hurtigen, schlauen Boten nicht schlecht zu diesem Tier paßt, das bald hier, bald dort auftaucht, sich geschickt unter und auf dem Wasser zu bewegen versteht und mit seinen Luftsprüngen sogar das nasse Element verlassen kann. Der Delphin ist ein Wesen, dem das Meer nichts anhaben kann, mehr noch: das am Meer sogar sein Vergnügen zu haben scheint. Mit anderen Worten: Er ist das Urbild des Schwimmers. Denn er ist ja, was schon Aristoteles wußte, kein Fisch, sondern Warmblüter und

Delphinreiter auf griechischen Münzen

Geflügelte Delphinreiter auf einem römischen Mosaik. Tripolis, Nationalmuseum

Lungenatmer wie der Mensch, eine »zweideutige«, »doppelte Natur«,[25] ein Wesen an der Grenze zwischen den beiden Reichen des Wassers und des Landes. Auch die moderne Evolutionslehre sieht ihn so: als ein Landtier, das entwicklungsgeschichtlich wieder ins Meer zurückgekehrt ist. Welches Tier könnte die Neugier des Menschen auf das Meer besser zum Ausdruck bringen als der Delphin? Schon früh ist der Delphinreiter ein Gegenstand bildkünstlerischer Darstellungen, und es wundert nicht, daß eines der ersten Werke der Neuzeit, das dem Schwimmen gewidmet ist, das 1587 in London erschienene *De arte natandi* (»Über die Kunst des Schwimmens«), die *agilitas delphini*, das Abtauchen und Auftauchen des Tieres und sein »Anhalten« der Luft, als Vorbild menschlicher Schwimmkünste sieht.[26]

So sind seit alters Erzählungen von Schwimmern im Meer mit dem Delphin verbunden. Schon Herodot berichtet, um 600 v. Chr., über den Sänger Arion, den räuberische Seeleute bei einer Überfahrt von Italien nach Korinth zwingen, ins Meer zu springen, und der daraufhin von einem Delphin gerettet und an Land gebracht wird.[27] Ähnliche Geschichten waren auch später im Umlauf,[28] es geht dabei um Erfahrungen einer merkwürdigen Nähe von Mensch und Tier in bedrohlichen Situationen – noch heute berichten Einhandsegler von der Begleitung durch Delphine auf hoher See.

Schon die antike Überlieferung weiß darüber hinaus von einer besonderen Nähe zwischen Delphinen und Kindern. Kinder haben ihr Vergnügen am Wasser, und dieses »Vergnügen« scheint auch für den Tümmler charakteristisch zu sein. So überliefert Plinius der Ältere in seiner *Naturgeschichte* aus dem 1. Jahrhundert einige Anekdoten einer ganz besonderen Art von *Dolphin Therapy.*

> Ein Delphin begleitet einen Knaben zur Schule
>
> Es geschah zur Zeit des göttlichen Kaisers Augustus, daß ein Delphin, der in den Lucriner See hineingeschwommen war, den Knaben eines armen Mannes aus der Gegend von Baia, der in die Schule nach Puteoli ging und der ihn, wenn er Mittagspause hatte, mit dem Namen Simon rief und häufiger mit Brotstückchen anlockte, die er als Wegzehrung bei sich trug, auf wunderbare Weise liebte. Ich würde mich scheuen, diese Sache zu berichten, wenn sie nicht in den Schriften von Maecenas, von Fabianus, von Flavius Alfius und von vielen anderen ausdrücklich bezeugt wäre. Wann auch immer der Knabe ihn rief und auch wenn er nicht zu sehen oder weit entfernt war, eilte der Delphin aus der Tiefe herbei, fraß ihm aus der Hand und ließ ihn auf seinen Rücken steigen, wobei er die Stacheln seiner Flosse wie in einer Scheide verbarg. Dann trug er ihn über die hohe See nach Puteoli in die Schule und brachte ihn auf die gleiche Weise auch wieder zurück, und das über viele Jahre, bis der Knabe an einer Krankheit starb. Seitdem aber kam der Delphin immer wieder an den gewohnten Ort, betrübt und wie trauernd, um dann selber, woran niemand zweifelte, aus Sehnsucht zu sterben.
>
> Plinius, Naturalis historia II,8 (Übersetzung D. R.).

Der Delphin ist eine »Übergangsfigur« an der Grenze von Wasser und Festland – andere, oft weniger freundliche werden im Lauf der Geschichte dazukommen. Er lockt ins Meer und er hilft aus dem Meer, läßt das feindliche Element als bezwingbar erscheinen. Er ist der früheste marine Begleiter des Menschen, und von allen mythologischen Figuren aus dem Reich des Wassers hat er auch die menschlichsten Züge: Er kann spielen und er liebt die Musik. Eine mittelalterliche Naturkunde sieht im Verzehr von Delphinfleisch sogar eine Art von Kannibalismus: Wer Delphinfleisch gegessen habe, werde bei einem Unglück auf See von den Tieren nicht gerettet, sondern ebenfalls gefressen.[29]

Marine Bildwelten in der Kultur des Wassers

Die Bilder der marinen Mythologie werden die abendländische Vorstellungswelt über mehr als zwei Jahrtausende hinweg in wechselnden Formen begleiten und prägen. Bereits in hellenistischer Zeit verlieren sie ihren archaischen Ernst, bekommen etwas Heiteres und Verspieltes. Vielleicht ist das Meer den Menschen vertrauter geworden, *mare velivolum*, das »segelbeflügelte«, wie es bei Vergil heißt,[30] und seine Emblematik rückt in menschlich-alltägliche Zusammenhänge.

Bedeutsam für das Fortleben der marinen Bildwelten wird die Luxus-Kultur des Wassers in der römischen Kaiserzeit.

Aquädukte versorgen jetzt die Städte mit fließendem Wasser, öffentliche Brunnen verteilen es, in den großen Villen wird es ein Element der Architektur. Und in den Thermen wird Wasser zum verschwenderisch gebrauchten Medium der Vergnügungen einer neuen »Spaßgesellschaft«. Es ist süßes Wasser, nicht salziges, aber die Symbole, mit denen sich die neue Kultur des Wassers schmückt, sind mariner Herkunft. Nutzwasser ist ein »demütiges« Medium, es macht wenig Aufsehen, es bedarf der Erhöhung, der repräsentativen Zurschaustellung, vor allem in einer Zeit, in der seine üppige Verfügbarkeit in den Städten noch alles andere als selbstverständlich war und seine Präsenz aufwendiger Technologie und herrscherlichem Mäzenatentum verdankte. Und so greift man auf die alten Bilder der marinen Mythologie zurück, um das Element des Wassers zur Schau zu stellen, ihm zu huldigen. Natürlich könnte es auch schmucklos aus einem öffentlichen oder privaten Brunnen fließen, aber sein Erscheinen wird pathetisch inszeniert: Das bärbeißige Gesicht des Okeanos wird zur beliebten Brunnenmaske, Tritonen posieren als Wasserspeier, Hippokampen und Nereiden umarmen sich auf Brunnenschalen, Neptun und Amphitrite posieren als schönes Paar im Nymphäum einer Villa.[31] Die römische Malerei und Mosaikkunst holt nicht nur die grüne, die blühende Natur ins Haus, sondern mit der marinen Symbolik auch das Meer. Auf großflächigen, schwarz-weißen Bodenmosaiken tummeln sich Tritonen und Nereiden mit Delphinen und marinen Monsterwesen, umspielt von Fischen und anderen Seetieren.[32] Als Pendant zu den Bildern festlich-orgiastischer Bacchanalien zeigen marine *Thiasoi* Darstellungen vom munteren Miteinander männlicher und weiblicher Meerwesen[33] – in der abendländischen Kunst werden sie bis zu Arnold Böcklins bekanntem Gemälde *Im*

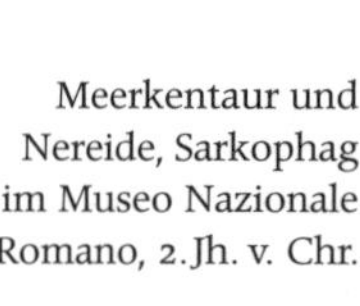

Meerkentaur und Nereide, Sarkophag im Museo Nazionale Romano, 2. Jh. v. Chr.

Neptun und Amphitrite. Wandmosaik in Herculaneum

Spiel der Wellen[34] weiterleben. Besonders beliebt werden solche Szenen auf Sarkophagen der römischen Kaiserzeit: Tritonen und Nereiden umarmen und küssen sich, spielen und musizieren, präsentieren dabei manchmal das Portrait des Toten, den man auf diese Weise in das heitere »Spiel der Wellen« einbezieht. Hier wird »das Meer mit seinen Göttern [...] als ein Ort zeitloser Heiterkeit geschildert, an dem sich das Rauschen der Wellen mit der Musik und dem Gesang der Nereiden verbindet«[35] – weit entfernt scheinen jene Assoziationen zu sein, die »Meer« und »Tod« einmal auf ganz andere Weise verknüpft hatten.

Der politische Neptun

Zur gleichen Zeit erfährt die Figur des Poseidon-Neptun eine folgenreiche Form der Politisierung: Sie nimmt die Züge des zur See siegreichen Herrschers an. Nach der Seeschlacht bei Actium (31 v. Chr.) läßt sich der Sieger Octavian-Augustus als Neptun darstellen, reitet mit einem Hippokampen-Gespann über die Wogen.[36] In Rom errichtet Marcus Agrippa, der Kommandant der Flotte, dem Neptun einen Tempel auf dem Marsfeld, die *Basilica Neptuni*. Auch spätere Kaiser stellen sich auf Münzprägungen gern unter den Schutz des Meergottes. Vergil, der große Laudator des Augustus, gibt gar, wie bereits erwähnt, dem alten Erderschütterer ein neues, positives Image: In der großen Seesturm-Szene seiner *Aeneis* ist er es, der das von Äolus, dem Gott der Winde, aufgepeitschte Meer besänftigt.[37] Neptun wird zur

Präfiguration des Kaisers, der das Toben des Bürgerkrieges beendet und nach aufgewühlten Zeiten endlich die Wogen glättet und dem Reich ewigen Frieden bringt:

Spricht's und sänftigt die brausende Flut, noch eh er
gesprochen,
Scheucht die geballten Wogen und läßt die Sonne erstrahlen.
[...]
Wie bei einem gewaltigen Volk, wenn zuweilen sich Aufruhr
Hebt, voll Erregung der niedere Pöbel sich auflehnt,
Fackeln fliegen und Steine bereits, Wut liefert die Waffen.
Dann aber zeigt sich ein Mann, durch Verdienst und
Frommheit gewichtig,
Alle schweigen sie gleich und stehn mit lauschenden Ohren,
Dieser beherrscht mit Worten die Geister, beruhigt die Herzen:
So schwand alles Getöse des Meeres, sobald in die Fluten
Schaute der Gott...[38]

Galatea, die Göttin auf dem Muschelwagen

Mit der Wiederentdeckung der Antike in der Renaissance erlebt auch die marine Mythologie ihre fröhliche Auferstehung und gewinnt in der Neuzeit eine Popularität, die sie in der Antike niemals hatte.

Im marinen Figurenensemble feiert jetzt eine heitere Gestalt Triumphe, welche auch die Welt des Meeres als heiter und schön erscheinen läßt: die Nereide Galatea. Hesiod und Homer hatten sie unter den fünfzig Töchtern des Nereus genannt: die »schöngestaltete Galateia« (Hesiod). Der Name bedeutet die »Milchweiße«, und wir sind versucht, ihr das weißschäumende Ufer, den Grenzsaum des Meeres als geistigen Ort zuzuweisen. Jedenfalls verläßt sie das wüste Reich des Wassers und mischt sich, ähnlich wie Thetis, die Mutter des Achilleus, unter die Bewohner des festen Landes. Und hier macht sie eine erstaunliche Karriere.[39] Theokrit, der griechische Hirtendichter, führt sie im 3. Jahrhundert v. Chr. in die arkadische Welt ein, erzählt die Episode von den plumpen Annäherungsversuchen des ungeschlachten, einäugigen Polyphem an die »weiße Galateia«. Ovid macht später daraus ein Eifersuchtsdrama, bei dem Polyphem die angebetete Nereide in den Armen ihres Liebhabers, des schönen Knaben Acis, überrascht und daraufhin den Rivalen tötet.[40] Es ist die Faszination der archetypischen Geschichte von der *Schönen* und dem

Biest, die bereits in der Antike zur Erotisierung dieser Figur geführt und die »marmorweiße Galatea« (Ovid) zum Inbegriff weiblicher Schönheit gemacht hat. Als solche, eine marine Aphrodite, erscheint sie dann in der frühen Neuzeit, teilt mit der Göttin der Liebe sogar das erotische Symbol der Meermuschel. Raffael hat ihren Triumphzug auf einem Wandfresko in der Villa Farnesina in Rom dargestellt (1512), in einem Zyklus, bei dem es um die Macht und den Sieg der Liebe geht. Da fährt sie in einem von Delphinen gezogenen Muschelwagen über das Meer, Hippokampen begleiten sie, an ihrer Seite umschlingt ein lüsterner Triton eine junge Nymphe. Der griesgrämige Poseidon hat seine Herrschaft an die schöne Galatea abgegeben, jetzt ist sie die »Fürstin des Meeres« (wie sie Jacob Burckhardt in seinem *Cicerone* genannt hat[41]).

In der Tradition Raffaels wird der *Trionfo di Galatea* ein beliebtes Motiv in der Malerei der Renaissance und des Barock.[42] Die nackte Schöne steht dabei im Mittelpunkt, umgeben von Delphinen, Tritonen und miteinander spielenden grotesken Meerwesen, wie sie schon auf den antiken *Thiasoi* zu sehen waren. Auch das Barocktheater glänzt mit der grandiosen Szene: Im Finale von Calderóns *Über allem Zauber Liebe* (*El mayor encanto Amor*, 1635) fährt Galatea auf ihrem Muschelwagen über das in Flammen aufleuchtende Meer. Spätere bildliche Darstellungen zeigen sie hingestreckt am Ufer des Meeres, in den Wellen tummeln sich üppig gestaltete Nereiden und Tritonen, in schaukelnder Bewegung dem Spiel der Brandung hingegeben.[43]

Um Liebe und Eifersucht geht es hingegen in der Szene der Begegnung von Acis und Galatea. Claude Lorrain gibt sie Anlaß zum Gemälde einer Meereslandschaft,[44] Georg Friedrich Händel zu einer großen Oper über den Triumph der Liebe. Die »Venus des Meeres« ist in der Kunst der Neuzeit so präsent wie kein anderes marines Wesen,[45] aus einem bloßen hesiodischen Namen ist sie, die »Milchweiße«, aphroditengleich aus dem Schaum des Meeres aufgestiegen, zur Herrin des Meeres geworden, gar zum Inbegriff erotischer Verführung. Das unbeständige Meer ist nun weiblich und ein Sinnbild der Liebe:

> Die Welle, die euch wogt und schaukelt,
> Läßt auch der Liebe nicht Bestand.[46]

Das sagt der Meergott Nereus zu seinen Töchtern im zweiten Teil von Goethes *Faust*. Die Szene »Felsbuchten des ägäischen Meers«, Teil der

Triumph der Galatea. Kupferstich von Hendrik Goltzius nach einem Fresko Raffaels in der Villa Farnesina in Rom

»Klassischen Walpurgisnacht«, läßt noch einmal in einer gewaltigen Inszenierung die marine Mythologie auferstehen, versammelt Nereiden, Doriden, Sirenen, Wasserdrachen, Hippokampen samt Nereus, Proteus und Thales, dem Philosophen des Meeres. Und dann läßt Goethe auch sie erscheinen, die schöne Protagonistin:

> Im Farbenspiel von Venus' Muschelwagen
> Kommt Galatee, die Schönste, nun getragen.

Denn inszeniert wird in der Szene das Schauspiel der Entstehung des Lebens. Galatee ist Wasserfrau und Liebesgöttin zugleich, und in der orgiastischen Vereinigung mit Homunkulus, dem flammend-feurigen Retortenwesen, das sich in Galatees Muschel ergießt, geschieht das Wunder der Urzeugung. »So herrsche denn Eros, der alles begonnen.«[47]

In Poseidons Reich hat ein Machtwechsel stattgefunden. Der zornige alte Erderschütterer und Zerstörer-Gott hat den Dreizack aus der Hand gelegt. Jetzt regiert die schöne Galatea, die Göttin der Liebe, Urmutter des Lebens.

Der Gabelmann

In der Tat ist das moderne Schicksal von Poseidon-Neptun das einer schleichenden Degradierung. Auch er wird in der Renaissance wiederentdeckt – und sogleich politisch in Dienst genommen. Ähnlich wie bereits im Falle von Octavian-Augustus schlüpft er jetzt in die Maske von Personen, die sich als Seehelden mit der Aura des Gottes schmücken wollen. Aus dem unberechenbaren zornigen Alten wird so der selbstbewußte Sieger. Agnolo Bronzino aus Florenz malt den

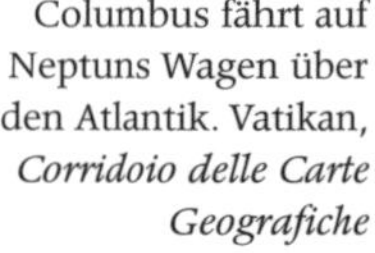

Columbus fährt auf Neptuns Wagen über den Atlantik. Vatikan, *Corridoio delle Carte Geografiche*

kaiserlichen Admiral Andrea Doria nach seinen Feldzügen gegen die »Ungläubigen« als Neptun: einen ernsten, athletischen Mann mit nacktem Oberkörper und dem Dreizack in der Rechten vor der Bordwand einer Galeere stehend.[48] Geringeren Seeruhm hatte gewiß der toskanische Großherzog Cosimo I. de' Medici zu verzeichnen, aber auch er präsentiert sich in der Pose des Neptun: als ungeschlachte, bereits von den Zeitgenossen verspottete Brunnenfigur auf der Piazza della Signoria in Florenz, in Marmor gehauen von Bartolomeo Ammannati. Und in den Niederlanden beauftragt Admiral Philipp von Burgund den Maler Jan Gossaert, seine Admiralschaft in einem Bild *Neptun und Amphitrite* zu verewigen[49] – ein Auftrag, den der aus Rom zurückgekehrte Maler auf ungewöhnliche Weise erledigte, indem er ein nacktes junges Paar in einer klassizistischen Schauarchitektur posieren ließ. Auch die Glorifizierung des Columbus bedient sich der neptunischen Ikonographie: Auf einem Wandfresko im vatikanischen »Corridoio delle Carte Geografiche« (1583) wird der Entdecker Amerikas von Neptuns Rossegespann in einem Wagen über das Meer gezogen und treibt seinerseits den Gott keck mit einer Geißel an:[50] Im Zeitalter der überseeischen Entdeckungen ist aus dem mächtigen Gott der Meere eine Art mariner Fährmann im Dienste des Menschen geworden.

Agnolo Bronzino: Portrait des Andrea Doria als Neptun, um 1535

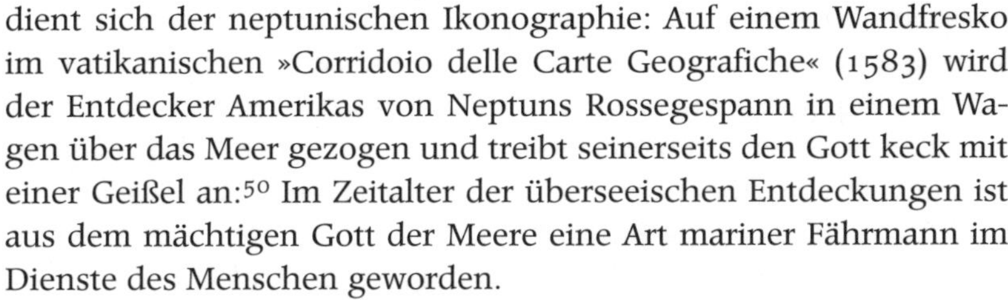

Dann geht es noch weiter mit ihm bergab: Im Barock wird Neptun zur Brunnenfigur, Wächter des süßen, wohlschmeckenden Wassers auf städtischen Plätzen und in fürstlichen Gärten. Giambologna krönt mit seiner Figur einen monumentalen Brunnen in Bologna (1566), Pietro Bernini in Neapel (1598). In den Boboli-Gärten in Florenz ist er ebenso präsent wie in den Parks von Versailles, Schönbrunn oder Sankt Petersburg. *En miniature* durfte er als Aufsatzfigur von Tischbrunnen posieren, aus seinem Dreizack Rosenwasser träufelnd.[51]

Unter den Figuren aus seinem Gefolge kommen die Tritonen zu besonderen Ehren: Gian Lorenzo Bernini hat mit seiner *Fontana del Tritone* auf der Piazza Barberini in Rom (1643) den alten Unhold in einen muschelblasenden Wasserspeier verwandelt, zahlreiche andere

Knabe mit Delphin. Muschelblasender Triton. Barocke Brunnenfiguren auf der Piazza Navona in Rom

Künstler sind seinem Beispiel gefolgt. Überhaupt begeistern die bizarren Mischwesen der marinen Mythologie in besonderer Weise barocke Gestaltungslust. Auch der Delphin – gern im Spiel mit einem Knaben – lebt im Ensemble der Brunnenfiguren weiter, wird breitmäulig und biegsam – auf Berninis Tritonenbrunnen stützen Delphine mit akrobatisch nach oben gereckten Schwänzen Brunnenschale und Papstwappen. Aus Rom und der italienischen Barockkunst verbreitet sich dann die marine Mythologie durch ganz Europa.

So endet die Reise durch Neptuns Reich im Exil. Zahllose Ortschaften – sie mögen noch so weit vom Meer entfernt sein – schmükken sich bis heute mit seinem Emblem. Kein Wässerchen kann er mehr trüben, den scharfen Dreizack schwingt er jetzt wirkungslos über gußeisernen Brunnenröhren. Aus dem Erderschütterer ist der »Gabelmann« geworden – so heißt die barocke Brunnenfigur des Neptun in der Bamberger Altstadt im Volksmund. Im übrigen ist der Dreizack das Firmenlogo von Maserati. Und bei der Bremer Schaffermahlzeit, dem traditionellen Kapitäns- und Kaufmannsmahl im Bremer Rathaus, wird die Tafel in der Form eines Dreizacks eingedeckt.

Navigare
Das bezwungene Meer

Traum vom Fliegen

Mit einem Baumstamm, der im Wasser trieb, einem langen Stück Holz muß alles angefangen haben. Ein Junge sitzt rittlings darauf, lacht, paddelt mit den Händen. Welch wunderbare Erfahrung: Holz schwimmt, läßt sich durchs Wasser bewegen, sogar steuern! Das Wasser hat zwar keine Balken, aber man kann sie ihm setzen. Man kann *daz mer bûwen*, das Meer »bebauen«, bewohnen, wie man im Mittelhochdeutschen bildkräftig für »Zur-See-Fahren« sagte.

Navigare necesse est, »Seefahrt ist nötig«, lautet ein alter Spruch, aber Zur-See-Fahren war immer auch Spiel und Leidenschaft, die Freude daran, daß das Wasser trägt. Nur der Traum vom Flug übers Meer war noch kühner, aber der Absturz des Ikarus machte auch deutlich, wem die Zukunft gehören sollte, zunächst jedenfalls: dem Segel, nicht dem Flügel. Aber auch dessen Erfindung schreibt die antike Mythologie dem Ikarus zu, seinem Vater Dädalus den Mastbaum und die Segelstange.[1] Der Traum vom Fliegen und der Traum vom Segeln haben den gleichen Ursprung. Auch Schiffe »fliegen« ja übers Meer, schneller als der schnellste Schwimmer. Und Flugzeuge segeln durch die Luft, »Segel«flieger im Ozean der Winde.

Andrea Pisano: Fliegen (»Dädalus«). Zur-See-Fahren. Reliefplatten vom Campanile in Florenz, um 1340

Der kluge Delphin, der wunderbare Flieger übers Wasser, scheint auch bei der Erfindung des Schiffs den Menschen den Weg gewiesen zu haben: Die bronzezeitlichen Schiffsdarstellungen aus der Ägäis, in Keramik gebrannt oder auf Siegel geritzt, lassen erkennen, daß die archaische Form des Kykladen-Schiffs dem Körper des Delphins nachempfunden war – mit dem aufgerichteten »Schnabel« am Bug (noch Homer spricht von den »geschnäbelten Schiffen«) und

Prozession zur See. Fresko aus Akrotiri. Das Schiff hatte eine Länge von rund 23 Metern und verfügte über Aufbauten und Bewimpelung.

Flossensymbolen am Heck. Schiffe und Delphine bringt auch das Fresko einer kykladischen »Schiffsprozession« zusammen, das 1972 in Akrotiri auf der Insel Santorin ausgegraben wurde (17. Jh. v. Chr):[2] Die Nähe der Delphine gibt den Schiffen magischen Beistand.

Noch ist dabei nicht von dem die Rede, was immer wieder als Ursprung und Inbegriff der Seefahrt gilt: dem Handel. Es geht um Ursprünglicheres, um den Traum von Befreiung, um die Überwindung der scheinbar »natürlichen« Grenzen menschlicher Fortbewegung. Auch die Luft und das Wasser »tragen«, der böse König Minos kann seine Gefangenen nicht auf Dauer gefangenhalten.

Auch der Mythos vom Erfinder des Schiffs (des einfachen, unbesegelten) ist eine Fluchtgeschichte. Die Antike schreibt es dem Danaos zu, dem Urvater der Danaer, der homerischen Griechen: Er »kam als erster zu Schiffe von Ägypten nach Griechenland, vorher fuhr man auf Flößen zur See«.[3] Mit seiner »Erfindung« entzog sich Danaos zusammen mit seinen Töchtern, den Danaiden, deren Verfolgung durch die Söhne des Aigyptos, die sie zur Heirat zwingen wollten. Die Griechen, auch das erzählt dieser Mythos, werden dann Meister im Schiffbau werden.

Frauen und andere Beute. Räuber zur See

Schon bald gibt es neben dem Flüchtenden einen anderen Typ des Zurseefahrers: den Verfolger, den Räuber, den Krieger. Die Geschichte der Seefahrt ist eine unendliche Geschichte von Krieg, Raub und Plünderung, ist

> Unersättliches Trachten der Menschen,
> Die, des Goldes Last zu erlangen,
> Meere durchschweifen und feindliche Städte
> In eitlem Wahne

wie es in einem Chorlied des Euripides heißt.[4] Denn einmal »erfunden«, verbessert, perfektioniert, ist das Schiff auch frühes Instrument der Gewaltausübung, blieb im Zweifelsfall derjenige Sieger im Kampf, der – wie die Griechen bei Salamis gegen die Perser 480 v. Chr. oder die Engländer gegen die spanische Armada 1588 – über die »besseren« Schiffe verfügte.

Die ältesten Epen der antiken Literatur sind in diesem Sinne allesamt Epen von Schiffen und ihren Besatzungen, sind Epen vom kriegerisch befahrenen Meer: die *Ilias*, die *Odyssee*, das Argonautenepos. Zwar kämpfen in der *Ilias* Griechen gegen Trojaner auf Streitwagen oder Mann gegen Mann, aber gekommen sind sie übers Meer, und die »schwarzen Schiffe«, wie sie Homer immer wieder nennt, sind ihre Burg, ihr letzter Rückzugsort. Der »Schiffskatalog« im 2. Gesang zählt sie im einzelnen auf, nennt die gewaltige Zahl von 1186 Schiffen samt ihren Anführern aus allen Teilen des Landes.[5]

Frauenraub mit einem Zwanzigruderer. Darstellung auf einem griechischen Krater, Athen, um 720 v. Chr. British Museum, London

Mehr noch als »des Goldes Last« suchen seefahrende Männer dabei zunächst etwas anderes: Frauen. Frauenraub ist eines der mächtigsten Motive früher Seefahrerei, auch die Handlung der *Ilias* kommt ja dadurch in Gang, daß die nach Troja entführte oder entflohene Helena durch die griechische Streitmacht zurückerobert werden soll. Auf einem frühgriechischen Krater im geometrischen Stil aus dem 8. Jahrhundert ist eine solche Kaperszene dargestellt: Ein Mann besteigt ein Schiff, zerrt dabei eine Frau am Handgelenk mit sich, während die Ruderer startbereit auf ihren Plätzen sitzen.[6] Vom Motiv des Frauenraubs lebt auch die nordische Mythologie im

Heldenepos von *Kudrun*, in dessen mittelhochdeutsche Version aus dem frühen 13. Jahrhundert ältere Sagenstoffe eingeflossen sind. Auch dort wird eine gewaltige Flotte aufgeboten, segeln die Helden 36 Tage lang und eintausend Meilen weit übers Meer, um im fernen Irland die schöne Königstochter Hilde zu rauben, die ihr Vater jedem Freier verweigert. Siebenhundert Krieger halten sich unter Deck versteckt, die Seefahrer selber geben sich als Kaufleute aus, locken mit ihren glänzenden Waren das Mädchen an Bord und entführen es[7] – eine List, mit deren Hilfe auch in späteren mediterranen Seefahrergeschichten Frauen gekapert werden.[8] Noch schlimmer ergeht es Hildes Tochter, Kudrun. Ihr verschmähter Werber hat 23.000 erfahrene *schifliute* angeheuert (immer werden solche gewaltigen Zahlen gegen eine einzige Frau aufgeboten), segelt mit ihnen übers Meer und entführt Kudrun zusammen mit sechzig anderen Mädchen in sein Land; da sie sich standhaft weigert, seine Frau zu werden, muß sie Aschenputtel-Dienste leisten, am Strand die Wäsche waschen – bis sie am Ende durch ihren »wahren« Liebhaber befreit wird, der natürlich ebenfalls mit einer gewaltigen Seemacht angerückt ist.[9] Die (mit oder ohne ihre Zustimmung) gekaperte Braut bleibt ein Leitmotiv der europäischen Literatur, taucht in abgeschwächter Form als »Brautwerbung über See« auf, wie sie etwa in Tristans Werbung um Isolde oder in Siegfrieds Werbung um Brünhild (im Nibelungenlied) begegnet. Immer muß der Werber die »wilde See« (wie sie gern heißt) bezwingen, um an sein Ziel zu gelangen – am Meer entscheidet sich, ob der Mann wirklich ein Mann, ob die Frau am anderen Ufer seiner würdig ist.

Aber natürlich ist die geraubte Frau nicht nur Gegenstand der heroischen Literatur. Piraterie ist die früheste und ausdauerndste Form des Seehandels, und die begehrteste Ware war immer Menschenfleisch. Das galt nicht nur für den transatlantischen Sklavenhandel zwischen Afrika und Amerika im Zeitalter der Entdeckungen, sondern auch für den noch viel länger anhaltenden (und weniger bekannten) in der Méditerranée. In der abendländischen Wahrnehmung waren es dabei seit dem Vordringen des Islam im Mittelmeer die bösen »Sarazenen«, welche die europäischen Küsten bedrohten, und tatsächlich mußten die Bewohner und Bewohnerinnen der süditalienischen Küsten bis gegen Ende des 18. Jahrhunderts mit solchen Überfällen aus dem nahen Nordafrika rechnen. In Sardinien wurden noch 1815 die letzten Männer und Frauen von maghrebinischen Kaperern in die Sklaverei entführt.[10] *Li turchi alla marina!*, »Die Türken sind im Hafen!«, ist noch heute in Süditalien ein bekanntes –

oft scherzhaft gebrauchtes – Bonmot. Auf Ustica, einer kleinen Insel nördlich von Sizilien, heißt die höchste Erhebung *Monte Guardia dei Turchi*, die »Türkenwache«. Und Wehrtürme an den Mittelmeerküsten (zumeist im 16. Jahrhundert errichtet) erinnern an die Angst vor den »Barbaren«. Aber die christlichen Seefahrer standen ihnen in nichts nach, waren ihrerseits als Weiße auf der Jagd nach begehrtem »schwarzen Fleisch« (wie die schwarzen Sklaven und Sklavinnen aus dem Maghreb im Neapel des 17. Jahrhunderts hießen[11]). Noch im Juli 1787 – Goethe hatte kurz zuvor die Stadt verlassen – schreibt ihm der Maler Tischbein aus Neapel, ein Begleitschiff eines christlichen Korallenfischers habe ein türkisches Schiff überwältigt und reiche Beute gemacht, darunter eine »junge Mohrin«, die verschiedene Liebhaber kaufen wollten.[12] Die Geschichte der Seefahrt war mindestens ebensosehr eine Geschichte der unfreiwilligen wie der freiwilligen Passagiere.

Zu neuen Küsten. Abenteurer und Entdecker

Ganz freiwillig haben sich in den meisten Fällen wohl auch jene nicht auf den Weg gemacht, die als Abenteurer und Entdecker in die Geschichte der Seefahrt eingegangen sind. Dennoch war ihnen seit alters die höchste Bewunderung sicher: Menschen, die sich aufs Meer gewagt haben, nicht um Beute zu machen oder Handel zu treiben, sondern weil solche todesmutige Neugier auf das Unbekannte, Jenseitige zum Wesen des Menschen selber gehört. In diesem Sinne hat Sophokles in seinem berühmten *Antigone*-Chorlied, das die Größe des Menschen preist (und vor seiner Vermessenheit warnt), die Seefahrt an den Beginn aller zivilisatorischen Leistungen gestellt:

> Ungeheuer ist viel und nichts
> Ungeheurer als der Mensch.
> Er überschreitet auch das graue Meer
> Im Sturm des Südwinds
> Unter brüllenden Wogen hindurch…
>
> (Verse 332–36).

Bereits antike Quellen berichten Erstaunliches über solche weit ausgreifenden marinen Erkundungen.[13] Um 600 v. Chr. umrunden phönizische Seefahrer vom Roten Meer aus den afrikanischen Kontinent und kehren nach einer dreijährigen Reise über die »Säulen des Herkules« wieder ins Mittelmeer zurück. Von Cadiz aus stößt der Karthager Hanno um 500 v. Chr. an der afrikanischen Westküste bis in den Golf von Guinea vor. Mit seinem Reisebericht entsteht die Gattung des »Periplous« (»Umschiffung«), also der Beschreibung der befahrenen Küsten vom Meer aus, die nachkommenden Seefahrern Orientierung in fremden Gewässern geben sollte und als Methode bis zu den pazifischen Entdeckungsreisen der Engländer und Franzosen im 18. Jahrhundert praktiziert wurde. Aus solchen Küstenbeschreibungen werden später auch die ersten Seekarten entstehen.

In die umgekehrte Richtung, nach Norden, bricht im 4. Jahrhundert v. Chr. Pytheas auf, aus der griechischen Handelskolonie in Massalia (dem heutigen Marseille). Seine Tour führt ihn über den Atlantik an den britischen Inseln vorbei ins Nordmeer, vermutlich bis in die Gegend des 65. Breitengrads. In seinem nur in Fragmenten überlieferten Bericht *Über den Okeanos*[14] finden sich erste Nachrichten über die helle Polarnacht, und wahrscheinlich hat Pytheas sogar die Treibeisgrenze erreicht: Auf seine Beobachtungen gehen jedenfalls Nachrichten antiker Geographen zurück, nach denen das Meer im äußersten Norden »träge und praktisch unbewegt« sei (so Tacitus in der *Germania*[15]). Im fernen Osten erkundet ein Jahrhundert später der makedonische Flottenführer Patrokles sogar das Kaspische Meer.[16] Die erstaunlich genauen Nachrichten späterer antiker Geographen wie Strabon oder Plinius zur Topographie der Meere verdanken sich letztendlich solchen Berichten seefahrender Entdecker (von deren Namen wir sicher nur die wenigsten kennen und deren Aufzeichnungen zum größten Teil im Dunkel der Überlieferung verschwunden sind).

Im Mittelalter scheint die marine Entdeckerfreude vorübergehend zu verebben, *curiositas*, die menschliche »Neugier«, gilt als frevelhaft und sündig. So läßt Dante im 26. Gesang des »Inferno«, einer der bewegendsten Stellen der *Göttlichen Komödie*, den greisen Odysseus auf seiner letzten Fahrt scheitern – bei seinem vermessenen Versuch, jenseits der Säulen des Herkules im Westmeer die *nova terra* zu entdecken, um damit sich selbst Ruhm und der Menschheit neues Wissen zu erwerben.[17] Der Dichter verbannt ihn dafür in den achten Kreis der Hölle, an den Ort, wo diejenigen schmachten, die schlechten Gebrauch von ihrem Einfallsreichtum gemacht haben. Aber als Dante das schrieb, hatten sich irische und norwegische Seefahrer längst auf das »hohe Meer« (Dante) im Westen hinausgewagt, hatte der Isländer Leif Eriksson bereits Grönland und sogar den nordamerikanischen Kontinent erreicht. Und das altenglische Gedicht *The Seafarer* singt, vermischt mit elegischen Tönen, das Hohelied des unerschrockenen Abenteurers im Eismeer auf der Suche nach neuen Küsten: »der Wunsch meines Herzens / Drängt allezeit / Meinen Geist weiter vorwärts, / Daß ich fern von hier / Suche die Wohnstätten / Eines fremden Volkes«.[18]

Daß die Suche nach neuen Völkern und Ländern jenseits des Meeres immer auch mythogeographisch inspiriert, nämlich Suche nach dem verlorenen Paradies war, machen noch die großen Entdeckungsreisen der Neuzeit im atlantischen und im pazifischen Raum deutlich.[19] Columbus wollte zwar den Seeweg nach Indien finden, aber zu seiner vorbereitenden Lektüre hatte auch die phantastische Reisebeschreibung des John Mandeville gehört, die in jenen Ländern im Osten Reiche des Überflusses und der Glückseligkeit ausgemalt hatte, und als Columbus die Mündung des Orinoko erreicht, glaubt er sich dem Irdischen Paradies der Bibel zu nähern. Sein Begleiter Juan Ponce de León entdeckt dann von Puerto Rico aus nach Norden segelnd Florida, weil er einem Gerücht folgt, in jener Gegend sei der »Jungbrunnen« zu finden (ein altes »Schlaraffenland«-Motiv). Die pazifischen Entdeckungsreisen des 18. Jahrhunderts sind hingegen inspiriert von der Suche nach der »Terra Australis«, dem geheimnisvollen paradiesischen Süd-Kontinent. *Mundus novus*, die Neue Welt jenseits des Meeres, war immer auch ein eschatologisches Versprechen.

Die Reise der Heiligen Drei Könige auf einem Schiff mit Rahsegel. Aus dem Kuppelmosaik im Baptisterium von Florenz, um 1290

Das Meer der Mutigen, das Meer der Ängstlichen

Denn das Meer trennt und verbindet zugleich, es schreckt ab, es isoliert und es macht einsam, aber es öffnet auch Wege zu neuen Ufern. Nicht selten nötigt es geradezu zum Verlassen des Vertrauten: Küstenlandschaften sind oft karge, unwirtliche Gegenden, zwingen ihre Bewohner, ihr Glück auf See zu suchen. Und Küstenlandschaften sind offene Landschaften, lassen Blick und Phantasie ins Weite schweifen.

In diesem Sinne hat Hegel, nachdenkend über die geographischen Grundlagen der Geschichte, den Bewohnern der Küsten vor jenen des »Hochlands« und der »Talebenen« den Primat historischer Aktion zuerkannt. Und in poetischen Worten entwirft er, der doch selbst nie das Meer gesehen hat, in seinen Vorlesungen über die Philosophie der Geschichte (1837) auch eine Philosophie des Meeres:

Hinaus über das Beschränkte

Das Meer gibt uns die Vorstellung des Unbestimmten, Unbeschränkten und Unendlichen, und indem der Mensch sich in diesem Unendlichen fühlt, so ermutigt dies ihn zum Hinaus über das Beschränkte. Das Meer ladet den Menschen zur Eroberung, zum Raub, aber ebenso zum Gewinn und zum Erwerbe ein; das Land, die Talebene fixiert den Menschen an den Boden, er kommt dadurch in eine unendliche Menge von Abhängigkeiten; aber das Meer führt ihn über diese beschränkten Kreise hinaus. [...] Diese unendliche Fläche ist absolut weich, denn sie widersteht keinem Drucke, selbst dem Hauche nicht; sie sieht unendlich unschuldig, nachgebend, freundlich und anschmiegend aus, und gerade diese Nachgiebigkeit ist es, die das Meer in das gefahrvollste und gewaltigste Element verkehrt. Solcher Täuschung und Gewalt setzt der Mensch lediglich ein einfaches Stück Holz entgegen, verläßt sich bloß auf seinen Mut und seine Geistesgegenwart und geht so vom Festen auf ein Haltungsloses über, seinen gemachten Boden selbst mit sich führend. Das Schiff, dieser Schwan der See, der in behenden und runden Bewegungen die Wellenebene durchschneidet oder Kreise in ihr zieht, ist ein Werkzeug, dessen Erfindung ebenso der Kühnheit des Menschen als seinem Verstande die größte Ehre macht.

Aus: G. W. F. Hegel: Vorlesungen über die Philosophie der Geschichte, Stuttgart 1928, S. 133f. (= Kap. »Geographische Grundlage der Weltgeschichte«).

An diesem »Haltungslosen« freilich schieden sich die Geister. Macht nicht gerade sein »Mut« den Seefahrer zu einem Vermessenen wider göttliche und menschliche Ordnungen? Steckt nicht, wie es bei Hans Blumenberg heißt, »in aller menschlichen Seefahrt ein frivoles, wenn nicht blasphemisches Moment«?[20] *Loda il mare e resta a terra,* »Preise das Meer und bleib auf dem Land«, lautet ein barockes italienisches Sprichwort,[21] und es bringt die Erfahrung derjenigen zum Ausdruck, die nicht als Abenteurer und Entdecker das Meer befuhren, sondern im Rang von freiwillig-unfreiwilligen Passagieren. Für sie war das Schiff nicht der stolze »Schwan der See« (Hegel), sondern ein elendes Stück Treibholz. Ein Chor der Ängstlichen und Verzagten setzt den Kontrapunkt zu den stolzen Bekundungen derer, die sich rühmten, die See »bezwungen« zu haben.

Schon seine mythischen Gefahren machten das Meer zu einer Landschaft der Schrecken: die Symplegaden, der Magnetberg, das zähflüssige Lebermeer (auf das die Seeleute des Columbus in der tangreichen Sargassosee zu stoßen meinten), der Maelstrom, den noch Zedlers Universallexikon von 1739 ganz ernsthaft bei Trondheim lokalisierte und von dem es hieß: »Er hat zwölf deutsche Meilen im Umkreis und zieht alles, was ihm zu nahe kommt, auch die grösten Last-Schiffe und Wallfische mit großer Gewalt zu sich, wirft es aber nach sechs Stunden mit einem großen Getöse und Brausen gantz zertrümmert wieder aus.«[22] *Wazzermaere* nennt das mittelalterliche *Kudrun*-Epos derlei umlaufende Erzählungen,[23] aber wer mochte schon wissen, ob solche *Mären* wirklich nur Märchen waren?

Robinsons Schiffbruch. Holzstich aus einem Kinderbuch, 1850

Dabei konnte sich das Lamento der Passagiere schon an Handgreiflicherem entzünden: an Sturm und Seekrankheit, an üblem Essen und Trinken an Bord, an schlechter Gesellschaft. Vor allem die stürmische See löste immer wieder Todesängste aus, wurde darüber hinaus zum Sinnbild für die Stürme und Gefahren des Lebens selbst. »Die Luft überlasse ich den Vögeln, das Meer den Fischen«, schreibt Francesco Petrarca, ein durchaus See-erfahrener Mann, an Kardinal Giovanni Colonna in Avignon. Er war im November 1343 in Neapel Zeuge eines gewaltigen Seesturms (vermutlich eines Tsunami) geworden und droht daraufhin seinem Dienstherrn mit der Verweigerung des Gehorsams, sollte dieser ihn künftig noch einmal auf eine Mission zur See schicken. »Ein Erdenwesen bin ich, Erdenwege gehe ich.«[24] Das *terrenum animal* resigniert vor Luft und Meer.

Mit dem Schiff in die Weltgeschichte. Die frühen »Meerkulturen«

Erst spät in der Menschheitsgeschichte wird aus dem Seeräuber der Kauffahrer (verkleidet sich wenigstens als ein solcher), steht staatliche Ordnung gegen marine Anarchie. So sieht es schon der antike Historiker Thukydides in der *Geschichte des Peloponnesischen Krieges*: Der kretische König Minos, so schreibt er, sei der erste gewesen, der eine Flotte besessen habe, damit das ägäische Meer beherrschte und dieses von der bis dahin dominierenden Seeräuberei »nach Kräften reinigte, um seine Einkünfte zu verbessern«.[25] In der Tat entsteht, begünstigt durch die geographische Lage, bereits im 3. Jahrtausend v. Chr. in der Inselwelt der Kykladen eine marine Handelskultur. Die Rekonstruktionen aus archäologischen Funden[26] lassen erkennen, daß die von einer etwa zwanzig- bis vierzigköpfigen Mannschaft zunächst gepaddelten, dann geruderten »Langboote« (Pirogen) schon bald mit rechteckigen Rahsegeln bestückt, später auch mit Aufbauten versehen wurden. Die minoische Zivilisation gründet sich auf die Präsenz solcher Schiffe im östlichen Mittelmeer, kretische Handelsbeziehungen reichen im 2. Jahrtausend v. Chr. bis nach Kleinasien und Ägypten. Und daß ein minoisches Schiff sogar die Nordsee erreicht haben könnte, ist eine reizvolle Vorstellung.[27] Wie die eindrucksvolle, »ungeschützte« Palastarchitektur Kretas bis heute zeigt, ist die minoische Kultur jedenfalls das früheste Beispiel dafür, daß Prosperität und Sicherheit eines »Landes« nicht dortselbst, sondern auf See gewonnen wurden.

Das gilt auch für jene mediterrane Seefahrernation, die nach dem noch immer rätselhaften Untergang der minoischen und mykenischen Kulturen gegen Ende des 2. Jahrtausends durch marine Präsenz im Mittelmeer (und jetzt auch in dessen westlichen Teilen) hervortritt: die Phönizier. Ihr Einfluß reicht über Nordafrika mit Karthago bis zur Iberischen Halbinsel, wo Cadiz ihr Außenposten für den Atlantikhandel wurde. Bis ins 2. Jahrhundert v. Chr. sind sie im Mittelmeer die einzigen ernsthaften Konkurrenten der Römer, erst mit der Zerstörung Karthagos im Dritten Punischen Krieg kann sich Rom mit seinen flinken Dreiruderern der »Weltherrschaft« sicher sein.

Darstellung eines römischen Kriegsschiffs auf einem Grabstein augusteischer Zeit. Im Heck: der Steuermann, am Bug: der Kommandant. Die wichtigste Taktik bestand im Rammen der gegnerischen Schiffe.

Damit entsteht nach den frühen »Flußkulturen« um Nil und Euphrat und Tigris jetzt die erste »Meerkultur«, erweist sich die Geographie des mediterranen Beckens als die ideale Landschaft einer weltgeschichtlichen Entwicklung, die durch marine »Vermittlung« zur Entstehung Europas führt. Das *mare mediterraneum*, wie es die Römer nannten, wird zum »Meer zwischen den Ländern« nicht nur im geographischen, sondern auch im kulturellen Sinn. Es »vermittelt« zwischen Territorien dreier Weltteile, verbindet sie, wird auf diese Weise im Sinne der Hegelschen *Philosophie der Geschichte* zum »Mittelpunkt der Weltgeschichte«: »Das Mittelmeer ist [...] das Herz der Alten Welt, denn es ist das Bedingende und Belebende derselben. Ohne dasselbe ließe sich die Weltgeschichte nicht vorstellen, sie wäre wie das alte Rom oder Athen ohne das Forum, wo alles zusammenkam.«[28]

Die »Vermittlung«, die dieses Meer leistete, erfolgte gemäß seiner geographischen Gestalt vor allem im Austausch zwischen dem Osten und dem Westen. Nach Süden begrenzt durch die afrikanische Wüste, nach Norden durch die europäischen Faltengebirge, ermöglichte und beförderte es vor allem den Transfer von Gütern, Kenntnissen und Ideen aus dem Osten in den Westen. Auf diese Weise entsteht eine »Mittelmeerkultur«, die mit dem *Imperium Romanum* politische Gestalt annimmt und mit dem Ausgreifen dieses Imperiums in den Norden auch die Länder jenseits der »Ölbaumgrenze« in diese Kultur integrieren wird. Der Monotheismus, das Alphabet, die Idee der Demokratie und das Lateinische sind vier Grundelemente dieser Mittelmeerkultur, jeweils lokale »Erfindungen« der ägyptisch-hebräischen, der phönizischen, der griechischen und der römischen

Hafen einer Stadt in Kampanien. Idealdarstellung auf einem Fresko aus Stabiae, 1. Jh. n. Chr.

Zivilisationen, aber universalisiert durch das Mittlermeer. Und wenn, wie der französische Wirtschaftshistoriker Michel Mollat du Jourdin in seinem Buch *Europa und das Meer* schreibt, das Mittelmeer der »Lebensnerv des antiken und mittelalterlichen Europa« war,[29] dann waren die Schiffe, um im Bild zu bleiben, die Neuronen dieses Nervenstrangs. Denn Schiffe waren es, welche die rund um dieses Meer gelegenen Länder miteinander verbanden, auf einem unsichtbaren Netz von Wasser-»Straßen«, das seinerseits über die großen Hafenstädte mit dem System der römischen Landstraßen in die Binnenländer hinein verknüpft war. Ein Kaufmann, der in Puteoli, Roms wichtigstem Hafen, in See stach, konnte bei einigem Glück Alexandria in neun Tagen erreichen; von dort ging es weiter nilaufwärts bis Oberägypten, dann in zwölf Nachtmärschen durch die Wüste bis zur Hafenstadt Berenike am Roten Meer und weiter über die Arabische See bis nach Indien.[30] Spätestens seit der römischen Kaiserzeit bilden die marinen Netze auch die logistische Infrastruktur für die Versorgung der Hauptstadt mit dem lebensnotwendigen Getreide für die Millionenbevölkerung: »Das Leben des römischen Volkes hängt täglich vom unsicheren Spiel des Meeres und der Stürme ab«, konstatierte Kaiser Tiberius einmal in einer Rede vor dem Senat.[31]

Kompaß und Lateinersegel. Die mittelalterlichen Seerepubliken

Auch nach dem Niedergang des Römischen Reiches bleibt das Mittelmeer das »Bedingende und Belebende« (Hegel) der europäischen Zivilisationen. Da die Verbindungen über Land in dem sich auflösenden Imperium zunehmend unsicherer werden, kommt den Seewegen sogar noch größere Bedeutung zu. Byzanz übernimmt jetzt von Rom die Rolle einer Seemacht, arabische Schiffe tauchen in immer größerer Zahl auf dem Mittelmeer auf, vor allem aber machen im hohen Mittelalter vier »neue« Städte Karriere zur See. Es sind die »Seerepubliken« von Amalfi, Venedig, Genua und Pisa, die intensive Handelsbeziehungen zu den levantinischen Regionen herstellen oder, wie vor allem die Venezianer, den florierenden Pilgerverkehr ins Heilige Land organisieren. Dabei werden zwei technische Neuerungen wichtig, die den Seeverkehr erleichtern und beschleunigen: Vermutlich durch arabische Vermittlung setzt sich das dreieckige Lateinersegel durch, das es den Schiffen erlaubte, höher am Wind und damit effektiver zu segeln. Außerdem ermöglicht jetzt der Kompaß eine bessere Navigation auch außerhalb der Küstengewässer. Die mittelalterliche Ursprungslegende schreibt seine »Erfindung« einem gewissen Flavio Gioia aus Amalfi zu, dessen Denkmal noch heute am dortigen Hafen zu sehen ist. Inzwischen gilt die Magnetnadel als chinesische Erfindung, die vermutlich durch die Araber an die Amalfitaner kam und von ihnen durch Verbindung mit der mediterranen Windrose weiterentwickelt wurde.[32]

Im gleichen Zeitraum entstehen die ersten ausführlichen *Ordinationes maritimae*, also maritime Codices, die nicht nur Pflichten und Rechte an Bord, sondern auch Verantwortlichkeiten im Hinblick auf die Fracht bei mehreren Eignern regeln wollten. Die früheste seerechtliche Bestimmung dieser Art, die *Lex Rhodia de iactu*, stammte bereits aus dem Römischen Reich und hat sich bis ins aktuelle Deutsche Handelsgesetzbuch erhalten (»Große Haverei«). Sie besagte, daß beim üblichen Überbordwerfen (*iactus*) von Ladung zur Rettung eines Schiffes alle, die von diesem »Seewurf« einen Vorteil hatten, gemeinschaftlich für den einem einzelnen dadurch entstandenen Schaden aufzukommen hätten. Das Seerecht ist damit das erste System, in dem das versicherungsrechtliche Prinzip der »Gefahrengemeinschaft« festgeschrieben wurde.

Differenzierter fassen dann die in der *Tabula de Amalpha* kodifizierten *Ordinationes* die marine Legislatur. Sie zeigen, daß in der Seefahrt schon früh erstaunliche soziale Verbindlichkeiten intendiert waren.

Mittelalterliche Seerechtsbestimmungen

Deklarationspflicht
[Art. 10] Sobald die Segel gesetzt sind, müssen die Kapitäne den versammelten Seeleuten und Gesellschaftern öffentlich den vollständigen Kontrakt vorweisen und erklären, ferner die Ware und das Geld, das sie aus der Stadt führen, ihnen außerdem sagen, wohin sie fahren werden.

Fürsorgepflicht
[Art. 14] Wenn ein Seemann oder Gesellschafter während der Fahrt von Piraten oder irgendeinem anderen wider seinen Willen gefangengenommen wurde, soll er seine Quote erhalten, obgleich er der Gesellschaft nicht mehr nützlich ist. Und gleicherweise wenn er krank wird, sollen ihm die üblichen Auslagen und darüber hinaus die Pflegekosten erstattet werden. Und wenn er bei Verteidigung des Schiffes verletzt wird, soll er die täglich nötigen, auch ärztlichen Aufwendungen über die vereinbarte Quote hinaus erhalten.

Verlust des Arbeitsplatzes
[Art. 52] Wenn ein Schiff aufgebracht wird oder Schiffbruch leidet, müssen die Seeleute bezahlt werden für die Zeit, die sie gedient haben bis zum Zeitpunkt der Havarie. Sofern sie aber etwas schuldig sind, sind sie zur Zahlung vor Ablauf eines Monats nach dem Schiffbruch nicht verpflichtet.

Aus: Tabula de Amalpha, Salerno 1965 (Übersetzung D. R.).

Die Praxis wird in vielen Fällen anders ausgesehen haben. Daß »christliche Seefahrt« (wie man die Handelsschiffahrt später gern nannte) und Piraterie immer wieder Hand in Hand gingen, illustriert eine Novelle von Boccaccio, die von einem Kaufmann handelt, der gerade dort seine Aktivitäten betrieb, wo das eben erwähnte Seerecht kodifiziert wurde: in der »Seerepublik von Amalfi«. Sie erzählt von dem reichen Kaufmann Landolfo Rufolo aus Ravello, der ein großes Schiff mit Waren bestückt, damit nach Zypern segelt, sie dort aber wegen der Konkurrenz nur schlecht loswird; daraufhin investiert er in ein kleines Kaperschiff, verlegt sich auf Raub, wird dann selbst von Genueser Kaufleuten ausgeraubt, erleidet Schiffbruch und rettet sich auf einer Kiste an Land; als er entdeckt, daß sie mit Edelsteinen gefüllt ist, schmuggelt er sie in seine Heimat, wo er doppelt so reich wie bei seiner Abreise wieder ankommt – »dankbar gegen Gott, der ihn so gnädig geführt«.[33]

Aus dem Zusammenspiel von Kaufmannsgeist, Betrug und Raub entwickelte sich über das Mittelmeer jene Kultur des Handels, die während des Mittelalters, vor allem dank islamischer Vermittlung, auch zahlreiche Importwaren aus dem Osten in den Westen brachte, wo sie dann zu festen Bestandteilen der europäischen Kultur der Neuzeit wurden: den Kaffee (arab. *qahwa*), den Zucker (*sakr*), das Sorbet (*šarbat*), die Zitrone (*laimūn*), die Orange (*nārandsch*), den Reis (*aruzz*), das Papier und die Technik seiner Herstellung – um nur einige zu nennen. Daß auch der Handel in der Gegenrichtung funktionierte und welche erstaunlichen Entfernungen dabei zurückgelegt wurden, illustriert der Dominikanermönch Felix Fabri im Bericht seiner Pilgerreise ins Heilige Land 1483. Als sich die Pilger für die Rückfahrt in Alexandria einschiffen, bekommen sie als Bordproviant gesalzenen Donaufisch – »was doch ein besonder seltsam Sach ist, daß man jenseits dem Meer Fische kauft, die in der Donau werden gefangen. Aber was kann den Kaufleuten entrinnen, was ihre Hände nicht durch die Welt teilen [= verteilen]?«[34]

Vom Mittelmeer zum Weltmeer. Die marine Globalisierung

Als Felix Fabri seinen Bericht niederschrieb, hatten Schiffe freilich andernorts längst Kurs auf eine ganz andere »Welt« genommen. Im Zeitalter der Entdeckungen verliert das Mittelmeer nach und nach seine zentrale Bedeutung. Statt dessen wird ein anderes Meer zur Seebühne der Weltgeschichte: das »Weltmeer«. Der Begriff, der in den deutschsprachigen Lexika des 17. Jahrhunderts erstmals auftaucht,[35] versteht sich als Übersetzung des lateinischen *Oceanus*, bringt aber zugleich jene weltgeschichtliche Dimension zum Ausdruck, die eben diesem Ozean jetzt zukommt – und an der die Deutschen doch gerade den geringsten Anteil haben sollten. Im Zeitalter der Entdeckungen treten mit Portugal, Spanien, den Niederlanden, Frankreich und England neue Akteure als »seefahrende Mächte« auf den Plan, streiten mit ihren Flotten auf eben diesem Weltmeer um die Vorherrschaft. Denn wieder wird, jetzt in globalem Maßstab, deutlich, daß sich – wie die Briten in ihrer heimlichen Hymne singen – die Herrschaft über die »Reiche« an der Herrschaft über die »Wogen« entscheidet.

Dabei wird nach der Entdeckung Amerikas der Atlantik das neue »Mittlermeer«. Aus der »Neuen Welt« kommen nicht nur neue Gebrauchsgüter nach Europa – der Kakao, der Tabak, die Tomate, die Kartoffel, der Mais –, sondern vor allem die gewaltigen Schätze an Gold und Silber, die, jenseits des Meeres geraubt oder erpreßt, in Europa die Grundlagen des feudalen Luxus, der absolutistischen Staatenbildung und der primären Akkumulation des Kapitals bilden.[36] In umgekehrter Richtung, von Osten nach Westen, ist der Atlantik Transportmeer an Menschenfracht: von Millionen afrikanischer Sklaven, die erst die Ausbeutung der »Neuen Welt« möglich machen, später von Millionen europäischer Auswanderer, die in Amerika die Grundlage dafür geschaffen haben, daß die Vereinigten Staaten heute die erste »Seemacht« sind – und zugleich historisch die letzte: Spätestens seit dem Abwurf der Atombombe über Hiroshima am 6. August 1945 wird militärische Priorität nicht mehr zur See, sondern in der Luft entschieden.

Marine Anarchie und ozeanische Perspektiven einer künftigen Weltordnung

Auch in der Neuzeit entwickelten sich Seehandel und Seeherrschaft (und damit eine der Grundlagen der modernen Weltordnung) in großer Nähe zu Raub und Gewalt. Dabei konnte seit dem späten Mittelalter auch die alte Piraterie in seerechtlich geradezu legitimierter Form weiterleben: als Freibeuterei auf der Basis von sogenannten »Kaperbriefen«. Sie gaben dem Seeräuber das Recht, im Dienst des eigenen

Souveräns fremde Handelsschiffe zu überfallen und deren Ladung zu requirieren – gegen Einbehalt einer Eigenbeteiligung, der sogenannten »Prise«. Von den »Vitalienbrüdern« der Hanse über englische Seehelden wie Francis Drake oder Sir Walter Raleigh bis hin zu den holländischen »Wassergeusen« waren Piraten auf diese Weise am Aufbau der globalen Seeherrschaften nicht unwesentlich beteiligt. Noch heute ist das »Prisenrecht« Teil des internationalen Seekriegsrechts; es erlaubt das »Aufbringen« von Handelsschiffen feindlicher Nationen samt Aneignung der fremden Beute. Überhaupt war das Insistieren auf der »Freiheit der Meere« (die Idee geht auf den holländischen Rechtsgelehrten Hugo Grotius zurück[37]) immer auch Freibrief für marine Anarchie – B. Travens Roman *Das Totenschiff* (1926) erzählt das in eindrucksvoller Weise.

Marine Anarchie bedroht bis heute die Ozeane, nur daß sie inzwischen von ganzen Staaten oder großen, einflußreichen Interessengruppen praktiziert wird und schwerwiegende Folgen für das Wirtschafts- und Ökosystem des ganzen Planeten hat. Außerhalb der Dreimeilenzone funktionieren, wie Elisabeth Mann Borgese geschrieben hat, viele »landgestützte Begriffe« unserer Rechtsordnung nicht. »Zu diesen Begriffen gehören das Eigentum im Sinn des römischen Rechts, die staatliche Souveränität im Sinn des Westfälischen Friedens und die Landesgrenzen, an die sich weder Fische noch Umweltverschmutzung halten.«[38] Um so dringlicher, so die »Botschafterin der Meere«, sei die Entwicklung einer zukünftigen globalen Rechtsordnung unter »ozeanischer Perspektive«, wie sie in der Seerechtskonvention der Vereinten Nationen von 1982 erstmals in Angriff genommen worden sei und explizit die »Menschheit« selbst zum Hoheitsträger der ozeanischen Ressourcen erklärt.

Die meerlosen Deutschen

Daß die Deutschen in ihrer Geschichte an diesem Weltmeer keinen Anteil hatten, ist der schlimmste Schimpf, den ihnen die Geographie antun konnte. Vielleicht aber auch ihr größter Segen. Denn im welthistorischen Zusammenhang betrachtet, ist Deutschland kein Meerland, und das nicht nur im topographischen Sinn. Zwar wird in den Jahrhunderten des späten Mittelalters und der frühen Neuzeit die Ostsee so etwas wie ein nordisches »Mittlermeer«. Kaufleute der Hanse knüpfen hier ein Netz von Handelsbeziehungen, das die deutschen Städte mit den osteuropäischen und den skandinavischen Ländern verbindet, und das Niederdeutsche wird, wie einst im Mittelmeer das Lateinische, sogar zur *lingua franca* dieses maritimen Großraums. Aber anders als das Lateinische war das Niederdeutsche der Hanse reine Geschäftssprache, konnte sich nicht zur Literatursprache entwickeln, also keine dichterischen Zeugnisse hervorbringen, die den Zeitgenossen und der Nachwelt ein Bild von jenem Meer und seinen Menschen hätten vermitteln können. Auch sonst blieb die Hanse – von der urbanen Architektur abgesehen – künstlerisch so gut wie unproduktiv, »eine Gemeinschaft von Kaufleuten, [die] sich um keine kulturelle Tätigkeit bemüht [hat]«.[39] Die Ostsee, *mare balticum*, das Meer, das doch ihren Mittelpunkt bildete, konnte hier keinen geistigen Zauber entfalten, gar wie das römische *mare nostrum* zum Ort mentaler Identifikation werden. Nach dem Ende der Hanse rückt die Region wieder in den Schatten der deutschen Geschichte, die Ostsee hatte keine Chance, zum »deutschen Meer« zu werden.

Denn »meerhistorisch« betrachtet, vollziehen sich die entscheidenden Entwicklungen der frühen Neuzeit nicht im Ostseeraum, sondern in den süd- und westeuropäischen Ländern. Während die marinen Nationen seit dem 15. Jahrhundert die Meere befuhren, im Grunde moderne Nationen, dann Imperien erst durch diese Meerfahrt wurden, blieb die Politik des Heiligen Römischen Reiches Deutscher Nation Territorialpolitik im wörtlichen Sinne: Zank um Länder und Ländchen, gestreift gelegentlich vom Anflug eines marinen Abenteuertraums. Der früheste von ihnen war eher eine Posse: Der Große Kurfürst, Friedrich Wilhelm von Brandenburg, wollte mit der Gründung einer »Brandenburgisch-Afrikanischen Compagnie« in den allseits florierenden Überseehandel einsteigen und ließ seine kleine Flotte durch den holländischen Abenteurer Benjamin Raule, in Berlin zum »Generalmarinedirektor« befördert, aufrüsten. 1683 kam es mit der Gründung des Forts »Groß-Friedrichsburg« an der Goldküste (im heutigen Ghana) sogar zu einem ersten kolonialen Stützpunkt Brandenburg-Preußens in Afrika, der aber bereits 1717 von den Holländern übernommen wurde.[40]

Schulleseheft, 1934

Eher den Charakter eines Rührstücks und ebenfalls nur kurzen Bestand hatte das Projekt der Frankfurter Nationalversammlung, die im

Revolutionsjahr 1848 eine deutsche Flotte ins Leben rief, immerhin mit dem Titel »Reichsflotte« eine erste nationale Institution im territorial zersplitterten Deutschland. Als Befehlshaber im stolzen Rang eines Konteradmirals fungierte Karl Rudolf Brommy, vorher Kapitän in der griechischen Marine, Heimathafen der Flotte war Brake an der Unterweser. Allein mit dem Scheitern der deutschen Einigung wurde auch dieses Einheitsprojekt zu Grabe getragen und die kleine Flotte bereits 1851 schmählich wieder aufgelöst.

Ein dritter Versuch, Deutschland zum Meer hin zu öffnen, jetzt sogar, unter Kaiser Wilhelm II., zur marinen Weltmacht aufzurüsten und Territorien in Übersee unter deutsche Kolonialherrschaft zu zwingen, geriet schließlich zur Tragödie. Die imperiale Devise »Unsere Zukunft liegt auf dem Wasser« (so Kaiser Wilhelm bei der Einweihung des Freihafens Stettin 1898) markierte den Weg in die Katastrophe des Ersten Weltkriegs.

So blieb die deutsche Geschichte meerfern. Es gibt kein deutsches *mare nostrum*. Es wundert daher nicht, daß auch im Erfahrungsschatz und in der Literatur der Deutschen das Meer wesentlich geringere Spuren hinterließ als bei Italienern, Portugiesen, Spaniern, Franzosen, Briten und Amerikanern. Die beiden einzigen marinen Abenteuer-Autoren deutscher Sprache haben das Land schon früh verlassen: Friedrich Gerstäcker und Ret Marut alias B. Traven. Und nur die wenigen Schriftsteller, die an den Küsten von Ost- oder Nordsee aufgewachsen sind, haben dem heimischen Meer gelegentlich große Bilder gewidmet, etwa Theodor Storm, Eduard von Keyserling, Thomas Mann. All die anderen – und mit ihnen die Mehrzahl der Deutschen – haben »ihr« Meer anderswo gefunden, beschrieben, bedichtet, gezeichnet, in Töne gesetzt oder einfach nur genossen: in der Ferne. Oder segelnd im Ozean der Gedanken und der Phantasie.

Landschaft und geistiger Raum
Die Ästhetik des Meeres

Ist das Meer schön?

Nicht nur die menschliche Hand, auch das Auge verwandelt die Natur. Der Blick ordnet, definiert Farben und Gestalten, erkennt Symmetrien und Dissonanzen, erschafft Bilder des Häßlichen und des Schönen. Ist das Meer schön? War das Meer schön? Und wie haben Menschen dieser Schönheit Ausdruck gegeben? Nur dieses kann der Historiker zu ergründen versuchen, kann als Spurenleser von Formen ästhetischer Naturaneignung berichten. Ihr emotionaler Urgrund bleibt ihm verschlossen, die Gefühle der Vorfahren sind uns ein Buch mit sieben Siegeln. Oder sind wir vielleicht doch über die Zeiten hinweg mit ihnen verbunden, teilen gleiche Empfindungen beim Blick übers Meer, auf den Spiegelschein des Mondes in einer warmen Sommernacht, auf das monotone Spiel der auflaufenden Wellen am Strand?

Meerblicke aus römischen Villen

Wer nach historischen Spuren einer ästhetischen Wahrnehmung des Meeres sucht, findet sie längst vor der Epoche der neuen Empfindsamkeitskultur des 18. Jahrhunderts, jener »Nobilitierung der Gefühle« (Ute Frevert),[1] welche die Erfahrung der Natur in der Moderne prägt. Eine frühe Spur der Liebe zum Meer führt bereits in die Antike, wird erkennbar im Architekturprogramm der römischen Meervilla.

In der frühen Kaiserzeit war es unter Wohlhabenden in Mode gekommen, sich aus dem großen und lauten Rom in Villen auf dem Land zurückzuziehen, wobei sich auch die Meeresküsten großer Beliebtheit erfreuten, so die Gegend von Ostia und Anzio, von Terracina und Gaeta, vor allem aber rund um die Golfe von Neapel und Pozzuoli.[2] Der Bautyp der *villa maritima*, der Meervilla, läßt dabei deutlich die Orientierung des Blicks zum offenen Meer hin erkennen, mit anderen Worten das Vergnügen der Bewohner an der marinen Landschaft. Ein eindrucksvolles Beispiel für diesen Bautyp bietet die »Villa dei Papiri« in Herculaneum; dort führte vom Gartenperistyl der Anlage eine lange überdachte Loggia mit Blick aufs Meer bis zu einem mit Mosaiken ausgelegten Aussichtspavillon.[3] Auch andere in Herculaneum ausgegrabene Villen waren so angelegt, daß man von Terrassen, Gärten und Säulengängen aus den Blick aufs offene Meer genießen konnte, ebenso im benachbarten Stabiae, wo sich sogar die Zimmerflucht, anders als beim römischen Haus üblich, linear nach außen, zum Meer hin öffnete. Eigens auf spektakuläre Meerpanoramen hin konstruiert waren auch zwei Villenkomplexe, die sich Kaiser Tiberius auf der gegenüberliegenden Insel Capri, seinem langjährigen Regierungssitz, errichten ließ: Der eigentliche Wohnbereich war flankiert von einer *ambulatio*, einem langen Wandelgang, von dem aus man über den steil in die Tiefe abstürzenden Felshang einen atemberaubenden Blick auf den Golf von Neapel genießen konnte.[4] In die Mauern eingelassene Sitznischen oder angrenzende Speisezimmer lassen den Gebrauch der Anlage ahnen. Es fällt nicht schwer, sich an solchen Orten bewußt zu machen, daß in den baulichen Inszenierungen ein »Landschaftssinn« (Jean Paul) zutage tritt, für den das Meer, aus sicherer Distanz betrachtet, keineswegs mehr ein Ort der Schrecken war, sondern höchste Bewunderung erregen mußte. Der Blick aufs Meer ist dabei Teil einer Inszenierung, in der die Abkehr von der Stadt und die Hinwendung zum Leben auf dem Land Gestalt annimmt, also die Idee jener zivilisatorischen Regression, wie sie auch von den Dichtern des augusteischen Zeitalters und den Philosophen der Stoa immer wieder beschworen wurde.

Blick aufs Meer. Rekonstruktion der Fassade der Villa dei Papiri in Herculaneum

Denn auch literarische Zeugnisse der Epoche sprechen von diesem Blick. Er wolle wissen, fragt der jüngere Plinius einen Freund, warum ihm seine Meervilla am Strand von Ostia solche Freude bereite? Nun, das Speisezimmer liege direkt am Strand, im Wohnzimmer habe man die See zu Füßen, das Schlafzimmer leuchte »im hellen Glanz des Meeres«, ein weiteres Speisezimmer biete »Ausblick auf das weite Meer, den langgestreckten Strand« – kurzum, der Autor des Briefes wird nicht müde, die Verbundenheit seines Anwesens mit dem Meer zu rühmen. *Prospicit mare*, »man hat Blick aufs Meer«, ist das architektonische Ideal.[5] Auch der Dichter Statius, in Neapel beheimatet, preist in einem Gedicht die »Meerlage« der Villa eines Freundes. Sie liege hoch oben auf der äußersten Spitze der Halbinsel von Sorrent und biete, so der Dichter, von jedem Zimmer aus den schönsten Blick auf ein neues, immer anderes Meer. Und sein Loblied auf das Refugium des Glücklichen mündet in eine geradezu idyllische Szenerie:

> Es legt sich das Brausen des Windes,
> Still wird die See, es tauchen hervor aus dem Meere Delphine,
> Schwimmen, den Klängen der Lyra folgend, heran an den Felsen.
> Lebe glücklich! Denn reicher bist du als Midas und Krösus.[6]

Das Glück, das hier besungen wird, ist das Glück des *dulce otium honestumque* (Plinius), der süßen, ehrenhaften Muße im abgeschiedenen Leben außerhalb des Trubels, der Geschäfte und der Intrigen der großen Stadt. Dort erst komme man zu sich selber, dort, so Plinius, sei auch der wahre Ort schöpferischer Inspiration für den Schriftsteller und Gelehrten. *O mare, o litus!*, »O Meer, o Strand«, schwärmt er in seiner Villa am Meer, »ihr seid mein wahrer, heimlicher Musenhof, wie viele Ideen gebt ihr, wie viele Worte sagt ihr mir.«[7] Das Meer, in der römischen Literatur dort, wo es um Seefahrt und Reise geht, immer wieder als bedrohliche und gefährliche Szenerie beschrieben, ist hier Teil einer arkadischen Landschaft, in der sich die Seele des stadtmüden Intellektuellen spiegelt. Nur hier kann er denken und schreiben, kann sich kreativen Tätigkeiten hingeben, am »Musenhof« des Meeres – des stillen Meeres natürlich. Denn ähnlich wie die bukolische Landschaft Arkadiens ist auch die marine Natur ein friedlicher Ort. Das schöne Meer ist das stille Meer. Und ein Leben an diesem Meer das Ideal einer skeptischen Elite.

Antike Strandszene mit Ruderboot

Das Meer im Haus. Mosaikbilder mit realistischen Darstellungen verschiedener Arten von Fischen und anderer Meeresbewohner gehörten zur beliebten Ausstattung römischer Villen.

Auch in der Innendekoration der römischen Villen ist das Meer ein großes Thema. Auf ausladenden Fußbodenmosaiken tummeln sich Delphine und Meermonster mit kurios verschlungenen Schwänzen, kleinere Mosaikbilder präsentieren in liebevoller Detailtreue Fische, Muscheln und Mollusken, Wandgemälde zeigen idealtypische Meervillen mit kleinen Genreszenen.[8] Ähnlich wie der Garten erscheint auch das Meer in der römischen Villenkunst als heitere, domestizierte Natur.

In ganz besonderer Weise »schön« tritt uns dieses antike Meer auf einer ungewöhnlichen Szene entgegen, wie sie auf einem Wandgemälde mit marinen Motiven aus einer stadtrömischen Villa des 2. Jahrhunderts erhalten geblieben ist. Zwei nackte junge Gestalten, wohl ein Mann und eine Frau, rudern in einem prachtvoll bemalten Boot über die blaue See, eine dritte Person sitzt als Steuermann im Heck.[9] Die Bootsinsassen scheinen kein bestimmtes Ziel anzusteuern, sondern sich einfach auf dem Wasser zu vergnügen – haben wir es mit einem frühen Beispiel einer »Lustfahrt zur See« zu tun, wie sie erst im 18. Jahrhundert wieder in Mode kommen wird? Ein Knabe, auf einem Delphin reitend, begleitet

Spazierfahrt auf dem Meer. Römisches Fresko

das Boot aus der Ferne, Fische tummeln sich im Wasser, eine große Ruhe und Heiterkeit liegt über der Szenerie – *mira quies pelagi*, die »wunderbare Ruhe der See«.[10]

Tropfen im Meer der Gottheit
Mystische Meertheologie

Es wird lange dauern, bis Dichtung und bildende Kunst sich wieder mit jener geradezu anakreontisch wirkenden Heiterkeit dem Meer und den Küsten widmen werden. Seine Faszination hat es dennoch auch im Mittelalter nicht verloren, im Gegenteil: Es leuchtet jetzt im überirdischen Glanz einer Schönheit, die nicht von dieser Welt ist, geschaut mit geistigen Augen von Klerikern und Mönchen in engen, meerfernen Klausen. Und nie wurde sein Name mit größerer Ehrfurcht genannt, nie seine Schönheit reiner verehrt als jetzt. Die Rede ist von der *theologia mystica*, der mystischen Theologie, die im grenzenlosen, unergründlichen Meer das Bild der grenzenlosen, unergründlichen Gottheit sieht. Eine neue, geistige Schönheit umgibt jetzt die Bilder des Meeres.

Bereits im Alten Testament war neben den »Sternen am Himmel« auch der »Sand am Meer«, »den man weder messen noch zählen kann«, Metapher der Unendlichkeit gewesen. Was aber könnte so unendlich sein wie die Unendlichkeit des einen, unsichtbaren Gottes? Eine Legende, die im Mittelalter der Vita des Kirchenvaters Augustinus zugeschrieben wurde, berichtet davon. Es ist die Erzählung von »Augustinus und dem Knäblein«, und sie wird sich in Literatur und Malerei über Jahrhunderte hinweg großer Beliebtheit erfreuen.[11] In einem Volksbüchlein des 19. Jahrhunderts mit allerlei Märchen und erbaulichen Geschichten erscheint sie in folgender Form:

> Der heilige Augustinus, der fromme Bischof und erleuchtete Kirchenvater, erging sich eines Tages am Ufer des Meeres, sinnend und nachdenkend, wie er das große Geheimnis von dem dreieinigen Gott ergründen möge. Da, wie er einige Zeit lang in diesen Gedanken vertieft dahin wandelte, bemerkte er am Gestade ein Knäblein sitzen, das emsig aus dem Meer in ein Grüblein Wasser schöpfte. Der heilige Mann schritt sofort auf das Knäblein zu und fragte dasselbe: was sein Beginnen sei, und warum er also emsiglich Wasser schöpfe? Der Knabe erwiderte: Ich will das Meer ausschöpfen in dieses Grüblein. Darob lächelte Augustinus und sagte: Wie magst du also tun und erhoffen, das ganze

Sandro Botticelli: Der heilige Augustinus und das Knäblein am unausschöpflichen Meer (Barnabas-Altar, Detail)

weite und tiefe Meer auszuschöpfen in dieses winzige Grüblein? Hierauf versetzte der Knabe: Und wie magst du so töricht sein und verhoffen, du werdest das große und tiefe Geheimnis des dreieinigen Gottes ergründen mit deinem winzigen Verstande?

[Ludwig Aurbacher:] Ein Volksbüchlein, 2. Theil. München 1839, S. 63–64.

Die Legende vom großen Kirchenvater, der sich durch ein spielendes Kind über das unergründliche Geheimnis der Trinität belehren lassen muß, kam im 13. Jahrhundert auf, einer Zeit, in der sich in den Klöstern neben und gegen die herrschende Katheder-Dogmatik der Scholastik eine neue mystische Frömmigkeit entwickelte. Ihre Anhänger sympathisierten mit der Lehre von der prinzipiellen Nicht-Erkennbarkeit Gottes, der, wie Meister Eckhart in einer Predigt schreibt, *in dem mer sîner gruntlôsichkeit* (»im Meer seiner Grundlosigkeit«) verborgen sei.[12] Das »grundlose« Meer wird in der mystischen Theologie zum Gleichnis des Göttlichen, seine Gestaltlosigkeit, Unwandelbarkeit, Unfaßbarkeit und Einheit, zum Bild, auf das sich die »negative Theologie« beruft, um die Rede über Gott von allen konkreten Bestimmungen und Zuschreibungen zu befreien. Wenn Gott »ein lauter Nichts« sei, das sich wie das Wasser jedem menschlichen Zugriff entziehe, wie es später bei Angelus Silesius heißen wird,[13] dann ist das Meer, die leere, unendliche Landschaft, sein reinstes irdisches Emblem. Eine theologisch gegründete Ästhetik erkennt gerade darin, dem eigentlich »Unschönen«, seine wahre göttliche Schönheit.

Zugleich befördert das Bild vom »Meer der Gottheit« in der mystischen Theologie eine neue Vorstellung vom Verhältnis des Individuums zum Göttlichen: Wie der Wassertropfen sich mit dem Meer vermische, mit ihm ununterscheidbar eins werde, so die Seele im Akt der *unio mystica* mit Gott. Und wie der Tropfen im Meer selber zu »Meer« werde, nicht aber das Meer zum Tropfen, so nehme die Seele in der mystischen Vereinigung mit Gott dessen eigene Substanz an, werde selber zu »Gott« (eine im Inquisitionsverfahren gegen Meister Eckhart als häretisch verurteilte Lehrmeinung).

> Wenn man einen Tropfen ins wilde Meer gösse
>
> [Gott] ist unwandelbar; deshalb ist er der Halt der Dinge. Merkt nun darauf, wie Gott sich mit den Dingen vereint. Er vereint sich (zwar) mit den Dingen, und er erhält sich doch als Eins in sich selbst und alle Dinge in sich als Eins. [...] Das kommt von seiner Unwandelbarkeit und von seiner Unermeßlichkeit und von der Kleinheit der Dinge. Hierzu sagt ein Prophet, daß alle Dinge so klein seien gegen Gott wie ein Tropfen gegen das wilde Meer (Weish. 11,23). Wenn man einen Tropfen in das wilde Meer gösse, so verwandelte sich der Tropfen in das Meer und nicht das Meer in den Tropfen. So (auch) geschieht es der Seele: wenn Gott sie in sich zieht, so verwandelt sie sich in ihn, so daß die Seele göttlich wird, nicht aber Gott zur Seele. Da verliert die Seele ihren Namen und ihre Kraft, nicht aber ihren Willen und nicht ihr Sein. Da bleibt die Seele in Gott, wie Gott in sich selbst bleibt.
>
> Aus: Meister Eckehart: Deutsche Predigten und Traktate, hrsg. u. übs. v. Josef Quint, München 1963, S. 409f. (= Predigt 55).

In den mystischen Texten des Mittelalters und der durch sie inspirierten sprituellen Bewegungen der Neuzeit wird die Vereinigung der Seele mit Gott immer wieder mit solchen aquatischen Bildern umschrieben: dem Einsinken, Versinken, gar Ertrinken.[14] Der Gott vollkommen Erkennende »ertrincket [...] in dem grundelosen mer der gotheit und swimmet in got als ein fisch in dem mere«, heißt es in einem Johannes Tauler zugeschriebenen mystagogischen Traktat (um 1350),[15] und ähnlich spricht dreihundert Jahre später Angelus Silesius in seiner Sammlung *Cherubinischer Wandersmann* (1657) von der »glückseligen Ertrinkung«:

> Wenn du dein Schiffelein aufs Meer der Gottheit bringst,
> Glückselig bist du dann, so du darin ertrinkst.[16]

Aber auch protestantisch-pietistische Lyriker des 18. Jahrhunderts wie Nikolaus Graf von Zinzendorf oder Gerhard Tersteegen schwelgen gern in der marinen Bildsprache des glücklichen Ertrinkens – so Tersteegen in seinem Choral *Ich bete an die Macht der Liebe* (1729):

> Ich will, an statt an mich zu denken
> Ins Meer der Liebe mich versenken.[17]

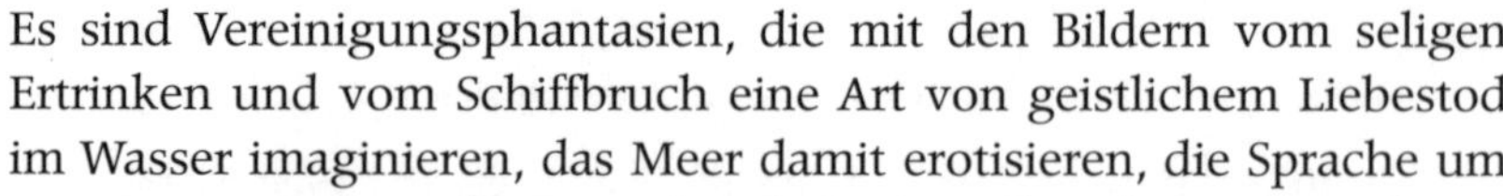

Ertrinken, Versinken. Edvard Munch: Meer der Liebe, Lithographie, 1895

Es sind Vereinigungsphantasien, die mit den Bildern vom seligen Ertrinken und vom Schiffbruch eine Art von geistlichem Liebestod im Wasser imaginieren, das Meer damit erotisieren, die Sprache um die Metaphorik der Verschmelzung bereichern, wie wir sie in säkularisierter Form noch immer gebrauchen (»Meer der Ewigkeit«). Die Lust an der Entgrenzung und Entindividualisierung begleitet kontrapunktisch die westliche Geschichte der Persönlichkeitsbildung, im Bild der Verfallenheit an das Meer findet sie immer wieder Ausdruck, in jenem »ozeanischen Gefühl«, von dem Sigmund Freud gesprochen hat.[18] Denn die Liebe zum Meer ist ja immer auch selige Liebe zum Nichts, zum großen Nirwana.

Das Meer der geistigen Offenbarung

Während keiner der genannten mystischen Autoren das Meer je mit leiblichen Augen gesehen hat, wurde es einem der großen Denker der »negativen Theologie« tatsächlich zum Offenbarungs-Erlebnis. So berichtet es jedenfalls der gelehrte Nikolaus von Kues in der Nachschrift zu seinem theologischen Hauptwerk *De docta ignorantia* (1440). Der aus dem ländlichen Kues bei Bernkastel an der Mosel gebürtige Gelehrte war 1437 als päpstlicher Legat von Venedig nach Konstantinopel gereist, um dort mit Vertretern der Ostkirche Verhandlungen zu führen. Auf der Rückreise, so Nikolaus, sei ihm auf dem Meer die Eingebung für sein Werk zuteil geworden – »was ich schon längst auf den verschiedenen Wegen philosophischer Systeme zu erreichen mich bemühte, vorerst aber nicht zu erreichen vermochte, bis ich auf dem Meer, als ich von Griechenland zurückkehrte, dazu geführt worden bin, ich glaube durch ein Geschenk von oben, vom Vater des Lichts«. Jetzt erst, so Nikolaus weiter, sei es ihm möglich geworden, »daß ich das Unbegreifliche unbegreiflicherweise in wissendem Nichtwissen erkennend umfasse«.[19] Das Meer wurde ihm zum »hierophanen Ort«,[20] zur Landschaft der »Offenbarung des Heiligen«, wo dem mystisch-neuplatonischen Theoretiker das Wesen des *Deus absconditus*, des »verborgenen Gottes«, enthüllt wird.

Naturgefühle und der erste deutsche Dichter des Meeres

In der mystischen Bildsprache, vermittelt vor allem durch den Pietismus, hat auch das neue Naturgefühl, das sich im 18. Jahrhundert ausbreitet, seine Wurzeln. Es ist die »Beschauung Gottes in den Werken der Schöpfung«, die in Gerhard Tersteegens lyrischer Sammlung *Geistliches Blumengärtlein inniger Seelen* (1729) neben anderen Schöpfungswerken auch das Meer zum Wunder werden läßt:

> Meer ohn Grund und Ende, Wunder aller Wunder,
> Ich senk mich in dich hinunter:
> Ich in dir, Du in mir
> Laß mich ganz verschwinden,
> Dich nur sehn und finden.[21]

Die Verse stammen aus dem Choral *Gott ist gegenwärtig*, noch »meint« der Sänger Gott, wenn er vom »Meer« spricht, aber im Bild Gottes ist doch auch das wunderbare Meer selber gegenwärtig. In Gellerts Gedicht *Die Himmel rühmen des Ewigen Ehre* (1757), durch Beethovens Vertonung und als Chorsatz populär geworden, »preisen die Meere« den Allmächtigen, auch in Joseph Haydns Oratorium *Die Schöpfung* (1798) tun sie dies, aber jetzt schon in anschaulicheren, irdischen Bildern: »Rollend in schäumenden Wellen/Bewegt sich ungestüm das Meer«.[22] Denn es ist das Schicksal der frommen Bilder der Natur, daß sie sich verselbständigen, allmählich ihren metaphysischen Bezug verlieren, zunehmend Raum für eigene Anschauung lassen. Die geistliche Musik als besondere Kunst der sinnlichen Erregung dürfte bei diesem Prozeß der Säkularisation keine geringe Rolle gespielt haben.

In der Person von Barthold Hinrich Brockes begegnet uns dabei auch der erste Meer-Dichter der deutschen Literatur. 1680 in Hamburg geboren, war Brockes von 1735 bis 1741 Amtmann seiner Vaterstadt in dem kleinen Ort Ritzebüttel, einer Exklave Hamburgs an der Nordseeküste (heute ein Stadtteil von Cuxhaven). »Entfernet von dem Geräusche der Stadt, in Ruhe und Zufriedenheit auf dem Lande« habe er diese Jahre zugebracht, schreibt Brockes – die Wiederaufnahme des alten arkadischen Erlebensmusters ist unverkennbar. Und auch das Motiv der schöpferischen Inspiration durch das Meer kehrt wieder: »Die besondere Lage des Orts und die ungemässene [= endlose] Weite des angrenzenden Meers« hätten ihm neuen Stoff für sein Dichten gegeben. Seine Sammlung mit dem bukolischen Titel *Land-Leben in Ritzebüttel* (1743), dem letzten Band des neunbändigen Opus *Irdisches Vergnügen in Gott* (1721/1748), enthält auch eine Reihe von Gedichten über das Meer. Sie tragen Titel wie *Die Fläche des Meeres im Sturm* oder *Die Schönheit eines stillen Meeres* und wollen nach den Worten ihres Schöpfers bewirken, daß der Leser »an allen Orten neue Süßigkeiten der göttlichen Liebe fühlet und schmecket«.[23] Aber jetzt steht der Dichter selbst am Meer.

> Indem ich jüngst bey starkem Sturm allein am Meeres-Strande stand,
> Betrachtet' ich die rege Fläche[24]

Die »Betrachtung« dieses Sturms schlägt, in feierlichen achthebigen Langversen in barocker Tradition, einen neuen Ton an, der zum einen genaue Beobachtung, zum andern die innere Bewegung des Autors angesichts des gewaltigen Schauspiels der tobenden Nordsee und ihrer unheimlich changierenden Farben spüren läßt:

> Es sieht des Meeres weite Fläch', es sieht das ganze Wasser-Reich
> Dem dunkel-grauen Wasser-Bley, ja gleichsam schwarzer Seifen gleich,
> Wobey der Wasser-Berge Gipfel und ihre weiß beschäumten Höh'n,
> Als wären sie beschneyt, zwar weiß, doch noch fast greßlicher zu sehn,
> Indem sie durch ihr schreckend Licht, womit sie in die Höhe steigen
> Der hohlen Tiefe dunkle Schwärze um so viel deutlicher noch zeigen.
> Wenn nun auf dieser schwarzen Flut von ohngefehr der Sonnen Licht
> Durch einer oft im Augenblick zerrißnen Wolken Öffnung bricht,
> Sieht man auf der pech-schwarzen Flut ein weißes Feuer plötzlich glimmen

Und einen silber-weißen Schein auf ihrer ganzen Fläche
schwimmen,
Sie glänzet wie ein lichter Blitz, es blendet uns der helle Schein –
Allein!
Im Augenblick verschlingt und raubt ein schnelles Braun das
Schimmer-Licht,
Es scheint, daß eine dunkle Nacht aus dem noch dunklern
Abgrund bricht.[25]

Auch die naturlyrische Poesie von Brockes (ein zu seiner Zeit vielbewunderter Autor) ist in die Musikgeschichte eingegangen: Georg Friedrich Händel hat in den *Neun deutschen Arien* (1724/27) einige seiner Gedichte für Singstimme mit Streichinstrumenten vertont, darunter auch das mit einer »heiteren« Meerszenerie anhebende

Das zitternde Glänzen der spielenden Wellen
Versilbert das Ufer, beperlet den Strand.[26]

Der Sturm und die Ästhetik des Erhabenen

Brockes' Gedicht *Die Fläche des Meeres im Sturm* nimmt ein geradezu klassisches Motiv der europäischen Literatur auf: In der Nachfolge Vergils, der im ersten Gesang der *Aeneis* die entfesselten Winde des Äolus im Meer vor Sizilien gegen seinen Helden aufgeboten hatte, gehörte der »Seesturm« zum wiederkehrenden Motiv der großen Epen der Renaissance. Er tobt in Petrarcas *Africa*, in Ariosts *Rasendem Roland* und den *Lusiaden* des Camões,[27] bedroht mit seinem schrecklichen Wüten das Leben der Helden auf hoher See. Brockes hingegen beobachtet das Schauspiel nicht nur »allein am Meeres-Strande«, er kann ihm auch eine gewisse Bewunderung nicht versagen. Und er führt uns damit auf den Weg zu einer neuen Sicht aufs Meer, die sich in der Debatte um die »Ästhetik des Erhabenen« spiegelt und im Grunde unsere Wahrnehmungsweise bis heute prägt. Es ist das ästhetische Vergnügen am Schauspiel des bewegten Meeres.

Denn mit der Rechtfertigung des »Erhabenen« (*sublime*) gegenüber dem »Schönen« (*beautiful*) als einer eigenen ästhetischen Kategorie hatte der aus Irland stammende Edmund Burke in seinem Traktat *Philosophische Untersuchungen über den Ursprung unserer Ideen vom Erhabenen und Schönen* (1757) einem neuen Naturgefühl des

18. Jahrhunderts theoretischen Ausdruck gegeben. Neue Gegenstände der Natur ziehen jetzt zunehmend die Aufmerksamkeit auf sich, erregen Bewunderung, lösen beim gefühlvollen Betrachter eine Art von lustvollem Schrecken aus: »Kühne, überhangende, gleichsam drohende Felsen, am Himmel sich auftürmende Donnerwolken, mit Blitzen und Krachen einherziehend, Vulkane in ihrer ganzen zerstörenden Gewalt, Orkane mit ihrer zurückgelassenen Verwüstung, der grenzenlose Ozean in Empörung gesetzt« – so zählt sie Immanuel Kant in der *Kritik der Urteilskraft* (1790) auf und erklärt unser Vergnügen an diesen Naturerscheinungen damit, daß sie, »wenn wir uns nur in Sicherheit befinden [...] die Seelenstärke über ihr gewöhnliches Mittelmaß erhöhen«. Denn, so Kant, das betrachtende Ich trete furchtlos dem in der Natur waltenden göttlichen Wesen gegenüber. Die Bewunderung der wilden, bedrohlichen Natur – und mit ihr des wütenden Meeres – wird hier zu einer Form der Selbstbewußtwerdung des autonomen Individuums. Das Meer bleibt zwar, ähnlich wie in der mystischen Theologie, ein göttlich durchwirkter Gegenstand, auch müsse sich das Ich ihm gegenüber als klein empfinden, erfahre aber gerade in seiner »physischen Ohnmacht« (Kant) das Vermögen, sich »mit der scheinbaren Allgewalt der Natur messen zu können«.[28] Nicht zu demütiger Unterwerfung und dem Wunsch, als »Tropfen« im großen Meer zu versinken, lädt also das Bild des Unendlichen jetzt ein, im Gegenteil: Gerade im Gefühl seiner Nichtigkeit mache der Betrachter »die Erfahrung seiner Kraft und wird durch eben das unendlich erhoben, was den andern zu Boden drückt«. So schreibt es, Kant aufnehmend, Schiller in seinem Essay *Über das Erhabene*. Dem »Erhabenen«, so der Autor, sei daher auch der Vorzug vor dem »Schönen« zu geben, werde doch der Mensch bei dessen Anblick seiner »Freiheit« gewahr: »Der Anblick unbegrenzter Fernen und unabsehbarer Höhen, der weite Ozean zu seinen Füßen und der größere Ozean über ihm entreißen seinen Geist der engen Sphäre des Wirklichen und der erdrückenden Gefangenschaft des physischen Lebens«.[29] Damit gewinnt das Meer, zusammen mit anderen »erhabenen« Naturgegenständen, eine Aura, die es bis heute umgibt: Es ist der Schauplatz der Freiheit. Zusammen mit dem »gestirnten Himmel« wird es zum großen Bild einer neuen Selbstwahrnehmung im Zeitalter der Aufklärung.[30]

Max Pechstein: Schrei am Meer, 1919

Auf hoher See: Großer Schauplatz der Freiheit

Jetzt kann, was bislang Angst und Schrecken verbreitete, in großen Gefühlen selbst dann genossen werden, wenn der Betrachter des gefährlichen Schauspiels sich keineswegs »in Sicherheit« (Kant) befindet, sondern dem Geschehen ausgeliefert ist: zu Schiff auf hoher See. Johann Gottfried Herder hat im *Journal meiner Reise im Jahr 1769* solche marinen Freiheitsgefühle eines jungen Mannes festgehalten, der nach seinem Studium bei Kant in Königsberg und anschließender Tätigkeit als Lehrer die Heimat verläßt, sich auf »Bildungsreise« begibt. Er schifft sich in Riga ein, segelt über die Ostsee nach Helsingör, von dort durch das Skagerrak, die Nordsee und den Kanal bis an die westfranzösische Küste bei Saint-Nazaire: eine Seereise von insgesamt sechs Wochen auf einer der besonders »rauhen« europäischen Seefahrts-Routen.

Alles gibt hier dem Gedanken Flügel (1769)

Was gibt ein Schiff, das zwischen Himmel und Meer schwebt, nicht für weite Sphäre zu denken! Alles gibt hier dem Gedanken Flügel und Bewegung und weiten Luftkreis! Das flatternde Segel, das immer wankende Schiff, der rauschende Wellenstrom, die fliegende Wolke, der weite unendliche Luftkreis! Auf der Erde ist man an einen toten Punkt angeheftet und in den engen Kreis einer Situation eingeschlossen. Oft ist jener der Studierstuhl in einer dumpfen Kammer, der Sitz an einem einförmigen, gemieteten Tische, eine Kanzel, ein Katheder – oft ist diese eine kleine Stadt [...] und ein Einerlei von Beschäftigung, in welche uns Gewohnheit und Anmaßung stoßen. Wie klein und eingeschränkt wird da Leben, Ehre, Achtung, Wunsch, Furcht, Haß, Abneigung, Liebe, Freundschaft, Lust zu lernen [...] – wie enge und eingeschränkt endlich der ganze Geist. Nun trete man mit einmal heraus, oder vielmehr ohne Bücher, Schriften, Beschäftigung und homogene Gesellschaft werde man herausgeworfen – welch eine andre Aussicht! Wo ist das feste Land, auf dem ich so feste stand? [...] Philosoph der Natur, das sollte dein Standpunkt sein, mit dem Jünglinge, den du unterrichtest! Stelle dich mit ihm aufs weite Meer.

Aus: Johann Gottfried Herder, Werke, Bd. IX/2, Frankfurt 1997, S. 14 u. 16.

Es ist der erste Bericht eines deutschen Schriftstellers über eine Seereise, auf der das Meer zur »Offenbarung« eines alternativen, freiheitlichen Lebens, zum Medium der Bildung wird, der Ozean zum Lehrmeister einer neuen Wissenschaft von der Natur.

Die Grand Tour sollte für Autoren aus den meerfernen deutschen Ländern auch in Zukunft zum wichtigsten Medium mariner Erfahrungen werden. Wohl niemand von ihnen hat sich dabei so sehr vom Meer begeistern lassen wie der genialische Wilhelm Heinse aus dem kleinen thüringischen Langewiesen auf seiner großen Reise.[31] Sechs Tage lang dauert seine Überfahrt von Marseille nach Genua im Oktober 1780, ein schrecklicher Sturm überfällt das Schiff, aber Heinse genießt ihn geradezu, ist stolz, daß er als einziger nicht seekrank wird, schwebt »mit Entzücken auf diesem großen herrlichen Element«, holt mitten im Getümmel aus seinem Proviantkorb »ein kaltes junges Huhn« und eine Flasche Provenzaler Wein hervor. Es ist, gerade im genußfrohen Detail, die Selbstbehauptung des großen herrlichen Ich gegenüber den drohenden Elementen, ist die private Zurschaustellung von Kants Theorie der Schönheit des Erhabenen. Und in den Nächten genießt der poetische Seefahrer auf Deck die »selige Unendlichkeit« des Meeres und des Sternenhimmels.[32] In seinem autobiographisch getönten Roman *Ardinghello und die glückseligen Inseln* (1786) wird dann sein Ich-Erzähler wie kein anderer vor ihm das Hohelied des bewegten Meeres singen: »Ich sah hinaus in die unermeßliche Sphäre von Gewässer, und die ungeheure Majestät wollte mir die Brust zersprengen; mein Geist schwebte weit über der Mitte der Tiefen und fühlte ganz in unaussprechlicher Wonne seine Unendlichkeit. Nichts auf der Welt füllt so stark und mächtig die Seele; das Meer ist doch das Schönste, was wir hienieden haben.«[33]

Mit dem Negations-Präfix *un-* rückt die Rede über das Meer ihren Gegenstand über alles irdisch Begrenzte und menschlich Vorstellbare hinaus. Das Meer ist *unendlich, unermeßlich, ungeheuer.* Es gibt bis heute keine andere Landschaft, die häufiger mit solchen und ähnlichen Bildungen *ex negativo* charakterisiert worden wäre.

Auch Goethe gehört in die Reihe der Dichter auf hoher See. Bei seiner viertägigen Überfahrt von Neapel nach Palermo Ende März 1787 gerät seine Korvette in einen Sturm, Goethe wird seekrank und muß sich in die Kajüte zurückziehen; bei der Rückfahrt aus Messina im Mai erlebt er bei Flaute einen Beinahe-Schiffbruch vor der gefährlichen Felsenküste der Insel Capri. Der Dichter, weit davon entfernt, sich im Stile Heinses an den Gefahren der See zu enthusiasmieren, ist dennoch von der Erfahrung des offenen Meeres beeindruckt: »Hat man sich nicht ringsum vom Meere umgeben gesehen, so hat man keinen Begriff von Welt und von seinem Verhältnis zur Welt.«[34]

Erster Anblick, heiliger Schrecken

Spätestens jetzt, in der zweiten Hälfte des 18. Jahrhunderts, scheint also die eingangs gestellte Frage eindeutig beantwortet. Das Meer ist nicht nur schön, es ist »das Schönste« (Heinse). Auch anderen Zeitgenossen kommt der Superlativ gern auf die Lippen: »Das Meer ist und bleibt doch für mich das Schönste in der Natur. Ich habe es fast noch lieber als den Himmel«, schreibt Felix Mendelssohn-Bartholdy 1830 aus Italien an die Familie in Berlin,[35] und Wilhelm Waiblinger aus dem schwäbischen Heilbronn dichtet am Mittelmeer:

> Du vor allem bist es, o Meer, von allem auf Erden
> Bist du das Wechselndste mir, bist du das Schönste mir doch.[36]

Weite, Leere, Unendlichkeit irritieren die Empfindung nicht mehr. Es ist, als fülle das Meer die Brust, erweitere das Bewußtsein der eigenen Existenz, hebe sie über die Niederungen des Alltäglichen hinaus in jene Regionen des Ewigen und Bleibenden, für die das »Weltmeer« steht:

> Wie nennet dich mein Gesang!
> Nordmeer, Weltmeer, Göttin, Unendliche,
> Erdumgürtende, Wiege der allerleuchtenden
> Sonne, des himmelwandelnden
> Mondes und zahlloser
> Sterne, die in melodischem
> Tanze sich spiegeln,
> Wenn steiget die Well' und hinab sich senkt[37]

Besondere Ergriffenheit schwingt häufig dort mit, wo Menschen, die zwischen Bergen und Wäldern aufgewachsen sind, das Meer zum ersten Mal in ihrem Leben gesehen haben – eine Erfahrung, die heute, im Zeitalter der ubiquitär verbreiteten Bilder, kaum noch nachvollziehbar ist. Als Joseph von Eichendorff, damals 17jähriger Jura-Student aus Ratibor in Oberschlesien, auf einer Wanderung 1805 an die Ostsee kommt, notiert er in sein Tagebuch: »Als wir den Gipfel der letzten Anhöhe von Travemünde erreicht hatten, lag plötzlich das ungeheuere Ganze vor unseren Augen und überraschte uns so fürchterlich, daß wir alle in unserem Innersten erschraken. Unermeßlich erstreckten sich die grausigen Fluten in unabsehbare Fernen.«[38] Ein »heiliger Schrecken«, wie er schreibt, fährt noch dem 15jährigen Erich Kästner aus Dresden beim ersten Anblick des Meeres (bei Rostock) in die Glieder – »und Tränen trübten den ersten Blick ins Unendliche«.[39] Wenn es in der mediterranen Literatur und aus der Perspektive von Menschen, die am Meer aufgewachsen sind, den »panischen Schrecken« gibt, der den Einsamen in der mittäglichen Hitze der tiefen Wälder überfällt, dann ist sein Pendant jener sozusagen »neptunische Schrecken« von Binnenländern beim Anblick des weiten Meeres.

Das Meer der Musik

Zur Kunst, die Sinne mit ozeanischen Reizen zu erregen, trägt in der Folgezeit auch die Musik bei. Felix Mendelssohn-Bartholdy, ergriffen nicht nur vom Mittelländischen Meer, sondern auch vom Atlantik, läßt in der *Hebriden*-Ouvertüre (1829) in düsterem h-Moll die aufgewühlte See um Fingals Ossianische Höhle toben. Für die andere Seite der aquatischen Gefühlsskala, die Empfindung des »sanften« Meeres, steht die Barkarole, ursprünglich ein venezianisches Schifferlied, das im 19. Jahrhundert in die Oper, die Instrumentalmusik (Chopin) und das Kunstlied einzieht.[40] Im Impressionismus verewigt Maurice Ravel, selbst am Atlantik geboren, den Ozean in seinem Klavierstück *Une barque sur l'océan* (1905). Vor allem aber bringt Claude Debussy, inspiriert von seinem Italien-Aufenthalt, in seiner symphonischen Dichtung *La mer* (1905) programmatisch drei unterschiedliche »Meerstimmungen« zum Klingen: »Vom Morgengrauen bis zum Mittag auf dem Meer« – »Spiel der Wellen« – »Dialog zwischen Wind und Meer«.

Der Genius des Columbus

Die »großen« ozeanischen Gefühle spiegeln sich jetzt exemplarisch auch in der imaginären Identifizierung mit der Figur des großen, kühnen Seefahrers. »Heiliger Columbus und Du, Andreas Doria […] Euch Halbgötter unter den Menschen bet ich im Staube an«, heißt es pathetisch in Heinses *Ardinghello*.[41] Columbus war in der älteren Literatur vor allem für die Entdeckung Amerikas und die zivilisatorischen »Gaben« gefeiert worden,

> Die Colombo der andern Hälfte der Irdischen brachte,
> Religion und Tugend und Künste des weisen Europa –

wie Johann Jacob Bodmer in seinem *Colombona*-Epos (1753) schreibt.[42] Jetzt verkörpert er die genialische Idee der Überschreitung aller menschlichen Grenzen, wird zum seefahrenden Bruder des himmelstürmenden Prometheus. Für Schiller ist er der Prototyp des Genius, dessen Visionen sich die Natur selber fügt,[43] für Hölderlin – er hatte im Frühjahr 1802 bei Bordeaux den Atlantik gesehen – wird er zur Verkörperung seines »Meertraums«:[44]

> Wünscht' ich der Helden einer zu sein
> Und dürfte frei es bekennen
> So wär' es ein Seeheld[45]

Der Dichter aus Lauffen am Neckar hatte in *Der Archipelagus* das griechische Meer Poseidons als das Element des Hellenisch-Bleibenden besungen, in *Der Wanderer*, angeregt durch Cooks und Forsters Reisen, die pazifischen Räume als Orte des Neuen erträumt.[46]

Niemand wird dann freilich der Idee des genialen Seefahrers und mit ihr dem bewegten Meer als Ort und Sinnbild der Freiheit mehr und leidenschaftlicher huldigen als Friedrich Nietzsche.[47] Im Oktober 1876 hatte der Basler Professor in Genua zum ersten Mal das Meer gesehen, das »Genueser Schiff« des Columbus wird ihm in den *Liedern des Prinzen Vogelfrei* (1887) zum Vehikel des philosophischen Aufbruchs zu *neuen Meeren* des »offenen« Denkens:

> Dorthin – will ich, und ich traue
> Mir fortan und meinem Griff.
> Offen liegt das Meer, ins Blaue
> Treibt mein Genueser Schiff.[48]

»Meerluft, unentbehrlich für meinen Kopf«, schreibt er 1880, wiederum aus Genua, der »großen bewegten Meerstadt«, nach Naumburg,[49] und er meint damit zunächst die heilsamen Wirkungen dieser Luft für seinen kranken Körper. Aber das Meer ist für Nietzsche fast immer

Landschaft und Bild zugleich, er ist Freund und Philosoph des Meeres in einer Person. »Ich würde mir kein Haus bauen (und es gehört selbst zu meinem Glücke, kein Hausbesitzer zu sein!). Müßte ich aber, so würde ich, gleich manchem Römer, es bis ins Meer hineinbauen – ich möchte schon mit diesem schönen Ungeheuer einige Heimlichkeiten gemeinsam haben.«[50] So nimmt er in der *Fröhlichen Wissenschaft* die architektonische Idee der *villa maritima* auf, sie zugleich ins Maßlose übersteigernd. Der Wunsch, nicht nur *am*, sondern *im* Meer selbst zu wohnen, das Meer zu »bebauen« (wie die mittelhochdeutsche Metapher für die Seefahrt lautete), ist für Nietzsche auch ein philosophisches Credo. Es ist die Aufforderung an die »freien Geister«, die Orte und Strukturen einer »seßhaft gewordenen Philosophie« (Sasan Seyfi)[51] zu verlassen und sich ohne Halt den schwankenden Wogen neuer ozeanischer Denksysteme anzuvertrauen.

Satanischer Glanz. Schimmelreiter und Weißer Wal

Groß und erhaben erscheint das Meer auch dort noch, wo es dem Menschen als Feind entgegentritt. In der an marinen Themen nicht gerade reichen deutschen Literatur ist es Theodor Storms Novelle *Der Schimmelreiter* (1888), die dies eindrucksvoll in Szene setzt; Generationen von Schülern in meerfernen Regionen sind in diesem Text zum ersten Mal dem Meer begegnet, haben dort sein »Heulen«, »Brüllen« und »Toben« gehört. In anthropomorphen Bildern erscheint es, wird selber zum Helden der Erzählung, zu einem Feind, dem allerdings Respekt und Anerkennung gebührt. Zugleich rückt es, wie in heroischen Zeiten, wieder ins Metaphysische, wird zum quasi göttlichen Wesen, das durch ein Tier- und am Ende gar durch ein Menschenopfer versöhnt werden muß. Hauke Haien, der Deichgraf, der sich mit seinem hochfahrenden Wesen an ihm gleichsam versündigt hat, büßt seine Schuld und rettet damit sein Werk.

Den großen Kampf gegen das Meer führt auch Kapitän Ahab in Herman Melvilles *Moby Dick* (1851), dem größten aller Romane über das Weltmeer. Auch hier ist es wieder ein mythisches Meer, das im beständigen erzählerischen Rückgriff auf archaische Bilder als Ort des Bösen erscheint. »Noahs Flut ist noch nicht zerronnen«, weiß Ismael, der Ich-Erzähler und Matrose, der dieses Mörder-Meer bewundert und zugleich haßt, vom »satanischen Glanz« (*devilish brilliance*) seiner Bewohner spricht und ihrem »universellen Kannibalismus«.[52] Im Weißen Wal kehrt der verschlingende Fisch des Propheten Jonas, kehrt Leviathan selbst wieder, gegen den Kapitän Ahab seinen lästerlichen Feldzug führt und am Ende ebenso verliert wie alle, die sich mit diesem dämonischen Gegner angelegt haben. Nie wurde ihm in einem Roman größerer Respekt gezollt.

Das »Leuchten des Meeres«
Der wissenschaftliche Blick

Keine satanische, sondern eine geradezu als »himmlisch« empfundene Schönheit blitzt hingegen aus Nachrichten über das Meer auf, deren Autoren nicht durch belletristische Werke, sondern durch ihren präzisen Blick auf die Natur berühmt geworden sind. Es sind Berichte von Naturwissenschaftlern über ein merkwürdiges Phänomen, das in der Zeit um 1800 vielfach beschrieben, untersucht und unter dem Begriff »Das Leuchten des Meeres« bekannt wurde. Georg Forster, der zusammen mit seinem Vater Johann Reinhold den Engländer James Cook auf seiner zweiten Weltumsegelung 1772/75 begleitete, hat es beispielsweise am 29. Oktober 1772 am Kap der Guten Hoffnung beobachtet.

> Der ganze Ozean in Feuer
>
> Kaum wars Nacht worden, als die See rund um uns her einen großen bewundrungswürdigen Anblick darbot. So weit wir sehen konnten schien der ganze Ozean in Feuer zu sein. Jede brechende Welle war an der Spitze von einem hellen Glanz erleuchtet, der dem Lichte des Phosphorus glich, und längs den Seiten des Schiffs verursachte das Anschlagen der Wellen eine feuerhelle Linie [...] Um dies wunderbare Phänomen genauer zu untersuchen, ließen wir einen Eimer solchen leuchtenden See-Wassers aufs Verdeck holen; es fand sich, daß unzählbare leuchtende Körperchen von rundlicher Gestalt, die mit großer Geschwindigkeit darin herumschwommen, jenen glänzenden Schein hervorbrachten [...] Es war in diesem Phänomen etwas so Sonderbares und Großes, daß man sich nicht enthalten konnte, mit ehrfurchtsvoller Verwunderung an den Schöpfer zu denken, dessen Allmacht dieses Schauspiel bereitet hatte. Der Ozean weit und breit mit Tausend Millionen dieser kleinen Tierchen bedeckt! Alle organisiert zum Leben, alle mit einem

> Vermögen begabt, sich zu bewegen, zu glänzen nach Willkür, andere Körper durch bloße Berührung zu erleuchten und ihre eigne leuchtende Eigenschaft abzulegen so bald sie wollen!
>
> Georg Forster: Reise um die Welt, Frankfurt a.M. 2007, S. 80.

Nicht zuletzt durch Georg Forsters Nachricht angeregt, widmen Naturforscher wie Christoph Bernoulli, Alexander von Humboldt und Christian Gottfried Ehrenberg dem »Leuchten des Meeres« lange Abhandlungen, stellen die seit den frühen Entdeckungsreisen darüber immer wieder auftauchenden Nachrichten zusammen und ergänzen sie durch eigene Beobachtungen.[53] »Wer diese Naturerscheinung nie selbst gesehen, hat keine Vorstellung von ihrem zuweilen starken Eindruck und könnte wohl geneigt sein, die Erzählung für ein Märchen, für eine Täuschung oder doch für übertrieben zu halten«, erklärt Ehrenberg nach seiner Forschungsreise zum Roten Meer 1820/26 in der Berliner Akademie der Wissenschaften,[54] und in der Tat taucht das Motiv auch im Märchen und in der phantastischen Literatur auf.[55] Immer wieder ist in den Nachrichten von einem »Feuermeer« die Rede, in welches sich der Ozean verwandle, neben dem vorherrschenden Rot erscheinen Grün- und Phosphortöne, und die mikroskopischen Untersuchungen machten bereits den Zeitgenossen klar, daß es sich bei diesem Leuchten um eine Form von Biolumineszenz mariner Mikroorganismen handeln mußte. Dabei verbindet sich die Neugier der Forscher immer wieder mit hoher ästhetischer Sensibilität, entstehen im Staunen vor einem Wunder der Natur gleichsam wissenschaftspoetische Beschreibungen, so etwa in Alexander von Humboldts *Ansichten der Natur:*

> In dem Ozean erscheinen gallertartige Seegewürme, bald lebendig, bald abgestorben, als leuchtende Sterne. Ihr Phosphorlicht wandelt die grünliche Fläche des unermeßlichen Ozeans in ein Feuermeer um. Unauslöschlich wird mir der Eindruck jener stillen Tropennächte der Südsee bleiben, wenn aus der duftigen Himmelsbläue das hohe Sternbild des Schiffes und das gesenkt untergehende Kreuz [des Südens] ihr mildes planetarisches Licht ausgossen, und wenn zugleich in der schäumenden Meeresflut die Delphine ihre leuchtenden Furchen zogen.[56]

Auch Adelbert von Chamisso hat auf seiner Weltreise 1815/18 in der Nähe der Kanaren das Meeresleuchten beobachtet (»Nichts ist der

Schönheit solcher Nächte zu vergleichen«), Georg Christoph Lichtenberg untersuchte das Phänomen bei Helgoland.[57]

Das »Meeresleuchten« ist heute in dieser Form offenbar nicht mehr zu beobachten: eine historische Facette in der Wahrnehmung der Schönheit des Meeres, wie es einmal war.

Spiel der Wellen. Malerische Ansichten

Zu eindrucksvoll schönen Darstellungen – jetzt aus dem Bereich der bildenden Kunst – wurden gelehrte Beobachtungen am Meer auch im Werk des romantischen Malers Carl Gustav Carus, zugleich ein vielseitiger Naturforscher. Bei seinem Aufenthalt auf Rügen im Sommer 1819 studiert er die Wellenbildung am Kap Nordperd zu unterschiedlichen Tageszeiten und hält sie in rasch hingeworfenen Zeichnungen fest. Später verarbeitet er seine Beobachtungen in verschiedenen Seeansichten, darunter dem Gemälde *Brandung bei Rügen*, einem stupenden Werk, bei dem das Interesse des Künstlers am Vorgang der Wellenbildung unverkennbar ist und zur Darstellung einer quasi »leeren« Seelandschaft geführt hat.[58] »In dieser geheimnisvollen salzigen Flut [...] war mir, als müßte ich wie in einem ungeheuren Zauberspiegel manchen Gedanken über das Geheimnis des Lebens verkörpert erblicken, und die Erwartung trog mich nicht«, schreibt er, in die sächsische Heimat zurückgekehrt, einem Freund über seine Beobachtungen am Meeresufer.[59] In seinen *Zwölf Briefen über das Erdleben* (1841) führt er diesen Gedanken weiter: Alle organischen Bildungen hätten sich in aufsteigender Linie aus dem Meer entwickelt, der Wassertropfen in seiner Kugelgestalt sei die Urform des Lebendigen. Grün hält er daher – wie auch auf seinen Gemälden zu sehen – für die natürliche Farbe des Meeres.[60]

Das Meer, und zwar das »leere« Meer, fasziniert auch andere Landschaftsmaler des 19. und frühen 20. Jahrhunderts. Bedurfte die Gattung des »Seestücks« früher zu ihrer Rechtfertigung eines mythologischen Motivs (so etwa in den Gemälden von Claude Lorrain) oder zielte, wie vor allem in der niederländischen Landschaftsmalerei, auf die Abbildung mariner Prospekte, von Häfen oder Schiffen, so wird jetzt das »reine« Meer, gar die einzelne Welle bildwürdig. So malt Gustave Courbet – auch er übrigens bevorzugt in Grüntönen – während seines Sommeraufenthalts 1869 in Etretat in der Normandie sein berühmtes Bild *La vague* (»Die Welle«) und reproduziert das Motiv in

Carl Gustav Carus: Brandung bei Rügen, 1819

etwa fünfzig verschiedenen Versionen.[61] Emil Nolde malt 1918 an der Nordsee sein Wellenbild *Freies Meer*, beeindruckt auch er von der Bildung der Schaumkronen über der dunklen See.[62] Sogar der (fast) leere, flache, scheinbar ins Unendliche verlaufende Sandstrand kann zum malerischen Motiv werden, wie die Bilder von Max Beckmann oder dem norwegischen Künstler Peder Severin Krøyer zeigen, der diesem Genre eine ganze Reihe von Gemälden gewidmet hat.[63] Gleichzeitig entdecken die Impressionisten das Motiv der *Badenden am Strand*, so Claude Monet in Trouville (1870), Auguste Renoir auf Guernsey (1883), Max Liebermann in Noordwijk und Scheveningen. Auch unter den Malern der klassischen Moderne werden Strandszenen – jetzt häufig mit einer körperfixierten Perspektive – beliebt, so etwa bei Salvador Dalí, Edvard Munch, Erich Heckel, Giorgio de Chirico und Max Beckmann (dem wir einige der eindrucksvollsten »Strandbilder« verdanken).

Max Beckmann:
Am Strand von Wanger-
ooge, 1909

Peder Severin Krøyer:
Am Strand von Skagen,
1899

Max Liebermann:
Strand bei Noordwijk,
1908

Kunstformen der Natur. Das Meer als Künstler

Besonders eng verbinden sich wissenschaftlicher Blick und ästhetische Sensibilität bei einem der bedeutendsten Meeresforscher der neueren Zeit, dem Jenaer Zoologen Ernst Haeckel. Auf seiner ersten Forschungsreise, die er 1859/60 an den Golf von Neapel und nach Sizilien unternimmt, fühlt er sich, wie er schreibt, manchmal eher als *artista* denn als *dottore*, im übrigen ist er überzeugt davon, daß Landschaftsmalerei »auch nur ein Stückchen Naturforscherei« sei;[64] bis ins hohe Alter bleibt neben dem Mikroskop die Staffelei seine ständige Begleiterin. Es ist die Zeit, in der sich aufgrund der Revolutionierung der Mikroskopiertechnik durch Ernst Abbe und Carl Zeiss den Forschern ein neuer mariner Kosmos erschließt. Tausende unbekannter Arten von Kleinlebewesen werden entdeckt, bereits bekannte Organismen wie Quallen, Mollusken oder Korallen offenbaren unter dem Mikroskop die Feinstrukturen ihrer Baupläne. Die Bilder sind von überwältigender Schönheit, zeigen eine bislang verborgene Welt der Wunder, der gegenüber alle menschliche Kunst zu verblassen scheint. »Kein Bildhauer würde seine Bewunderung den Formen dieser herrlichen Kunst versagen, die bei den immer gleichen Motiven eine derart unendliche Vielzahl von Varianten gefunden hat, daß sie unsere sämtlichen Dekorationskünste verändern und erneuern könnte«, schreibt 1861 der französische Historiker Jules Michelet in seinem Buch *La mer*.[65] Ein Jahr später veröffentlicht Ernst Haeckel in Berlin die Monographie *Die Radiolarien (Rhizopoda Radiaria)*. Es scheint ein trockenes Unterfangen, aber im beigegebenen »Atlas« mit seinen großformatigen Kupfertafeln präsentieren sich die winzigen Strahlentierchen in ungeahnter Schönheit, dank der Aufbereitung des mikroskopierten Materials durch den Künstler Haeckel, den die einfachen geometrischen Formen und deren symmetrische Wiederkehr besonders beeindruckt haben. 1899/1904 publiziert Haeckel dann unter dem Titel *Kunstformen der Natur* eine Reihe farbiger Tafelbände mit prachtvollen Abbildungen aus dem Bereich der, wie er schreibt, »niederen Lebensformen, die versteckt in den Tiefen des Meeres wohnen«. Man könnte aus ihnen den Eindruck gewinnen, als hätten zeitgenössische Künstler wie William Morris oder Heinrich Vogeler die Ideen zu ihren Dekorationsentwürfen aus den Tiefen des Meeres gewonnen, und in der Tat gestaltete der französische Architekt René Binet das Eingangstor zur Pariser Weltausstellung 1900 nach einer Haeckelschen Vorlage.[66] Im

Vorwort des Werkes bringt Haeckel seine »naturalistische« Auffassung vom Verhältnis von Kunst und Natur zum Ausdruck. Sie lautet: Die Natur ist der Kunst überlegen. »Die Natur erzeugt in ihrem Schoße eine unerschöpfliche Fülle von wunderbaren Gestalten, durch deren Schönheit und Mannigfaltigkeit alle vom Menschen geschaffenen Kunstformen weitaus übertroffen werden«.[67] Das Meer wird auf diese Weise selbst zum größten Künstler, zeigt in Radiolarien, Infusorien, Nesseltierchen, Protophyten, Korallen, Medusen und anderen niederen Organismen seine unübertreffliche ästhetische Gestaltungskraft. Höher konnte die Idee von der Schönheit des Meeres nicht getrieben werden.

Ein Schüler Haeckels, der Zoologe Anton Dohrn, verband zur gleichen Zeit Meeresforschung und Ästhetik auch institutionell. Er gründete 1872 in Neapel das erste Meeresforschungsinstitut der Welt, die noch heute existierende »Stazione Zoologica«. Im Erdgeschoß richtete er einen allgemein zugänglichen Bereich mit zahlreichen

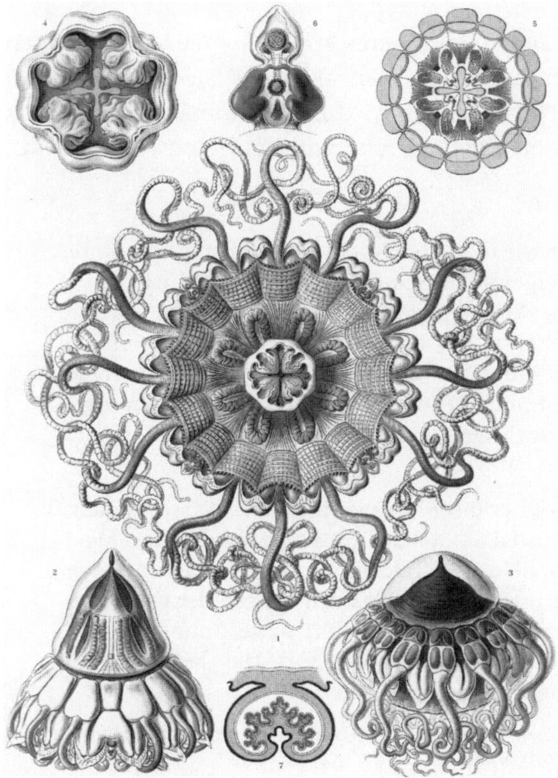

Die Schönheit der Taschenquallen (Peromedusae)

Meerwasser-Aquarien ein, die erste Anlage dieser Art; die Forschungsbibliothek im ersten Stock ließ er durch Hans von Marées mit marinen Fresken ausschmücken.

Die Ästhetisierung der »niederen« Meeresbewohner durch die Naturwissenschaften vollendet den Prozeß der allgemeinen Ästhetisierung des Meeres. Dem kulturell geschärften Blick erscheint das einst Häßliche jetzt als schön. In Marcel Prousts *Auf der Suche nach der verlorenen Zeit* drückt es der Ich-Erzähler in einer Hommage an Jules Michelet, den Autor von *La mer*, mit den Worten aus: »Als ich nur meinem Instinkt folgte, flößten in Balbec die Quallen mir Widerwillen ein; aber wenn es mir gelang, sie wie Michelet vom naturwissenschaftlichen und ästhetischen Standpunkt anzuschauen, sah ich in ihnen entzückende, blaßblaue, transparente Geschmeide.«[68]

Seelenlandschaft und Introspektionen des Unbewußten

Doch der Blick in die Tiefen des Meeres konnte in der Moderne noch anderes und mehr enthüllen als den »Wunderbau« (Haeckel) der Konstruktion seiner Bewohner. Er wird in der Romantik zum Blick in die Tiefen der eigenen Existenz, wie Heinrich Heine 1825 auf Norderney notiert.

> Ich liebe das Meer wie meine Seele. Oft wird mir sogar zu Mute, als sei das Meer eigentlich meine Seele selbst; und wie es im Meere verborgene Wasserpflanzen gibt, die nur im Augenblick des Aufblühens an dessen Oberfläche heraufschwimmen und im Augenblick des Verblühens wieder hinabtauchen: so kommen zuweilen auch wunderbare Blumenbilder heraufgeschwommen aus der Tiefe meiner Seele und duften und leuchten und verschwinden wieder – »Evelina!«.
>
> Man sagt, unfern dieser Insel, wo jetzt nichts als Wasser ist, hätten einst die schönsten Städte und Dörfer gestanden, das Meer habe sie plötzlich alle überschwemmt, und bei klarem Wetter sähen die Schiffer noch die leuchtenden Spitzen der versunkenen Kirchtürme, und mancher habe dort, in der Sonntagsfrühe, sogar ein frommes Glockengeläute gehört. Die Geschichte ist wahr, denn das Meer ist meine Seele.
>
> Aus: Heinrich Heine, Die Nordsee. In: Sämtliche Schriften, hrsg. v. Klaus Briegleb, Bd. II, München 1976, S. 224.

Verborgene Wasserpflanzen kommen auch hier vor das Auge, aber nicht als naturwissenschaftliche Studienobjekte, sondern (in Sigmund Freuds Terminologie) als Tagesreste von Traumbildern, als ins Unbewußte verdrängte Erfahrungen, die, frei flottierend, sich ungerufen wieder ins Bewußtsein schieben. Sigmund Freud, den »ozeanischen Gefühlen« bekanntlich abhold, hat gern die Archäologie als Modell seiner Seelenlehre herangezogen und sich auf die Romantik nur in der Interpretation novellistischer Plots (etwa E. T. A. Hoffmanns *Sandmann*) berufen. Tatsächlich fällt die Entdeckung der Tiefenschichten der Seele, des Unbewußten, in die Epoche der Romantik. Dort wird das Meer zur Seelenlandschaft des Ich. Mehr noch als in den Bildern der Waldeinsamkeit oder der verschwiegenen Grotte nimmt die verborgene Tiefendimension der Seele Gestalt an im Bild des abgrundtiefen Meeres. Auch hier kehrt mystisches Gedankengut in säkularisierter Form wieder: *O daß mein Sinn ein Abgrund wär/Und meine Seel ein weites Meer/Daß ich dich möchte fassen!* heißt es in einem Choral in Bachs »Weihnachtsoratorium« nach einem Lied von Paul Gerhardt. Jetzt aber wird die Seele sich selber zum Rätsel, kann sich nur in der Landschaft des Unendlichen spiegeln, vielleicht sogar »fassen«.

Heinrich Heine hat seine Aufenthalte auf der Nordseeinsel Norderney 1825 und 1826 nicht nur in den *Reisebildern*, sondern auch in zwei lyrischen Zyklen mit dem Titel *Die Nordsee* poetisiert, in denen so gut wie alle romantischen Motive der Wahrnehmung des Meeres vorkommen: die Stimmungen der Dämmerung, des Sonnenuntergangs, der Nacht und des Vollmonds, die Wetterphänomene des Sturms, der Flaute und des Gewitters, das Motiv des Strandspaziergangs. »Hofdichter der Nordsee« hat er sich gegenüber seinem Verleger einmal keck genannt,[69] und tatsächlich dringt die Nordsee hier zum ersten Mal in gewaltigen Fluten in die deutsche Literatur ein. Eines der bekanntesten Gedichte des Zyklus (*Seegespenst*) ist aus der neuen Perspektive des Ausflüglers im Boot geschrieben:[70]

Ich aber lag am Rande des Schiffes,
Und schaute, träumenden Auges,
Hinab in das spiegelklare Wasser,
Und schaute tiefer und tiefer –

bis schließlich dieses Ich angesichts der Erscheinungen in der Tiefe dem Wunsch der Regression ins Ozeanische nicht mehr widerstehen kann, ins Meer der Liebe sich versenken möchte und nur durch das Eingreifen des Kapitäns vom tödlichen Sprung über Bord abgehalten werden kann: »Doktor, sind Sie des Teufels?« Der Erzähler kehrt in die Tageswelt zurück –

> Bleib du in deiner Meerestiefe,
> Wahnsinniger Traum,

befreit sich vom regressiven Wunsch nach Aufgehen im Grenzenlosen, wird Ich – auch hier im Bild des Seefahrers:

> Die Segel auf! Sie flattern und schwelln!
> Über die stillverderbliche Fläche
> Eilet das Schiff,
> Und es jauchzt die befreite Seele.[71]

Es ist kein Zufall, daß erst jetzt, mit der Kultivierung des seelenvollen (gleichsam psychologischen) Blicks auf das Meer, dieses zum großen lyrischen Gegenstand der Romantik wird.

Wilhelm Müller, der Autor der *Winterreise* und der *Schönen Müllerin*, veröffentlicht 1825 den Zyklus *Lieder vom Meere*, ein Jahr später, inspiriert von einem Sommeraufenthalt in Mönchgut auf der Insel Rügen, die *Muscheln von der Insel Rügen*. Auch er ist verzaubert von den Wundern auf dem Grund des Meeres, der versunkenen Stadt, vom Wunsch, den lockenden Stimmen zu folgen, sich in die Tiefen zu »versenken«.[72] Daneben schreibt er Gedichte auf die »Möwe« und den »Seehund« und stilisiert den »Fischer« und die »glückliche Fischerin« zu romantischen Figuren eines archaischen, naturnahen Lebens.[73]

Einsam am Strand

Zum Blick aufs Seelen-Meer gehört die Einsamkeit des Betrachters, der in der leeren, oft wüsten Landschaft des Strandes die Bühne der eigenen Verfassung findet, »gedankenbekümmert und einsam« (Heine).[74] Neben dem Bootsausflug, der »Lustfahrt zur See«,[75] kommt der Strandspaziergang in Mode, gern nachts und bei Mondschein unternommen. Das Meer wird zur diffusen Projektionsfläche jener Sehnsucht ins Unendliche, wie sie für die protestantischen Kulturen der Selbsterfahrung und der Innerlichkeit so signifikant ist. In Deutschland veranschaulichen die Bilder von Caspar David Friedrich am eindrucksvollsten diese Seelenlage, neben *Mondaufgang am Meer* und *Mondnacht an der Ostsee* vor allem sein Gemälde *Der Mönch am Meer* (1808/10).[76] Heinrich von Kleist hat es nach einem Text von Clemens von Brentano in den *Berliner Abendblättern* unter dem Titel »Empfindungen vor Friedrichs Seelandschaft« besprochen, dabei neben der Einsamkeit gerade das schlechte Wetter als besonderen Reiz einer solchen Begegnung hervorhebend: »Herrlich ist es, in einer unendlichen Einsamkeit am Meeresufer, unter trübem Himmel, auf eine unbegrenzte Wasserwüste hinauszuschauen.«[77] In England sind es zur gleichen Zeit die Meerbilder William Turners, die zu solchen Landschaften der Seele werden, in Skandinavien schwelgen zwei Generationen später Michael Ancher aus Bornholm und Peder Severin Krøyer aus Stavanger in Strandmotiven mit einsamen Spaziergängern.[78] Und literarisch beschwört Thomas Mann im »Strandspaziergang«-Kapitel seines *Zauberberg* die »wundersame Verlorenheit«, die Rückkehr ins Archaische und Vorbewußte, die den einsamen Spaziergänger am Strand überkommt: »Du gehst und gehst ... du wirst von solchem Gange niemals zu rechter Zeit nach Hause zurückkehren, denn du bist der Zeit und sie ist dir abhanden gekommen.«[79]

Caspar David Friedrich: Der Mönch am Meer, 1808/10

Nicht nur an heimischen Ufern, auch an südlichen Küsten ist die Erfahrung des Meeres oft in die Farben der Melancholie getaucht. In Venedig steht August von Platen als einsamer Fremdling am öden Hafen der einst stolzen Seerepublik (*Sonette aus Venedig*), am Golf von Neapel verfaßt Shelley die *Stanzas written in dejection, near Naples:*

> I see the Deep's untrampled floor
> With green and purple seaweeds strown,
> I see the waves upon the shore,
> Like light dissolved in star-showers, thrown:
> I sit upon the sands alone...[80]

Max Beckmann:
Frau am Meer, 1936

(»In nie betretner Tiefe schau'
Ich Moos und Flechten ausgespannt,
Wie Sternenflut der Wellen Blau
Hinplätschert leis zum Uferrand.
Ich sitz' allein am Meeressand.«)

Und an den Küsten des östlichen Mittelmeers kultiviert Lord Byron in *Childe Harold's Pilgrimage* die Wonnen der Einsamkeit:

There is a rapture on the lonely shore,
There is society where none intrudes,
By the deep Sea, and music in its roar.[81]

(»Dort ist Entzücken an dem leeren Strande,
Dort ist Geselligkeit, wo niemand stört,
Am tiefen Meer, Musik in seinem Tosen.«)

Die ästhetischen Begriffe haben sich in ihr Gegenteil verkehrt. Der einsame Strand ruft jetzt »Entzücken« hervor, die wahre »Geselligkeit« gibt es nur dort, und im Tosen des Meeres klingt »Musik«. Die weite Wasserwüste, der öde Strand, die häßliche, die Un-Natur sind endgültig zum neuen *locus amoenus* geworden.

Des Meeres und der Liebe Wellen
Fluten der Leidenschaft

Die Geschichte von Hero und Leander

Hero war eine Priesterin der Venus Idalia zu Sestos, einer Stadt in Thrakien, an der Küste, wo sie den Turm des väterlichen Palastes bewohnte. Sie war so schön als keusch. Ein Jüngling, Leander, aus dem gegenüber liegenden Abydos in Asien, sah sie an einem feierlichen Feste zu Sestos, und die feurigste Liebe entbrannte in der Brust des Jünglings gegen das Mädchen. Er schlich sich in den Tempel und entdeckte dem errötenden Mädchen seine Leidenschaft. Sie gestand ihm ihre Gegenliebe, aber auch die Unmöglichkeit einer Verbindung, welche ihr Stand und der Wille ihrer Eltern untersagte. Er redete mit ihr ab, daß er mit anbrechender Nacht von Abydos über den Hellespont herüber schwimmen wolle, sie solle nur auf dem Turme eine leuchtende Fackel befestigen, welche ihm zum Wegweiser dienen würde. Glücklich schwamm er durch die Wogen nach dem Turme hinüber. Aber als der Winter kam und die brausenden Stürme begannen, fand er seinen Tod in den Fluten, die den Leichnam an den Turm spülten. Voller Verzweiflung stürzte sich Hero von demselben hinab und starb, ihn mit ihren Armen umschließend.

So erzählt ein Schulbuch aus dem Jahr 1818 eine der ältesten und anrührendsten Liebesgeschichten,[1] die Geschichte von Hero und Leander, die seit mehr als zweitausend Jahren die Phantasien von Liebe, Leidenschaft und Tod bewegt. In der denkbar einfachsten Form – es gibt nur die Frau, den Mann und das Meer – berichtet sie von der Liebe zwischen zwei Menschen, ihrer Leidenschaft, die alle Hindernisse überwindet, und von der Unmöglichkeit dauernden Liebesglücks.

Es waren zwei Königskinder,
Die hatten einander so lieb,
Sie konnten zusammen nicht kommen
Das Wasser war viel zu tief –

mit diesen Worten faßt das Volkslied die Tragik dieser Liebe zusammen, und daß sie gerade am Meer scheitert (und zugleich dort im gemeinsamen Liebestod ihre höchste Erfüllung findet), schmilzt das alte Meer und die alte Liebe in einem Bild von archetypischer Kraft und Schönheit zusammen. Als größtes natürliches Hindernis zwischen zwei Menschen wird es vom Erzähler aufgerufen – wer könnte schon das wilde Meer durchschwimmen, um zu seiner Liebsten zu kommen? Und doch gelingt es, dem Mann natürlich, dessen Begehrendes auch in einem anderen Wasser schwimmen muß, wenn es mit dem verschmelzen will, was in verschlossener Hülle, im *Turme* auf ihn wartet.

> Vom Leukadischen Fels herab
> Stürz' ich mich in die weiß schäumende
> Meer-Flut mit dem Brand der Liebe!

jauchzt ein solcher Liebes-Schwimmer in einem Gedicht des griechischen Lyrikers Anakreon.[2]

Aber Hero wartet nicht nur, sie steckt ihm ein Licht auf, die Liebesfackel, die sein Begehren entflammt, ihm den Weg zum Ziel weist. Im übrigen läßt sich die Polarität der Geschlechter, ausnahmsweise, auch umkehren: In Straparolas *Ergötzlichen Nächten*, einer venezianischen Novellensammlung aus der Renaissance (dort spielt die Geschichte an der dalmatinischen Küste), ist es das Mädchen, das den Mann begehrt, die List ersinnt und nackt, ihr Hemd auf den Kopf gebunden, zu ihm übers Meer schwimmt.[3] Eine Ballade von Conrad Ferdinand Meyer wendet die Situation ins Aktuelle und Rührende, macht die suchende Frau zur Sarazenin, die jetzt das Meer mit dem Schiff überquert, um ihren Liebsten, von dem sie doch nur den Vornamen kennt, im fernen London zu finden:

> Über seine Schwelle führt er, die das Ziel der Reise fand,
> Liebe wandert mit zwei Worten gläubig über Meer und Land.[4]

Von der Kraft der Liebe ist also die Rede, aber auch von jener *amour fou*, die keine Hindernisse kennt, keiner Warnung achtet, das eigene Leben riskiert:

> Denk an den Jüngling, dem Liebe, die grausame, loderndes Feuer
> Warf ins Gebein. So schwimmt er noch spät durch reißender Strudel

Siedend zischende Flut, sternblind die Nacht, und zu Häupten
Donnert gewaltig des Himmels Tor, es brüllen die Fluten,
Wider die Klippen gepeitscht. Nicht hält ihn jammernder Eltern
Ruf, nicht die Maid, die stirbt über seiner zerschundenen Leiche.

So macht Vergil, der Dichter des *omnia vincit amor*, Leander inmitten der brüllenden Fluten zum Kronzeugen für »der Liebe rasende Glut«, die alle Welt versenge.[5]

Aber das Meer ist nicht nur natürliche, es ist auch kulturelle Barriere. Die Geschichte von Hero und Leander spielt am Hellespont, der alten Grenze zwischen Europa und Asien. Hier fiel der Perserkönig Xerxes in Griechenland ein, ließ zwischen Abydos und Sestos die berühmte Schiffsbrücke bauen und das Meer wie einen ungehorsamen Sklaven mit Ruten dafür peitschen, daß es sich seinem Willen nicht fügen wollte.[6] Der Hellespont, die Dardanellen sind auch das Einfallstor des Anderen, des Fremden. Der alte Konflikt zwischen Orient und Okzident ist Teil der Geschichte. Liebe überwindet auch das Meer der Feindschaft (und fällt ihm am Ende zum Opfer): Damit sind Hero und Leander auch Präfigurationen von Romeo und Julia.

In diesem zivilisatorischen Konflikt wird aber auch noch eine andere Grenze gesetzt, die Hero und Leander voneinander trennt. Die schöne Hero ist Priesterin der jungfräulichen Göttin, einer mutterrechtlichen *magna mater*, die ihre lebenslange Keuschheit fordert; der ungestüme Leander weigert sich, das archaische Gesetz zu akzeptieren, und frevelt gegen die Götter. Oder, in irdischer Weise gedacht: Er verletzt die Konventionen von Herkommen und Sitte.

In späteren Versionen taucht deshalb in der Erzählung von den beiden Liebenden eine dritte Person auf, welche die alle Grenzen mißachtende Verbindung beendet. Nicht den brausenden winterlichen Stürmen fällt jetzt Leander zum Opfer, sondern menschlicher Bosheit. Jemand löscht mit eigener Hand das Licht, das dem Schwimmer den Weg weisen soll, Leander verliert sein Ziel und ertrinkt. Ein *loses Nönnchen* ist es im Volkslied von den beiden Königskindern –

Das tat, als wenn es schlief,
Es tat die Kerzlein ausblasen,
Der Jüngling versank so tief[7] –

da spielt schon eine Klostergeschichte hinein, schließlich war lange Zeit immer wieder auch das Kloster der *Turm*, in und um den die

Fréderic Schall: Amor führt Hero und Leander mit der Laterna magica das Glück des Zusammenfindens und das Unglück der Trennung vor, 1810

Geschichte von Hero und Leander inszeniert wurde. In Straparolas Version sind es die Brüder des Mädchens, die das ehrenrührige Verhalten der Schwester rächen, ein falsches Licht auf ein Boot stecken und die Schwimmerin damit aufs offene Meer locken, wo sie ertrinkt: ein »Ehrenmord« also und zugleich Strafe für einen Frevel, ebenfalls gegen göttliche, jetzt christliche Ordnung. Denn Malgherita, wie das Mädchen aus vornehmer Familie hier heißt, liebt einen armen, frommen Einsiedler, einen Bettelmönch, der sein Leben als Büßer auf einer einsamen Insel verbringt. »In der Liebe gibt es keine Vernunft, keine Ordnung, keine Sicherheit (*stabilità*)«: So kommentiert der Erzähler das unerhörte Geschehen, bei dem jetzt noch einmal ganz andere Grenzen überwunden werden, die des Standes, des Zölibats, des traditionellen Verhältnisses zwischen den Geschlechtern.[8] Da treten die Repräsentanten der himmlischen oder der irdischen Ordnung auf den Plan, die allemal das Recht der Tradition, der »guten Ordnung« auf ihrer Seite wissen, wenn sie die Liebesflamme gewaltsam löschen. Mit ihrem Auftreten wird die alte Geschichte von Hero und Leander eine Tragödie im bürgerlichen Sinn: Gehorsam gegenüber den sozialen Pflichten kollidiert mit dem Wunsch nach schrankenloser eigener Entfaltung. Oder, wie es bereits in Ovids Version (er läßt Hero und Leander übers Meer hinweg korrespondieren) kurz und knapp heißt: *haec decet, ille iuvat,* »das eine gehört sich, das andere macht Vergnügen«.[9]

In Grillparzers Trauerspiel *Des Meeres und der Liebe Wellen* (1831) ist es ein Priester, der eine solche Wächterfunktion in einem sozialen Gefüge einnimmt, das durch die wilde Liebe gesprengt zu werden droht: »Die Bräuche muß man halten, sie sind gut.«[10] Und während Hero auf den Geliebten wartet und dabei einschläft, löscht der Priester das Licht. Aber mit dem gemeinsamen Tod am Ufer des Meeres triumphiert die Idee der *amour fou* über den Zwang der Konvention.

In der Geschichte von Tristan und Isolde kehrt die Geschichte von Hero und Leander wieder. In ihrer mittelalterlichen Version vereint der Liebestod auch sie am Meer, getäuscht durch ein falsches Signal, in Richard Wagners Oper ist Isoldes Liebestod (mit ihren letzten Worten)

> Ertrinken,
> Versinken –
> Unbewußt –
> Höchste Lust!

Nur im Meer ist die Trennung der Liebenden aufgehoben.

Die Buhlerinnen aus der Tiefe

Die Wellen des Meeres und die Fluten der Leidenschaften schlagen auch dort zusammen, wo die bewegte See jene weiblichen Wunderwesen gebiert, welche die Männer ins Verderben reißen, ihre Vorstellungen »des Festen, des Entschiedenen« auflösen ins aquatische Fluidum: Es sind die Sirenen, Nymphen, Nixen, Undinen, Meerfeyen, *merwîp, mervrouwen, merwunder,* Wasserfräulein und Seejungfrauen; auch andere Namen tragen sie, sind überhaupt genealogisch und phänomenologisch ebenso schwer zu fixieren wie das Element, aus dem sie stammen. Einige von ihnen tauchen auch in Flüssen und Seen auf, aber ihre Ur-Heimat ist das Meer. Und ihrer aller Ur-Mutter ist Aphrodite, die aus dem Schaum des Meeres Geborene,

Venus in der Muschel auf dem Meer. Wandmalerei aus Pompeji. Botticelli wird das Motiv in seinem Gemälde *Die Geburt der Venus* aufgreifen.

Alexander Bruckmann: Odysseus und die Sirenen, 1829

in den der Samen des Uranos verströmt war. Die »Herrin über das feuchte Gestad« (wie sie ein griechisches Gedicht nennt[11]) wurde in zahlreichen Hafenstädten auch als Göttin des Meeres und der Seefahrt verehrt.

Seit der Begegnung des Odysseus mit den Sirenen sind deren Listen bekannt, aber auch die Listen und Winkelzüge der Männer. Ursprünglich sind die Sirenen Frauen mit Vogelkörpern und repräsentieren damit jene Doppelnatur zwischen dem Animalischen und dem Menschlichen, die in der Geschichte des Meeres immer wieder vorkommt. Erst seit dem Mittelalter werden sie fischschwänzig dargestellt und faszinieren in dieser Gestalt auch dort, wo das Meer in weiter Ferne ist: an den Fassaden mittelalterlicher Dome, an Bürgerhäusern und städtischen Brunnen. Aber auch in reiner Menschengestalt können Wasserfrauen sich unter die Leute mischen. Paracelsus hat ihnen in seiner Schrift über die Elementargeister eine Eigenschaft zugeschrieben, die sie immer wieder die Nähe der Männer suchen läßt: Sie haben keine eigene unsterbliche Seele, sondern erhalten diese erst, wenn sie sich mit einem Mann verbinden. »Doraus folget nun, das sie um den Menschen bulen, zu ihm sich fleißen und heimlich machen.«[12]

Die Literatur des christlichen Mittelalters warnt vor diesen Buhlerinnen, welche die Männer verführen wollen. In der um 600 entstandenen Enzyklopädie des Isidor, Bischof von Sevilla, werden sie im übertragenen Sinn gedeutet: Sie seien nichts anderes als *meretrices*, »Huren«, und ihre Heimat sei das Meer, weil dieses eben Venus geboren habe.[13] Ihre gefährliche Schönheit und ihr Gesang hätten später sogar den Jenseitswanderer Dante beinahe getäuscht: Im 19. Gesang des *Purgatorio* erscheint ihm die *dolce serena*, und nur *con pena*, »mit Mühe«, kann er sich vom Zauber ihrer Gestalt lösen. Aber da tritt rechtzeitig eine andere Frau auf den Plan, vielleicht die Vernunft, vielleicht die himmlische Liebe, ruft den Begleiter Vergil zu Hilfe, der reißt der Schönen die Kleider vom Leib und – »da weckte mich Gestank, der daraus strömte«.[14]

In späteren Zeiten wird es mit der Rettung schwieriger. Die Liebe will jetzt alles, der Mann möchte beide Frauen besitzen, die aquatische und die irdische. Davon handeln die Erzählungen über Undine, die, alte Stoffe aufnehmend, im Zeitalter der Romantik in Mitteleuropa in Mode kommen, als nicht nur eine neue Idee der Natur, sondern auch der Liebe aufdämmert. Natürlich finden die Männer dabei am Ende den Tod, aber die Wasserfrauen haben ihnen auch beigebracht, daß Liebe ein Verströmen ist, ein steuerloses Sich-Treiben-Lassen auf einem Meer, dessen Sirenenstimmen sie sogar freiwillig in den Untergang folgen.

Der Schiffer
Joseph von Eichendorff (1808)

Du schönste Wunderblume süßer Frauen!
Ein Meer bist du, wo Flut und Himmel laden,
Fröhlich zu binden von des Grüns Gestaden
Der Wünsche blühnde Segel voll Vertrauen.

So schiffend nun auf stillerblühten Auen,
In Lockennacht, wo Blicke zaubrisch laden,
Des Munds Koralln in weißem Glanze baden,
Wen füllt' mit süßem Schauer nicht solch Schauen!

Viel hab ich von Sirenen sagen hören,
Stimmen, die aus dem Abgrund lockend schallen
Und Schiff und Schiffer ziehn zum kühlen Tode.

Ich muß dem Zauber ewge Treue schwören,
Und Ruder, Segel laß ich gerne fallen,
Denn schönres Leben blüht aus solchem Tode.

Joseph von Eichendorff: Werke, hrsg. v. Wolfdietrich Rasch, München 1971, S. 377.

In noch späteren Zeiten wird aus dem »Schiffer« der Seemann, seine Braut ist bekanntlich die See selber, und die Erd-Frauen thematisieren jetzt zunehmend ihre Rivalität mit den Wasser-Frauen. »Eine Frau, die dich betörte / Und dir dennoch nie gehörte / Ist das Meer«, singt Nana Mouskouri in einem Schlager der 1980er Jahre, »Wenn es ruft, laß ich dich gehen«.[15] Selbstbewußter und weniger männerfreundlich hatte bereits 1961 Ingeborg Bachmann entschieden: *Undine geht.* Kündigt den Pakt mit den Männern auf und überschreitet »die nasse Grenze zwischen mir und mir«.[16]

Es ist auffallend, daß das grandiose Thema der Verführung durch die Frau aus dem Meer in Deutschland und anderen Ländern des protestantischen Nordens vor allem in einer Version bekannt wurde, in der es weniger um Verführung als um Leiden und Entsagung geht: Hans Christian Andersens Märchen *Den lille Havfrue* (1837), also »Die kleine Meerfrau«, populär geworden unter dem Titel *Die kleine Meerjungfrau.* Aus der gefährlichen Buhlerin, die auch den Tod des Mannes in Kauf nimmt, ist die tragische Figur der sensitiven, aber in ihrer erotischen Ausdruckskraft beeinträchtigten Liebhaberin geworden. Auch in Andersens Märchen geht es um die Rivalität der Frau aus dem Wasser mit der irdischen Frau, aber die kleine Meerfrau ist in der Konkurrenz nahezu chancenlos, mußte sie doch, um ihren Fischschwanz zu verlieren, ihre Stimme opfern, also eben jenes Organ der alten Sirenen, das die Männer um den Verstand brachte. So bleibt sie stumme Gefährtin des Geliebten, für dessen künftiges Glück sie am Ende das eigene Leben opfert.

Sirene am Schönen Brunnen in Nürnberg, 1396

An den Küsten der Sirenen

In ihrer alten Heimat, am Tyrrhenischen Meer (schon die antiken Geographen haben sie dort lokalisiert[17]), sind die Sirenen noch immer sehr präsent: in populären Erzählungen und Märchen, als Namenspatroninnen, im Kunstgewerbe und der Mythologie des Alltags. Der englische Schriftsteller und Ethnologe Norman Douglas hat in seinem Buch *Siren Land* (1911) über Unteritalien geschrieben: »Man vergißt leicht, daß Athene in diesen Ländern der Sirenen ein Parvenü war; auf ihrem Weg nach Westen hat sie sie vertrieben«[18] – jene Göttin der klaren Vernunft also, die erst als Spät-Kommende und archaische Kulte verdrängend der Méditerranée ihr »modernes« abendländisches Gesicht geben sollte. Und deren Herrschaft beständig bedroht ist angesichts der Erfahrung einer Natur, die wie Eros selbst den Menschen die Glieder löst unter der gleißenden Sonne des südlichen Sommers, wenn das Meer zu einem bleiernen Spiegel erstarrt und jene unheimliche Stille sich über die Landschaft legt, die schon bei Homer das Erscheinen der Sirenen begleitet hatte.[19] Giuseppe Tomasi di Lampedusa, der aus Sizilien stammende Autor des Romans *Der Leopard*, hat in seiner Erzählung *La Sirena* (1961) wie kein anderer die Magie dieses südlichen Meeres beschrieben, »unseres Meeres«, wie es die Sirene nennt, die dem Ich-Erzähler, einem versponnenen Altphilologen, im August eines weit zurückliegenden Jahres an einem verlassenen sizilianischen Felsenstrand begegnet war und sein ganzes Leben verändern sollte – fischschwänzig, nach Meer duftend und in einem archaischen Griechisch den Gelehrten bezaubernd. »Die Sonne, die Einsamkeit, die unter dem Wandel der Gestirne verbrachten Nächte, das Schweigen, die karge Nahrung, das Studium alter Gegenstände woben um mich eine Art von Zauber, der mich empfänglich machte für das Wunder.« Lighea heißt die Frau aus dem Meer, wie eine der drei antiken Sirenen, aber, so versichert sie: »Glaube nicht an die Fabeln, die über uns erzählt werden, wir töten niemanden, wir lieben nur.«[20] Es ist eine südliche Sirenenerfahrung, voller Schwermut und dennoch ohne alle düsteren Implikationen. Der junge Mann, dem sie erzählt wurde, wird allerdings wenige Tage später in der Zeitung lesen, daß der Erzähler bei einer Reise mit dem Schiff von Genua nach Neapel über Bord gefallen sei.

Sirene am Stadtbrunnen in Amalfi, 1760

Wilder Wassermann und Fliegender Holländer

Aber das Meer ist – wenngleich seltener und erst zu späteren Zeiten – nicht nur Heimat weiblicher, sondern auch männlicher Verführer. Das Pendant zur männerverzaubernden Sirene ist der Wilde Wassermann. In Märchen, Sagen und Volksliedern taucht er als geheimnisvoller, reicher Freier auf, der aus weiter Ferne kommt, die Frau verlockt –

Er ließ eine Brücke von Golde baun
Von dem Berg bis über die See,
Darauf sollt sie spazieren gehn,
Die schöne Dorothee.

Darüber tat sie manchen Gang,
Von dem Berg bis über die See,
Bis daß sie in das Wasser sank,
Die schöne Dorothee.

In dem Wasser, da lebt sie sieben Jahr,
Von dem Berg bis über die See,
Bis daß sie sieben Söhne gebar,
Die schöne Dorothee.

Drei gehörten dem wilden Wassermann,
Von dem Berg bis über die See,
Vier gehörten dem König aus Engelland,
Von der schönen Dorothee.[21]

Aber die Frau, die dem Verführer gefolgt war, bekommt Sehnsucht nach der irdischen Heimat, die *Glocken aus Engelland* rufen sie aus ihrem unterseeischen Reich zurück, und der Wassermann gibt ihr Urlaub. Aber als sie, hin- und hergerissen zwischen den beiden Welten, nicht wieder zu ihm zurückwill, ist es um sie geschehen, der Wassermann bringt sie um. In anderen Versionen läßt sie sich durch die Erinnerung an die Kinder bewegen und geht zurück ins Wasser. In jedem Fall findet die Geschichte ein tragisches Ende.

In der Figur des Fliegenden Holländers lebt der Wilde Wassermann weiter. Es ist der Geistersegler, eine Geburt des Meeres auch er, eine Ausgeburt allerdings, verdammt zu ewiger Fahrt über die Weltmeere.[22] In Richard Wagners Oper tritt auch er als Freier auf, und Senta, die doch dem braven Erik verlobt ist, war ihm in einer rätselhaften Fernliebe bereits verbunden, bevor sie ihn je gesehen hatte. Und als er dann im väterlichen Haus auftaucht, muß sie ihm folgen, erlöst am Ende den Verdammten, indem sie sich von einer Klippe in die sturmgepeitschte See stürzt und zusammen mit ihm, »in verklärter Gestalt«, in den Himmel der Liebe aufersteht.

In Henrik Ibsens Drama *Die Frau vom Meer* (1888) kehrt das Wassermann-Motiv im Ambiente bürgerlichen Familienlebens wieder. Ellida, Tochter eines Leuchtturmwärters, jetzt solide, aber unglücklich mit einem Bezirksarzt verheiratet, hatte sich in ihrer Jugend mit einem geheimnisvollen Seemann durch zwei ins Meer geworfene Ringe verbunden, »angetraut«, steht seither in seinem Bann, kann ihn nicht mehr vergessen. Auch ihr eheliches Kind hat seine Augen, die Augen des Meeres. Als der Fremde, wohl wissend, daß sie verheiratet ist, nach vielen Jahren wiederkommt, um sie auf sein Schiff zu holen, packt sie Entsetzen und Sehnsucht zugleich: »Ach – wie mich 's zieht und sucht und lockt – ins Unbekannte hinein! Des Meeres ganze Macht drängt sich darin allein zusammen.« Ibsen läßt den Konflikt konventionell enden: Die Frau entscheidet sich gegen den fremden Wasser- und für ihren irdischen Mann: »Wenn man einmal eine Festlandskreatur geworden ist, dann findet man nicht mehr den Weg zurück, zum Meer.«[23] Und der Fremde zieht wieder aufs Meer hinaus.

Das Meer steht für die Liebe, das unbekannte Wagnis, die Sehnsucht nach dem Offenen. Ibsen, der das Meer selbst über alles liebte, hat, mit darwinistischen Ideen spielend, diese Sehnsucht gleichsam phylogenetisch zu verstehen versucht, als er während der Arbeit an seinem Stück dazu stichwortartig notierte: »Des Meeres anziehende Macht. Die Sehnsucht nach dem Meere. Menschen, dem Meere verwandt. Meergebunden. Abhängig vom Meer. Müssen dahin zurück. Eine Fischart bildet ein Urglied in der Entwicklungsreihe. Sitzen Rudimente davon noch in des Menschen Innern? In einzelner Menschen Innern?«[24] In diesem Fall wäre jede große Liebe immer auch Liebe zum Meer.

Fliegender Holländer. Münchner Kunstpostkarte, 1918

Tochter des Wassers
Die Insel

Nicht Fleisch und nicht Fisch

Immer ist die Insel das Andere: vom Meer aus betrachtet Land, vom richtigen, dem Festland aus, Teil des Meeres. *Ei-land*, das alte deutsche Wort, bringt diese Bedeutung auf den Punkt, meint etymologisch das »Wasser-Land«, ähnlich das lateinische *insula*: Land *in salo*, »in der Salzflut«. Ein Zwitter also, nicht Fleisch und nicht Fisch, oder besser: ein Drittes, ein Neues. In jedem Fall eine Ausgeburt des Meeres, und dies auch im geologischen Sinn: Die Insel ist entweder Relikt versunkenen Festlands oder durch terrestrische Kräfte über den Wasserspiegel gehobenes Neuland.

Was aus dem Meer aufgetaucht ist, kann auch wieder im Meer verschwinden. Sagenhafte Erzählungen von Atlantis bis Vineta beflügeln bis heute die Phantasien. Die Insel ist unsicheres Terrain, erinnert an die ewigen Übergänge vom Feuchten zum Trockenen. Als Sindbad der Seefahrer – in einem der berühmtesten Märchen aus Tausendundeiner Nacht – einmal mit seinem Schiff an einer paradiesisch schönen Insel anlegt und die Kauffahrer an Land gehen, versinkt die Insel plötzlich, denn in Wahrheit war sie nichts anderes als ein riesiger Fisch.[1]

Neben auftauchenden und wieder verschwindenden gibt es auch die schwimmenden Inseln: Das kleine Delos, Geburtsort des Apollon, galt im griechischen Mythos als eine solche, auch Ortygia vor Syrakus. Und das Argonautenepos erzählt von den Kyanischen Inseln oder Symplegaden, zwei sich aufeinander zubewegende und sich wieder entfernende Felsen am Eingang zum Schwarzen Meer, die das Schiff der Helden bei der Durchfahrt beinahe zwischen sich zermalmt hätten.[2]

Auch geologisch können Inseln Phänomene kurzer menschheitsgeschichtlicher Erinnerungszeiträume sein. Die Insel Ischia ist erst vor etwa 80.000 Jahren entstanden, die Kanalinseln sind rund

Carl Robert Kummer, Vor Sonnenaufgang am Meer, um 1870

10.000 Jahre alt, die nordfriesischen Inseln sind die Relikte der großen Sturmflut von 1362. Und seit Ende der 1990er Jahre entsteht bei Pellworm in der Nordsee die neue Insel Norderoogsand.[3] Umgekehrt können Inseln auch wieder verschwinden, wie dies aktuell als Folge der globalen Erwärmung für die Inselstaaten Tuvalu und Kiribati im Südpazifik befürchtet wird.[4] Wie Inseln täglich aus dem Meer neu geboren werden und täglich wieder im Meer versinken, kann man mit eigenen Augen bei den französischen Chausey-Inseln vor der Küste der Normandie sehen, wo ein Tidenhub von vierzehn Metern Hunderte von Inselchen und Felsenriffs immer wieder versinken und auferstehen läßt. Inseln halten in besonderer Weise die Erinnerung daran fest, daß die Grenzen zwischen Meer und Land stets im Fluß sind.

Eigene Welten

Und dennoch trennt nichts nachhaltiger als das Meer. Auf vielen Inseln haben sich im Lauf der Evolution in Fauna und Flora sogenannte endemische Arten entwickelt, also Lebewesen auf gleichsam insulären Standorten. Auf den Galapagos-Inseln leben nicht nur die berühmten »Darwinfinken«, sondern noch Hunderte andere, ursprünglich nur hier vorkommende Tier- und Pflanzenarten. Der Endemit mit dem kleinsten insulären Lebensraum ist vermutlich *Podarcis si-*

cula coerulea, die 1872 von dem deutschen Zoologen Theodor Eimer entdeckte blaue Capri-Eidechse: Sie bewohnt den äußersten der vier Faraglioni-Felsen, also eine Insel einer Insel.[5]

Denn auch Inseln haben ihre Inseln, und manchmal bringt schon der diminutive Name die Zugehörigkeit zum Ausdruck: Mallorca und Menorca, Stromboli und Strombolicchio, Kythira und Antikythira, Malta und Gozo (und Gozo und Camino), Helgoland und die Düne. Da ist die »große« Insel gegenüber der kleineren schon wieder so etwas wie Festland.

Auch im Zeitalter vermeintlicher Globalisierung sind Inseln immer noch Welten für sich. Auf deutschen Ferieninseln heißt die Kirche »Inselkirche«, die Apotheke »Inselapotheke«, und wer einen Film sehen möchte, geht ins »Inselkino«. Es gibt eigene Bräuche (auf den nordfriesischen Inseln zum Beispiel das »Bikebrennen«), eigene sprachliche Varianten und ein eigenes insuläres Selbstbewußtsein: Inselbewohner empfinden sich gegenüber Besuchern von außerhalb in besonderer Weise als »Einheimische«. Bei wachsender Entfernung vom Festland wächst auch das Bewußtsein der Eigenständigkeit. Noch immer gibt es bewohnte Inseln, die sehr schwer zu erreichen sind,[6] etwa St. Helena, die Osterinsel oder Pitcairn. Die letztgenannte, auf der etwa fünfzig Menschen leben, ausnahmslos Nachfahren der Meuterer von der »Bounty« und konfessionell allesamt Adventisten, wurde vor einigen Jahren durch einen britischen Sexualstrafrechtsprozeß bekannt, bei dem die Einwohner erklärten, auf ihrer Insel herrschten seit Jahrhunderten ein eigener Moralkodex und ein eigenes Recht.[7] Judith Schalansky hat in ihrem *Atlas der abgelegenen Inseln* fünfzig solcher »Miniaturwelten« kartographiert und gnadenlos entzaubert: »An den Rändern der endlosen Erdkugel lockt kein unberührter Garten Eden. Statt dessen werden die weit gereisten Menschen hier zu den Monstern, die sie in mühevoller Entdeckungsarbeit von den Karten verdrängt haben.«[8] Die Bewohner der abgelegenen Inseln sehen das vermutlich ganz anders.

Bleiben ist nirgends

Wer auf dem Festland geboren ist, kann auf der Insel nie heimisch werden, immer wird er eine Spur von Unbehagen verspüren, wenn er auf das Meer blickt, wird sich besorgt fragen, ob es ihm wohl gelingen werde, wieder »zurück« zu kommen, »nach Hause«. Wer glaubt,

»reif für die Insel« zu sein, lese D. H. Lawrence's Novelle *The Man Who Loved Islands:* Sie erzählt davon, wie Welt und Zeit dem Liebhaber allmählich verlorengehen und wie er am Ende auf der dritten, der kleinsten Insel seiner unmöglichen Liebe erliegt. Denn die Insel kann leicht zum Gefängnis werden, Inseln waren bevorzugte Orte der Verbannung und der Reklusion – von Leprakranken,[9] von Straftätern, von politischen Dissidenten. Nur ein Heiliger und großer Sünder wie Gregorius auf dem Steine wird in freiwilliger »Isolation« Erlösung finden; siebzehn Jahre büßt er für seinen Inzest auf einem Felsen im Meer, bevor er zum Papst in Rom erwählt wird.

Umgekehrt ist für den auf der Insel Geborenen die Insel zwar Wiege, mag ihm zunächst gar als Universum erscheinen, aber bald wird er spüren, daß sie klein ist, für Großes keinen Raum bietet. Und so wird er zum Festland streben, um dort sein Glück zu machen. Inseln waren immer auch Orte der Flucht, Fernand Braudel spricht in seinem Mittelmeer-Buch von der Kategorie der *émigrés insulaires*, der »Insel-Emigranten«: »Alle Inseln [...] sind Menschen-Exporteure.«[10]

Trittsteine im Wasser

Kein Ort des Bleibens also, es sei denn für die Bewohner der Toteninsel, statt dessen *lieu de passage*, Transitstation. Als solche freilich ist die Existenz der Insel fundamental für die Entwicklung von Seefahrt, Handel und Reise, also für die Entstehung kulturellen Austauschs. Die Insel ist »Sprungbrett« zum Erreichen entfernterer Ziele. Der Ethnologe Kurt von Boeckmann, ein Schüler von Leo Frobenius, hat in seiner kulturmorphologischen Studie *Vom Kulturreich des Meeres* (1924), einer Arbeit, in der es um die Bedeutung geographischer Räume für die Geschichte der kulturellen Entwicklung geht, den Begriff der »Inselkultur« geprägt: Inseln, so Boeckmann, legten gleichsam »Wege« ins Wasser. Und reich gegliederte Küstensäume (mit Inseln, Halbinseln, Buchten und Engen) förderten die Vermittlung von marinen und terrestrischen Kräften. In den »Inselkulturen« Ozeaniens, gefolgt von den »Küstenkulturen« des Mittelmeers, sieht Boeckmann daher die frühesten produktiven Kulturräume.[11] Denn auch in dieser Beziehung ist die Insel ein Zwitterwesen: Auf der einen Seite begünstigt sie die Entstehung und Konservierung kultureller Eigenheiten, auf der anderen Seite befördert sie das Ausgreifen menschlicher Aktivitäten auf andere, fremde Räume. Wenn Kultur immer aus der Begegnung des Eigenen mit dem Fremden entsteht, ist die Insel also das klassische Laboratorium der Kultur.

Nicht zuletzt spielen Inselgruppen, gewissermaßen Trittsteine im Meer, in der Geschichte der Kulturen eine wichtige Rolle. Auf den Kykladen – als »kyklisch«, ringförmig um die Insel Delos gedachte Gruppe – entwickelte sich die früheste mediterrane Handelskultur, gefolgt vom minoischen Kreta. Über die »Trittsteine« der Ägäischen Inseln breiteten sich im 2. Jahrtausend v. Chr. die Griechen im Prozeß der »Ionischen Wanderung« nach Kleinasien hin aus; im Mittelalter gelang den Wikingern über Island, Grönland und Neufundland der Sprung nach Amerika. Und noch im Zeitalter der Entdeckungen bildeten die Kanaren die Inselbrücke zur Neuen Welt. Inseln waren, bildlich gesprochen, die marinen Karawansereien.

Kulturen des Übergangs

In ihrem Wesen oszillierend zwischen Isolation und Weltoffenheit, den konträren Polen von »Archaismus und Innovation« (Fernand Braudel),[12] hat sich auf Inseln häufig eine Kultur des Transitorischen entwickelt, tragen Inseln oft ausgesprochen kosmopolitische Züge. Auf Malta etwa kann man von den 6000 Jahre alten megalithischen Tempelanlagen und den rätselhaften frühgeschichtlichen »Schleifspuren« bis hin zum »Siege-Belle-Monument«, das an die deutsche Belagerung der Insel im Zweiten Weltkrieg erinnert, auf kleinstem Raum durch fast alle wichtigen Etappen der abendländischen Kultur streifen. Transitorisch, ein *Mischmasch*, ist auch das Malti: ursprünglich eine Variante des Arabischen, jedoch mit lateinischen Buchstaben geschrieben, später mit sizilianischen, italienischen und englischen Elementen semantisch versetzt. Inseln sind nichts für Puristen, wohl aber für Eklektiker und Eklektizisten, für Liebhaber des Vermischten.

Gerade wegen ihres transitorischen Charakters haben Inseln freilich auch immer wieder die Begehrlichkeiten von Eroberern aller Couleur geweckt. Die zumeist schwachen indigenen Inselpopulationen wurden dann unterworfen, assimiliert, ausgelöscht, aus den Trittsteinen im Meer wurden imperiale Bastionen, militärische Festungen. Als solche stehen sie noch heute hoch im Kurs. Auf einer Insel fanden die ersten Atombombenversuche statt, auf einer Insel befindet sich der wichtigste Stützpunkt der US-Luftwaffe, um eine Inselgruppe wurde noch 1982 zwischen Großbritannien und Argentinien ein formeller Krieg geführt. Von »Unglücklichen Inseln« spricht in diesem Zusammenhang, in Umkehrung des Begriffs der *insulae fortunatae*, der Kolonialismusforscher Wulf D. Hund am Beispiel der Geschichte des Bikini-Atolls und seiner knapp zweihundert Bewohner, die 1946 »vorübergehend umgesiedelt« wurden und bis heute auf Entschädigung und Rückkehr warten.[13]

Utopia und Liebesinsel

Es verwundert nicht, daß ein derartig rätselhafter, zwischen Wasser und Himmel schwebender Ort wie die Insel seit alters vielfältige Wunschprojektionen auf sich gezogen hat. In Thomas Morus' 1516 erschienenem *Büchlein von der neuen Insel Utopia* verbindet sich – gattungsprägend für den Begriff der »Utopie« – die Idee einer alternativen Sozialordnung mit der Vorstellung vom Leben auf einer Insel; ein Seemann will sie im südlichen Weltmeer gefunden und dem Verfasser davon berichtet haben. Vom paradiesischen Leben auf »Neu entdeckten Inseln« schwärmt in der gleichen Zeit der durch ganz Europa verbreitete Brief des Columbus von seiner ersten Reise nach Amerika[14] – Sozialutopie und geographische Utopie waren im Zeitalter der Entdeckungen eng miteinander verbunden und sollten es noch lange bleiben.

Thomas Morus, *Utopia*. Titelholzschnitt, 1516

Auch die eher popularutopische Vorstellung von einem Land schlaraffischen Wohllebens ist mit der Idee der Insel verknüpft,[15] ganz besonders aber die Vorstellung erotischer Libertinage. Nur auf verschwiegenen Inseln darf möglich sein, was auf dem festen Land untersagt ist. Das Motiv der Liebesinsel in fernen südlichen Meeren blüht in der italienischen und portugiesischen Epik der Renaissance auf: In Ariosts *Rasendem Roland* (1516) verführt die heidnische Zauberin Alcina auf ihrer Insel den christlichen Ritter Ruggiero, in Tassos *Befreitem Jerusalem* (1574) die schöne Armida den tapferen Kreuzfahrer Rinaldo, in Camões' *Lusiaden* (1572) finden die portugiesischen Seeleute auf der *Isla namorada* im Indischen Ozean sogar eine Insel kollektiver orgiastischer Vergnügungen.[16]

Aus literarischem Zaubertand und teuflischem Blendwerk wird dann im 18. Jahrhundert geographische Realität, als europäische Seefahrer in der Südsee die Insel Tahiti entdecken und dort das Paradies der freien Liebe zu finden meinen. *Nouvelle Cythère*, »Neu Kythera«, nennt sie ihr französischer Entdecker Bougainville, nach der griechischen Insel Kythera, die als Geburtsort der Liebesgöttin Aphrodite galt.[17] Noch Paul Gauguin läßt sich vom erotischen Mythos der Insel bezaubern, als er 1891 Europa den Rücken kehrt und – wie er in seinem Erfahrungsbericht *Noa Noa* aus Tahiti schreibt – die Liebe als Lebenselixier selbst im Blut einer maorischen Kurtisane ausmacht.[18] Inseln haben eine starke Anziehungskraft, auf ihre erotische Aura setzt bis heute die Tourismuswerbung. Die Insel ist weiblich wie ihr grammatikalisches Geschlecht.

Insel der Unseligen, Archipel Gulag

Auf der Insel, fernab dessen, was auf dem Festland »Zivilisation« heißt, kann allerdings auch der blanke Horror gedeihen. Der Inselmythos ist ambivalent, provoziert nicht nur paradiesische, sondern auch infernalische Phantasien; die Insel kann selbst zum Inbegriff der Hölle werden.

Die Geschichte der Robinsonade ist geprägt von dieser Ambivalenz. Was in Daniel Defoes *Robinson Crusoe* (1719) angelegt war als Modellerzählung der fortschreitenden Entwicklung menschlicher Kulturtätigkeit, gegründet auf Vernunft und Gottesfurcht, verkehrt sich in einem weniger optimistischen Zeitalter ins genaue Gegenteil. William Goldings utopischer Roman *Herr der Fliegen* (1954) erzählt von einer Gruppe von Kindern, die, einem atomaren Krieg entronnen, auf eine »paradiesische« Insel verschlagen wird. Das soziale Experiment eines vernünftigen Neubeginns scheitert jedoch, statt dessen triumphieren Konkurrenzkampf und Brutalität. Die »unschuldigen« Kinder werden zu Bestien, ihre Robinsonade führt zum Rückfall in Barbarei und Atavismus. Nicht von der Insel, sondern vom Festland kommt am Ende die Rettung: Ein Schiff holt die Überlebenden in die Zivilisation zurück.

Auch in H. G. Wells phantastischem Roman *Die Insel des Dr. Moreau* (1896) ist eine abgelegene Pazifikinsel Ort eines Experiments, in dem es um die »wahre« Natur des Menschen geht. Ein Wissenschaftler betreibt hier eine »Biologische Station«, in der er durch Vivisektionen wilde Tiere in eine Art von Halbmenschen verwandelt, deren tierische Natur jedoch immer wieder durchbricht. Der schiffbrüchige Reisende, der unfreiwillig Zeuge der genetischen und psychologischen Manipulationen geworden ist, wird nach seiner Rückkehr in die Zivilisation zum Menschenfeind, hat er doch auf Dr. Moreaus Insel erlebt, wie fließend der Übergang zwischen Mensch und Bestie ist.

Damit zeigt gerade das Inselmodell die Ambivalenz von weißem und schwarzem Zukunftsprojekt, von »Utopie« und »Dystopie«.[19] Wo die Insel nicht mehr Trittstein im Meer ist, Glied interkultureller Vermittlung, sondern Monade ohne Verbindung zum festen Land, taugt sie ebenso zum Laboratorium des Glücks wie des Schreckens, kann aus der Insel der Seligen leicht diejenige der Unseligen werden. Denn auch der Terror kann sich am besten auf der Insel entfalten. In diesem Sinn hat Anton Tschechow die Despotie des Zarenreiches in seinem Buch *Die Insel Sachalin* (1893) beschrieben, nennt Solschenizyn das geheime System der über das ganze Land verstreuten sowjetischen »Besserungslager« den *Archipel Gulag*, »das Inselland [...] eingesprenkelt in ein anderes«.[20]

Auf künstlichen Inseln überleben?

Insulär ambivalent ist auch die technologische Utopie der künstlichen Insel. Sie entstand im 19. Jahrhundert, einer Epoche, die vom Sieg des technischen Fortschritts überzeugt und zugleich von den Nachrichten über das Anwachsen der Menschheit beunruhigt war. »Des Meeres sollen wir uns bemächtigen«, begeistert sich Henrik Ibsen. »Uns schwimmende Städte auf dem Meer anlegen. Sie südwärts lenken oder nordwärts, je nach der Jahreszeit. Stürme und Wetter meistern lernen. So etwas Glückseliges wird kommen.«[21] In seinem utopischen Roman *Die Propellerinsel* imaginiert Jules Verne dieses Projekt (1895): Nach Voraussagen der Gelehrten werde die Weltbevölkerung bis zum Jahr 2072 auf sechs Milliarden Menschen anwachsen.[22] Also müsse das Meer besiedelt werden, weshalb ein US-Unternehmen als eine Art Pilotprojekt eine riesige stählerne Insel gebaut hat. »Standard Island« bietet rund 10.000 Menschen Platz, ist mit allen Annehmlichkeiten ausgestattet und kreuzt mit amerikanischen Milliardären über den Pazifik. Auf dem gigantischen Eiland (im halben Flächenumfang der drei künstlichen, wenngleich

Die Welt als Insel. *Le monde instable.* Barockes Emblem. Die Welt ist eine schwankende Insel auf dem bewegten Meer.

nicht schwimmenden »Palm Islands«, die seit 2001 im Persischen Golf vor Dubai gebaut werden[23]) brechen jedoch banale Konflikte zwischen Nord- und Südstaatlern aus, die neue Welt zerbricht und geht unter. Arno Schmidt hat in den Jahren des Kalten Krieges das Motiv in seinem utopischen Roman *Die Gelehrtenrepublik* (1957) aufgegriffen: Er spielt im Jahr 2008, ein Atomkrieg hat stattgefunden, und die künstliche Insel ist zur Hälfte von amerikanischen, zur Hälfte von sowjetischen Spezialisten bewohnt, die der Nachwelt intellektuelle und künstlerische Qualifikationen übermitteln sollen. Blockiert von unterschiedlichen Kommandos der beiden feindlichen Mächte dreht sich aber die Insel am Ende nur noch auf der Stelle.[24] Auch eine »International Republic for Artists and Scientists (IRAS)«, wie der Autor seine Überlebensinsel nennt, kann die Erde nicht retten – die Erde, die doch selbst, wie schon Aristoteles schrieb und wie es noch ein barockes Emblem weiß, nichts anderes ist als »ganz und gar eine einzige Insel«.[25]

Süßbecken und Salzflut
Eine kurze Geschichte des Badens

Ein Großkönig steigt ins Wasser

In seiner Geschichte der Kriege zwischen den Persern und dem oströmischen Reich von Byzanz berichtet der Historiker Prokop von Caesarea (6. Jh.) die folgende Episode: Als der persische Großkönig Chosroes nach einem beschwerlichen Feldzug in Richtung Westen das Mittelmeer erreicht und Antiochia erobert hatte, ging er zum Hafen, wo er »allein im Wasser des Meeres badete und der Sonne und verschiedenen anderen Göttern opferte«; dann kehrte er wieder zu seinem Heer zurück.[1] Geschichten dieser Art machen neugierig, weil sie ausgesprochen selten sind. Daß ein erwachsener Mann, ein König dazu, ein Bad im Meer nimmt, ist in der Antike ein ganz ungewöhnlicher Vorgang, und man hat daher auch die Vermutung geäußert, daß dieses Bad weniger der körperlichen Erfrischung diente, sondern eine Art von rituellem Eintauchen, eine Huldigung an die Götter war.[2] Daß der König dabei auch im Meer »geschwommen« wäre, ist eher unwahrscheinlich: Das vom Autor verwendete griechische Wort bedeutet eher »sich abwaschen«.

Es hat sehr lange gedauert, bis das Baden im Meer etwas anderes wurde als ein solches »sich Abwaschen«, körperliche oder rituelle Reinigung. In der antiken Literatur wird man kaum Zeugnisse dafür finden, daß Baden im offenen Meer lustvoll genossenes Vergnügen erwachsener Menschen war. Grund genug, sich zu wundern! Denn die hellenistische und dann vor allem die römische Kultur entdeckt und kultiviert die Freuden des Wassers, genießt sie jedoch so gut wie ausschließlich in geschlossenen Räumen und mit künstlichen Zurichtungen. Baden in freier Natur (nicht nur im Meer) war nicht standesgemäß, ja barbarisch. *Suebi lavantur in fluminibus*, »die Sueben baden in Flüssen«, heißt es in Caesars *Gallischem Krieg* (IV, 1, 10) über einen germanischen Volksstamm, der als besonders kriegerisch und rauh geschildert werden soll. Allenfalls als heroische Tat fand

Schwimmen im Freien die Bewunderung der Mitwelt, als Teil des Mythos von altrömischer Männlichkeit.[3]

Das Meer vor Augen

Bäder (*balnea* oder *thermae*) waren Teil römischer Luxuskultur und verbunden mit der Praktizierung eines bestimmten Lebensstils, der geprägt war vom Ideal des *otium*, des »Müßiggangs«, und bei dem neben geselligen und sportlichen Aktivitäten die Pflege des eigenen Körpers in einer Weise im Mittelpunkt stand, wie sie erst in heutigen »Wellness«- und »Eventbädern« wieder aktuell geworden ist.[4] Es wundert nicht, daß nicht das natürliche, sondern das aufgeheizte, das warme Wasser das zentrale Medium dieses Körperluxus war. *Ad aquas calidas ire*, »zu den Warmwassern gehen«, war ein Synonym für »baden«.

Im Falle der Römer wird dieses Verhältnis zum Meer noch auffälliger, wenn wir uns vergegenwärtigen, daß die öffentliche Kultur des Badens an Orten Triumphe feierte, die unmittelbar am Meer lagen und sich dennoch dem Meer verweigerten: Es war die Landschaft am Golf von Neapel mit ihren zauberhaften Küstenabschnitten. So konnte, wer beispielsweise die luxuriösen suburbanen Thermen am Strand von Herculaneum besuchte, dort durch ein riesiges panoramatisches Rundfenster den Blick aufs Meer genießen und dabei gleichzeitig zum Meer Distanz halten. Ähnlich muß man sich auch das Badeleben in der Bucht von Baiae vorstellen, einem Ort, dem das englische *bay* seinen Namen verdankt und der schon in der Antike wegen seiner außerordentlichen landschaftlichen Schönheit berühmt war.[5] Neben luxuriösen Privatvillen war dort und in der weiteren Umgebung des Golfs auch eine Reihe von öffentlichen Bädern entstanden, deren Ruinen man noch heute sehen kann, auch sie oft unmittelbar am Strand gelegen.

Baden im Meer scheint für die Besucher dieser kampanischen Badeorte die allergeringste Rolle gespielt zu haben, und es ist bezeichnend, wie Kaiser Augustus (der bei Baia ebenfalls eine Villa besaß) reagierte, als sein Arzt ihm aus gesundheitlichen Gründen Meerbäder verordnete: »Sooft er seiner Nerven wegen Meerbäder oder die warmen Albula-Quellen [bei Rom] brauchte, begnügte er sich damit, in einer hölzernen Badewanne sitzend […] abwechselnd Hände und Füße zu bewegen.«[6] Der Kaiser – so dürfen wir das verstehen – wäre also nicht auf die Idee gekommen, sich selber ins Meer zu bemühen; er läßt sich von Sklaven Meerwasser schöpfen und in seine Villa transportieren. Und wenn sein Biograph berichtet, er habe seinen Enkeln persönlich das Schwimmen beigebracht,[7] so wird er das vermutlich in einer *piscina* getan haben, einem Schwimmbecken, wie sie in der Kaiserzeit zu manchen Luxusvillen gehörten.

Vielleicht spielte die »freie« Natur an den kampanischen Stränden eine gewisse Rolle, wenn es um eine besondere Form des »Badens« ging, die die Römer *apricatio* nannten, das »Schmoren des Körpers in der Sonne«, wie es Seneca kritisch formulierte und zu den überflüssigen Dingen eines sinnlos verbrachten Männerlebens zählte.[8] Aber vermutlich war auch das Sonnenbad ein »Bad«, das ein kultivierter Römer eher vom Portikus oder von der *ambulatio* seiner Villa aus genoß als in freier Natur – falls überhaupt: Noch galt schließlich die weiße Haut als die schöne Haut.

Denn Badeleben war geselliges Leben, durch ein hohes Maß an zivilisatorischen Arrangements konditioniert – und was hätte man in einer solchen Kultur mit dem Meer anfangen können, der »leeren Landschaft« (*territoire du vide*), wie Corbin sie genannt hat?[9] Es verwundert nicht, daß in der ausführlichsten Beschreibung kampanischen »Strandlebens« – sie stammt aus der Feder des Philosophen Seneca – vom Meer selbst mit keinem Wort die Rede ist. Der mürrische Moralist empfindet das Badeleben ohnehin nur als Lärmbelästigung:

> Ich wohne direkt über einer Badeanstalt. Stelle dir nun alle Arten von Geräuschen vor, die dich dazu bringen können, deine Ohren zu hassen. Hier trainieren Kraftprotze und schwingen ihre mit Blei beschwerten Hände. Während sie sich abmühen oder jedenfalls so tun, als mühten sie sich ab, höre ich Stöhnen, jedesmal wenn sie den angehaltenen Atem wieder ausstoßen, Zischlaute und ganz gepreßtes Atmen. Dort treffe ich akustisch auf einen Faulpelz, der sich mit gewöhnlichem Einsalben zufriedengibt, und da höre ich dann das Klatschen der Hand, die auf die Schultern schlägt, und je nachdem ob sie flach oder hohl aufschlägt, ändert sich das Geräusch. Wenn dann aber ein Ballspieler unvermutet hinzukommt und anfängt, die Bälle zu zählen, ist's um mich geschehen. Denk dir noch einen Streithammel dazu und einen ertappten Dieb und einen, der sich im Bade selbst gern singen hört, denk dir auch die noch hinzu, die mit gewaltigem Klatschen des aufspritzenden Wassers ins Schwimmbecken springen. Bei denen ist, wenn schon nichts anderes, dann wenigstens die Stimme echt. Stell dir aber

daneben noch einen Achselhaarausrupfer vor, der unablässig seine dünne, schrille Stimme ertönen läßt, um auf sich aufmerksam zu machen, und der erst dann still ist, wenn er einen hat, dem er das Haar auszupft – wobei er dann den anderen zwingt, an seiner Stelle loszuschreien. Und dann noch die unterschiedlichen Ausrufe der Getränkeanbieter, der Wurstverkäufer, der Zuckerbäcker und aller Betreiber von Garküchen...

Seneca, Briefe, 56,1 (Übersetzung Karl-Wilhelm Weeber).

Und das Schwimmen?

Aber, so wird man fragen, ist denn niemand geschwommen? Immer wieder kann man lesen (nicht zuletzt in populären Schriften aus dem Umkreis von Liebhabern des Sports), Schwimmen sei in der griechisch-römischen Antike eine der obligatorischen Leibesübungen des freien Mannes gewesen. Nun gehörte jedoch Schwimmen keineswegs zu den bei Griechen oder Römern üblichen sportlichen Wettkämpfen. Überhaupt sind Nachrichten über sportliches Schwimmen in der antiken Literatur außerordentlich selten. Auch der gern als Heros des Schwimmens angeführte Odysseus war ja – liest man die berühmte Stelle im fünften Gesang der *Odyssee* richtig – eher ein Nichtschwimmer. Schließlich gelang es ihm bei seinem Schiffbruch nur deshalb, sich zu retten und schwimmend das Land zu erreichen, weil ihm die Göttin Leukothea einen Zauberschleier auf sein gekentertes Floß gebracht hatte: ein »magisches Objekt« also, wie es auch im Märchen übernatürliche Kräfte verleiht.

Überhaupt sind Nachrichten über das Schwimmen meist mit Situationen der Gefahr verbunden, woraus sich schließen läßt, daß viele zwar schwimmen konnten, aber keineswegs begierig darauf waren, es zu tun. Von dem altrömischen Helden Horatius Cocles wird berichtet, er sei bei der Verteidigung Roms in voller Rüstung in den Tiber gesprungen und habe sich dadurch retten können – kein Wunder, daß seine Mitbürger ihm dafür ein Denkmal errichtet haben.[10] Caesar schwimmt in einer brenzligen Situation während der Seeschlacht bei Alexandria »zweihundert Fuß« – das wären rund 60 Meter, und sein Biograph führt das an, um seine Unerschrockenheit zu rühmen.[11] Daß auch Frauen schwimmen konnten, zeigt eine makabre Episode aus der Biographie des Kaisers Nero: Um seine Mutter Agrippina aus dem Weg zu räumen, läßt er sie auf einem präparierten

Schiff auf den Golf von Puteoli fahren; das Schiff sinkt, aber Agrippina kann sich schwimmend ans Ufer retten.[12] Auch in anderen Fällen zwingt Seenot zum Schwimmen. Als das Schiff des Apostels Paulus bei Malta strandet, müssen »diejenigen, die schwimmen konnten, als erste ins Meer springen« (Apostelgeschichte 27,43). Und von den Schiffbrüchigen eines anderen Passagierschiffs berichtet der jüdische Historiker Flavius Josephus, der auf diplomatischer Mission von Jerusalem nach Rom unterwegs war:

> Ein Schiffsunglück auf der Adria
>
> Unser Schiff nämlich sank mitten auf dem Adriatischen Meere unter, und wir mußten, etwa 600 an der Zahl, die ganze Nacht hindurch schwimmen. Endlich gegen Tagesanbruch kam uns durch Gottes Fügung ein Fahrzeug aus Kyrene in Sicht, in welches ich nebst einigen anderen, die den übrigen zuvorgekommen waren, im ganzen etwa 80, aufgenommen wurde.
>
> Flavius Josephus: Selbstbiographie. In: Kleinere Schriften, übers. v. H. Clementz, Wiesbaden 1993, S. 9.

Immerhin geht aus der Überlieferung hervor, daß es Menschen gab, die schwimmen konnten, wenn sie schwimmen mußten, und man kann sich vorstellen, daß sie es als Kinder gelernt hatten. Noch heute kann man in außereuropäischen Küstenregionen, in Afrika etwa, beobachten, daß sich am Strand praktisch nur Kinder und Jugendliche (und zwar männlichen Geschlechts) tummeln. Von schwimmenden Jugendlichen ist auch in historischen Zeugnissen immer wieder die Rede. Sie, die Jungen, hatten ihre Freude am Meer, einem erwachsenen Mann hingegen wäre es als »Kinderspiel« erschienen, im Meer zu planschen und zu schwimmen. In der einzigen (mir) bekannten Nachricht aus griechisch-römischer Zeit, in der von einem solchen lustvollen Umgang mit dem Meer die Rede ist, haben spielende Knaben die Hauptrolle. Plinius der Jüngere berichtet über eine Lagune in der Nähe des afrikanischen Hippo: »Leute jeden Alters vergnügen sich hier mit Übungen im Fischen, Bootfahren und auch Schwimmen, besonders die Knaben, die ihre Freizeit und ihr Spieltrieb dazu reizt. Ihnen gilt es als Heldentat, weit hinauszukommen; Sieger ist, wer das Ufer und zugleich seine Mitschwimmer am weitesten hinter sich läßt.«[13] Das dürfte nun am ehesten jenem Umgang mit dem Meer (hier noch einer Lagune) entsprechen, wie wir ihn aus jüngeren Zeiten kennen.

Baden im Meer, gesundheitsschädlich und gefährlich

Mit dem Ende des Römischen Reiches gerät im lateinischen Westen die Kultur des Badens zunehmend in Vergessenheit. Sie lebt allerdings in der östlichen Hemisphäre weiter, strahlt mit der arabischen Eroberung Spaniens und Siziliens auch nach Südeuropa aus. Auch im medizinischen Diskurs der islamischen Welt spielt das Baden eine wichtige Rolle, wobei Lehrmeinungen von Hippokrates und Galen tradiert und über das Arabische dem lateinischen Westen vermittelt werden. So enthält der *Liber canonis totius medicinae* des persischen Arztes und Universalgelehrten Avicenna eine differenzierte Lehre vom Nutzen der Bäder, wobei auch die *marinae aquae*, also die »Meerwässer«, abgehandelt werden. Noch erstaunlicher ist, daß Avicenna damit tatsächlich Bäder im offenen Meer meint: Wer Meerbäder nehme, heißt es dort, riskiere, daß sein Kopf unter Wasser komme, außerdem führten sie nach einiger Zeit durch Feuchtigkeitsentzug zur Erwärmung von Gebärmutter, Blase und Darm – *et ideo omnes sunt malae et graves*, »und daher sind sie alle schlecht und gefährlich«.[14]

Avicennas Auffassung von den gesundheitlichen Gefahren des Badens im Meer wurde zur medizinischen Lehrmeinung. So schreibt Gentile da Foligno in seinem Avicenna-Kommentar, wer im Meer bade, müsse darauf achten, daß sein Kopf nicht unter Wasser komme. Und er fügt hinzu: »In diesen Bädern badet man ab Mitte Juli und den ganzen August.«[15] Gentile war Professor der Medizin an der Universität Padua und spricht hier offenbar schon von sommerlichen Bädern im Meer (und dies in jenen Wochen, die noch bis vor kurzem in Italien als die einzig mögliche Badezeit im Jahr galten).

Auf der Linie von Avicenna warnt auch Michele Savonarola, ebenfalls Professor in Padua, in seinem Traktat *De balneis et thermis naturalibus omnibusque Italiae sicque totius orbis* (um 1450) vor dem Baden im Meer.[16] Das Salzwasser trockne den Körper aus, lasse ihn abmagern und führe zur Erwärmung der »ausführenden« inneren Organe. Und auch er warnt: »Daher mögen diejenigen, die schwimmen (*natantes*), sich hüten, ihren Kopf zu baden«. Verschlucktes Meerwasser würde außerdem das Blut ruinieren (*sanguinem corrumpit*) sowie Ausschlag und Juckreiz verursachen. Und er fügt hinzu: »Salzwasser ist schwerer als Süßwasser, daher ist es für Heranwachsende (*adolescentes*) leichter, dort schwimmen zu lernen.« Wieder begegnen wir also Kindern und Jugendlichen als bevorzugten Strandbesuchern.

Ähnlich äußert sich Domenico Bianchelli, Arzt in Pisa (also ebenfalls einer am Meer gelegenen Stadt) in seinem *De balneis tractatus* (um 1570) über die Gefahren des Badens für die inneren Organe.[17] Allerdings schreibt er dem Meerwasser auch eine Heilanzeige zu: Da es dem Körper Feuchtigkeit entziehe, sei es gut gegen die Gicht. »Und viele Gichtkranke nutzen es.«

All diesen Überlegungen und Ratschlägen zum Schaden und Nutzen der verschiedenen Wässer und Bäder liegt die Physiologie der »Säftelehre« zugrunde, die über zwei Jahrtausende den medizinischen Diskurs dominierte. Danach wirke das Wasser ebenso wie die Luft über Körperöffnungen und Haut unmittelbar auf die inneren Organe ein.

Salzwasser genoß in der Naturlehre des Mittelalters einen ausgesprochen schlechten Ruf – kein Wunder in einer Zeit, in der süßes, lebendiges Wasser Garant des Lebens war. Auch Aristoteles hatte ja dem »Salzigen« die »unteren«, die niederen Teile des Organismus zugewiesen. In diesem Sinn spricht Albertus Magnus in seinem naturkundlichen Werk *Meteora* auch über Nutzen und Schaden der verschiedenen Wasser auf Erden, unterscheidet dabei vier Kategorien: *aquae currentes – puteales – paludales – salsae*, also Fließ-, Brunnen-, Sumpf- und Salzwasser. Die letzteren nun böten unter allen den geringsten Nutzen für den Menschen: »Die salzigen Wasser gehören zu den warmen und trockenen Wassern und bewirken daher, wenn man sie trinkt, durch ihre Schärfe zunächst eine gewisse Erschlaffung, trocknen sodann aber das Erschlaffte aus und ziehen es zusammen.«[18]

Die Meerbäder von Pozzuoli und ein Kaiser als Badegast

Es ist sicher kein Zufall, daß das erste Werk aus dem lateinisch-westlichen Mittelalter, das erneut an die weitgehend vergessene Tradition der antiken Badekultur anknüpft, aus dem Umfeld des Hohenstaufenkaisers Friedrich II. stammt, eines Herrschers, der zum einen das Imperium Romanum als Teil seines geistigen Kosmos wiederaufleben lassen wollte, zum andern enge Verbindungen zur muslimischen Welt unterhielt. Es ist das um 1220 entstandene Lehrgedicht *De balneis puteolanis* (»Über die Bäder von Pozzuoli«) des kaiserlichen Chronisten Petrus von Eboli: ein »Bäderführer«, der die Heilkräfte

Abbildung zu Petrus von Eboli: *De balneis puteolanis.* Dargestellt ist ein Bad namens Culma, von dem es heißt, man erreiche es nur über einen abschüssigen Weg. Offenbar lag es am Felsenufer.

von insgesamt 35 Bädern aus jener vulkanischen Gegend am Golf von Pozzuoli beschreibt, die bereits in römischer Zeit ein Mittelpunkt des Badelebens gewesen war. Auch wenn einige jener *balnea* ein wenig geheimnisvoll beschrieben werden, besteht kein Grund, an ihrer Existenz zu zweifeln: Der große Vulkanausbruch der *Campi Phlegraei* vom Jahr 1538 hat die Topographie der Gegend erheblich verändert.

Vierzehn dieser Bäder werden unter einem eigenen Abschnitt mit dem Titel *Balnea de aquis salsis iuxta maris ripam existencia* aufgeführt, also »Salzwasserbäder am Meeresufer gelegen«.[19] Eine Vorstellung davon, wie sie ausgesehen haben könnten, geben zwei illustrierte Handschriften des Werks. Sie zeigen nackte Männer und Frauen (oft getrennt) in Becken oder Wannen stehend, die manchmal von einer »gerippten«, nach oben spitz zulaufenden Kuppel überwölbt sind, wie sie für die pompejanischen Thermen typisch waren. Die Nähe des Meeres wird in einem Fall durch ein vorbeifahrendes Ruderboot, in anderen Fällen durch Fische und Mollusken in Gewässern angedeutet, die sich neben den Badehäusern befinden. Man kann daraus schließen, daß die genannten »Salzwasserbäder« ähnlich wie in der Antike praktiziert wurden: Man nutzte Meerwasser, allerdings in vom offenen Meer getrennten Badehäusern oder Grotten. In einem Fall, bei dem besonders prachtvollen, mit Skulpturen geschmückten »Trituli«-Bad, heißt es ausdrücklich, daß das Wasser aus dem Meer in eine künstlich ausgehauene Grotte ein- und wieder ausfließe.[20] Und vom »Pugillus«-Bad berichtet der Autor, daß ihm bei hohem Seegang das Wasser fehle,[21] auch dieses Bad muß also in direkter Verbindung mit dem Meer gestanden haben. In jedem Fall zeigt Petrus von Ebolis Werk, daß an den Stränden von Puteoli und Baiae die antike Badekultur weiterlebte – allerdings wohl mit dem Schwerpunkt auf diätetischen und medizinischen Anwendungen.

Sicher ist, daß Kaiser Friedrich II. selbst in Puteoli gebadet hat. Als er sich nämlich im September 1227 in Brindisi zur Kreuzfahrt ins Heilige Land einschiffen wollte, brach bei glühender Sommerhitze im Heer eine schwere Epidemie aus, die zahlreiche Todesopfer forderte. Der Kaiser brach daraufhin in Otranto den Feldzug in den Orient ab »und begab sich aus Apulien in die Bäder von Puteoli«, wo er bis November verweilte.[22] Das war zwar klug vom Kaiser, allerdings brachte ihm sein Badeaufenthalt am Meer die Exkommunikation durch den Papst ein, der darin – möglicherweise zu Recht – ein Hinauszögern der versprochenen, aber ungeliebten Kreuzfahrt sah.

Balneotherapie und die Wiederentdeckung des Badens in der Renaissance

Mit dem Werk des Petrus von Eboli war über einen lokalen Bäderführer hinaus ein immer wieder zitierter »Klassiker« entstanden, der im späten Mittelalter die Idee des Bades, insbesondere des Heilbades, lebendig erhielt. Sicherlich hat dazu auch die literarische Form des Werks – in eleganten Distichen – beigetragen. Es sind dann die italienischen Humanisten, die, in bewußtem Rückgriff auf die antike Tradition, die Idee des Badens wieder aufleben lassen: Ab 1400 erscheinen zahlreiche gelehrte Werke zum Thema Badekultur, verfaßt meist von medizinischen Autoritäten im Umkreis der neuen oberitalienischen Universitäten.[23] 1553 publiziert der venezianische Verleger Tommaso Giunti (ein Drucker, der bereits sämtliche Werke von Galen und Aristoteles herausgebracht hatte) ein voluminöses Repertorium mit dem Titel *De balneis omnia quae extant apud Graecos, Latinos et Arabas*, mit anderen Worten ein Werk, das alles, was je bei Griechen, Römern und Arabern über Bäder und Baden geschrieben wurde, versammeln, außerdem alle Thermen des Erdkreises mit ihren Kräften und Heilwirkungen aufführen wollte.[24] Das stupende Werk umfaßt auf 994 Folioseiten mehr als siebzig Autoren, die sich zum Thema der Bäder geäußert hatten, darunter Celsus, Galen, das gesamte *Corpus Hippocraticum*, die Exponenten der arabischen Medizin des Hochmittelalters bis hin zu den zeitgenössischen humanistischen Autoren. Wie stark dabei die antike Badekultur wieder in den Blick kam, zeigt einer der dem Werk beigegebenen Holzschnitte, betitelt *Balneorum apud veteres forma*, mit einer erstaunlich genauen schematischen Darstellung des Aufbaus einer antiken Therme einschließlich ihrer Hypokaust-Heizung; auch ein *strigilis*, also das von den Römern zur Reinigung im Bad benutzte Schabeisen, ist abgebildet.

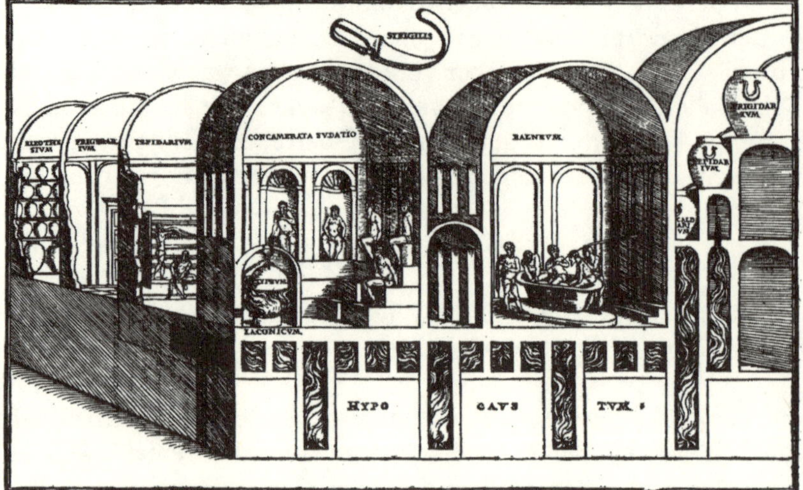

Balneorum apud veteres forma. Abbildung aus Tommaso Giunti, *De balneis*, Venedig 1553. Die Renaissance entdeckt das Vorbild der »Alten«, also der antiken Schriftsteller, auch auf dem Gebiet des Badewesens.

Im Zentrum der Kultur des Badens stehen jetzt dessen gesundheitliche Wirkungen. Baden ist Balneotherapie. Die ausführlichen Abhandlungen zum »Nutzen« des Badens erschöpfen sich meist in hochdifferenzierten, quasi rezeptuösen Anordnungen. Selten, daß, wie bei einer Bäderbeschreibung des auch hier bemerkenswerten Petrus von Eboli, eine Spur von lebensklugem Humor zu spüren ist:

> Das Bad, das »Palumbara« genannt wird
>
> Das Wasser der Palumbara heilt Kopfleiden und kranke Nieren
> Und eröffnet verstopften Weg wieder dem Urin.
> Aus den Augen tilgt es die Nebel, aus den Ohren das Summen,
> Macht den Magen gesund und vertreibt die Arthritis.
> Und stärkere Wirkung hat es, wenn du gesund lebst:
> Vor salzigen Speisen hüte dich und meide die kalten,
> Gewöhn dir nicht an, eiskaltes Wasser zu trinken,
> Was die Rebe erzeugt, gebrauche vermischt mit klarem Wasser.
> Glaube mir, was die Bäder machen und irgendwelche Medikamente,
> Macht, wenn gut es getan, ganz allein die Diät.
>
> Pietro da Eboli: De balneis puteolanis, Milano 1987, S. 46 (Übersetzung D. R.).

Die *dieta*, also die »Lebensweise«, insbesondere die »Ernährung« (nicht die »Diät« im modernen Sinn), stellt Petrus hier der Wirkung der »Bäder« gleich, und vermutlich würden ihm heutige Ärzte dabei recht geben.

Die älteste Badeordnung für Touristen

In der Zeit um 1700 tauchen Baderegeln auch außerhalb der medizinischen Fachliteratur und in einem Kontext auf, der in der Folge für das Thema der Meerbäder eine immer größere Rolle spielen sollte, nämlich dem des Tourismus.

Im Jahr 1691 veröffentlicht Pompeo Sarnelli, ein hoher neapolitanischer Geistlicher, im Anhang der dritten Auflage seines Reiseführers für die Gegend von Pozzuoli und Baia auch »Höchst nützliche und notwendige Regeln für solche, die in Pozzuoli oder anderswo baden«.[25] Sie stammen aus der Feder des neapolitanischen Arztes Sebastiano Bartolo, der vom Vizekönig Pedro Antonio de Aragón mit der Aufgabe betraut worden war, die Bäder am Golf zu katalogisieren und »für ihren alten Gebrauch samt nötigen Bequemlichkeiten« wiedereinzurichten.[26] Sarnelli übernimmt sie in seinen Reiseführer für die Besucher des Golfs – vermutlich die älteste Badeordnung für »Touristen«.

Allernützlichste und notwendige Bade-Regeln für alle jene, welche in Pozzuoli oder anderswo die Bäder nehmen

1. Man komme niemals ins Bad, ohne abgeführt zu haben, denn die Bäder reizen die Säfte und setzen sie in Bewegung.
2. Wenn man ins Bad kommt, lasse man alle Aufregungen und Sorgen des Gemütes fahren, denn nur so vermag das Bad seine aufheiternde Wirkung, gleich einem Meister, der mit seinen Instrumenten sein Werk vollbringt.
3. Man betrete das Bad nicht, ohne vorher wohl verdaut zu haben.
4. Man esse und man trinke weder im Wasser noch außerhalb, ohne sich vorher abgekühlt zu haben, auf daß nicht, was nicht verdaut wurde, von der Natur angezogen werde und daraus eine Verstopfung entstehe.
5. Man hüte sich, solange man badet, vor Kälte und Wind.
6. Um den Durst zu löschen, gebrauche man Wein, der reichlich mit Wasser vermischt ist.
7. Man bade nur ein einziges Mal am Tag, damit man nicht durch allzu großen Abgang geschwächt werde.
8. Man gehe dergestalt ins Wasser, daß die Schultern bedeckt sind, und achte darauf, daß man nicht irgendeine Wunde

habe, mit welcher man auf keinen Fall im Wasser von »Cantarello« und von »Sole e Luna« baden darf.

9. Man bleibe so lange im Wasser, bis einem der Kopf schwitzt oder bis man sich unbehaglich fühlt.

10. Sobald man das Wasser verlassen hat, hülle man sich in ein Laken; sowie man aber ein wenig geschwitzt hat, lege man das Laken ab, lasse den Schweiß trocknen, verharre eine Weile ruhig und gehe dann anständig gekleidet nach Hause. Dort ruhe man ein wenig, ohne weiter zu schwitzen.

11. Man ergötze sich nicht daran, das Bad zu wechseln, vielmehr wähle man eines von den vielen aus und dieses benutze man.

12. Man sorge dafür, daß das Badewasser beständig zum Meer abfließe, damit es kalt sei.

13. Wenn man baden will und es erlaubt ist, schütte man das alte Wasser gänzlich aus, damit man frisches habe.

14. Bäder wirken, wie andere Heilmittel, nur im Laufe der Zeit; man werde ihrer daher nicht überdrüssig, wenn sie nicht rasch Heilung bringen.

Pompeo Sarnelli: Guida de'forestieri curiosi di vedere e d'intendere le cose più notabili di Pozzoli, Baia, Miseno, Cuma e altri luoghi convicini, 3a ed., Napoli 1691, 126–28 (Übersetzung D. R.).

Die vierzehnte der Baderegeln läßt eine gesunde Skepsis erkennen: Balneotherapie setzt Geduld voraus. Oder Glauben.

Gesundes Wasser
Die Entwicklung der marinen Aquakultur

Von den heilenden Wässern zum heilenden Wasser

Es ist erstaunlich, wie zäh sich, über Jahrtausende hinweg, der Wunsch nach Gesundung und Heilung mit der Idee von den Kräften des Wassers verbunden hat. Dabei ist diese Idee in älteren, vormodernen Zeiten zumeist geknüpft an bestimmte Orte mit bestimmten Wässern – magisches Denken ist im Spiel, wie es in der katholischen Volksfrömmigkeit bis heute weiterlebt, aber auch eingeflossen ist in die Praxis der Trinkkuren in speziellen »Kurbädern«. Im 18. Jahrhundert macht der große Glaube an die Kraft des Wassers dann eine Art von Entmythologisierung durch: Nicht mehr nur einzelne Wässer an ausgewählten Orten versprechen jetzt Gesundheit – es ist das Wasser selbst, das reine, klare, saubere Wasser, das Heil und Heilung bringt. Aus Balneo- wird Hydrotherapie.

Die Entwicklung beginnt in England, und die Ärzte prägen zunächst auch hier die Debatte. In seinem 1752 in London veröffentlichten *Essay on the External Use of Water* stellt der schottische Arzt Tobias Smollett, auch Autor vielgelesener Romane, die provozierende Frage, ob die Gelehrten nicht die Heilwirkung spezieller Quellen und Bäder ganz zu Unrecht deren chemisch-mineralogischen Eigenschaften zugeschrieben hätten. Und ob nicht die Patienten, im guten Glauben an die Wirkung eben dieser Eigenschaften, vielleicht an etwas ganz anderem gesund geworden seien, nämlich an der Kraft des Wassers selbst.

Quisisana, »Hier wird man gesund«. Die fischschwänzige Wasser-Nixe lockt nun nicht mehr ins Verderben, sondern verspricht Gesundheit.

Der geistige Hintergrund seiner dann folgenden fulminanten Lobrede auf das Wasser, *simply common water*,

Fassade des Badehauses in Bad Oeynhausen (Detail), 1885. Die Göttin der Gesundheit läßt Wasser in eine Wanne fließen, am linken Rand stehen ein Rollstuhl und ein Paar Krücken.

ist eine Rückbesinnung auf die Natur, wie sie für Philosophie und Lebenspraxis der Aufklärung typisch ist. Bei Smollett wird die neue Bewertung eines Elements sichtbar, das zuvor unter den Angehörigen der Oberschichten wenig Ansehen genossen hatte. Wasser galt im Zeitalter des Barock bei den Eliten als schädlich für die Haut, gar als Krankheitserreger,[1] Waschen war in der höfischen Etikette verpönt. Mit der neuen Hinwendung der bürgerlichen Schichten zur Natur verbindet sich jetzt an Orten wie London oder Paris auch die Polemik gegen den »moralischen« Schmutz der Zivilisation in den großen Städten, die »urbane Pathologie«, wie Alain Corbin sie genannt hat.[2]

In Deutschland ist es Christoph Wilhelm Hufeland, Hofarzt in Weimar und Anhänger der neuen Lehre von den heilenden Kräften der Natur, der die Idee vom gesunden Wasser einem breiteren Publikum nahebringt. Hufeland hatte bei Georg Christoph Lichtenberg in Göttingen studiert und über ihn, den Englandreisenden, wohl von der dortigen Bäderdebatte Kenntnis erhalten. Im Juli 1790 veröffentlicht er im Weimarer *Journal des Luxus und der Moden* einen Aufsatz mit dem Titel »Nöthige Erinnerung an die Bäder und ihre Wiedereinführung in Teutschland, nebst einer Anweisung zu ihrem Gebrauche und bequemen Einrichtung derselben in den Wohnhäusern«.

Denn, so der Autor: »Alle Völker, die sich baden, sind gesünder und stärker, als die, die es nicht thun.«[3] Mit »Baden« meint er dabei in erster Linie Wannenbäder im Haus (er empfiehlt lauwarmes Wasser), daneben aber auch »so gut in jedem Bache als im Meer«.[4] Er wirbt für die Einrichtung von Badeanstalten an Flüssen und findet damit Zustimmung bei ärztlichen Kollegen.[5]

Dabei beruft sich Hufeland nicht nur auf Vorbilder »gesunder« Völker in der Vergangenheit, etwa »die alten Teutschen«, sondern auch auf das Beispiel der »Wilden« in Übersee: »Alle wilde Nationen suchen ihr Vergnügen und ihre Gesundheit im Baden.«[6] Auch andere Autoren bemühen die aufblühende Völkerkunde, um den »Teutschen« das Baden schmackhaft zu machen. Das ethnologische Argument mußte angesichts der zeitgenössischen Schwärmerei für die »edlen Wilden« besondere Strahlkraft haben. Hatte man in den Berichten über die Entdeckung Tahitis nicht lesen können, wie sich die jungen Körper dieser Kinder der Natur unbekümmert ins Meer warfen? Die zeitgenössische Argumentation macht nun die »Wilden« auch sportlich zum glänzenden Gegenbild der dekadenten europäischen Zivilisation.

In verschiedenen Ländern Europas entstehen jetzt erste Flußbadeanstalten, so 1760 in Paris, 1777 in Mannheim und 1781 in Wien.[7] Von freiem Baden konnte dort allerdings keine Rede sein: Man badete in abgeschlossenen Badehäuschen, durch die das Wasser hindurchfloß. Freies (und das hieß nacktes) Baden in der Natur – beliebt vor allem bei Kindern und jungen Männern der Unterschichten – war gleichzeitig immer wieder Gegenstand gesetzlicher Verbote seitens der Obrigkeit: Es sei gefährlich und es verstoße gegen die Sittlichkeit.[8] Wirkliche »Freibäder« werden erst sehr viel später entstehen, so etwa 1907 das Berliner Wannseebad, von dessen »Freizügigkeiten« noch die Karikaturen Heinrich Zilles eine Anschauung geben.

Vom Nutzen des Seewassers

Es war im Grunde nur ein kleiner Schritt, um in dieses Lob des Wassers auch jenes Gewässer einzubeziehen, das über die Jahrhunderte hinweg Gegenstand ganz besonderen Abscheus gewesen war: das salzige, unfruchtbare, »zusammenziehende«, »austrocknende« Wasser des Meeres. Im Jahr 1753 erschien in Oxford eine kleine Schrift mit dem trockenen Titel *A Dissertation concerning the Use of Sea Water in Diseases of the Glands*,[9] eine medizinische Fachpublikation, der jedoch ein großer Erfolg beschieden sein sollte; sie erschien 1769 bereits in der fünften Auflage. Nicht umsonst hatte der Verfasser, der aus Sussex stammende und später in Brighton praktizierende Arzt Richard Russell, seine lateinische Promotionsschrift *Über die Erweichung der Drüsen*[10] in der Volkssprache herausgebracht. Er wollte der Öffentlichkeit eine neue Idee vermitteln – und es sollte ihm in einer Weise gelingen, die ihn gewiß selbst in Erstaunen versetzt hätte.

Dabei ist Russells Text zu großen Teilen nichts anderes als eine hochspezialisierte medizinische Abhandlung. Der Autor, Anhänger des medizinischen Empirismus, stellt darin neununddreißig verschiedene Krankheitsfälle aus seiner Praxis vor, darunter die genannte »Drüsenerweichung«, ferner Rheumatismus, Ulcera, Skorbut, Gelbsucht, Hautfäule, Gonorrhoe, Herpes und Aussatz. Was alle diese Fälle verbindet, ist, daß die Kranken – oft nach anderen, vergeblichen Therapieversuchen – durch die Applikation von Meerwasser geheilt wurden. Russell verabreichte dabei das Wasser äußerlich oder innerlich in kleinen Dosen. Er rieb beispielsweise die erkrankten Körperteile damit ab oder verordnete Meerwasser als Trinkkur. Gern nutzte er dabei abgekochtes Seewasser oder versetzte es mit anderen Ingredienzien, etwa Meeresalgen, Blasentang, Fischgräten, Quecksilber oder Milch. Denn Russell war davon überzeugt, »daß der allweise Schöpfer aller Dinge das Meer dazu ausersehen hat, der körperlichen Verderbnis und Fäulnis entgegenzuwirken«. Und er hoffte, »daß künftige Experimente dartun möchten, wie viel größere Wohltaten es der Menschheit noch bringen kann«. Der Autor denkt natürlich an sein Fachgebiet, wenn er der Hoffnung Ausdruck gibt, daß »die Arzneimittellehre von diesem Teil der Natur zukünftig noch außerordentliche Bereicherung erfahren möge«.[11] Wie groß diese »Bereicherung« auf nicht-medizinischem Gebiet sein sollte, konnte er nicht ahnen; Russell starb sechs Jahre nach Veröffentlichung seiner *Dissertation* im Alter von 72 Jahren.

Wie bescheiden sich Russell mit seinen Praxisberichten, einigen »wenigen Beobachtungen«, wie er im Vorwort schreibt, auch gibt – seine Arbeit markiert eine entscheidende Wende nicht zuletzt in der theoretischen Bewertung des Meerwassers. Galt es vorher als Element der Fäulnis, so wird es jetzt zum therapeutischen Mittel gegen diese. Russells chemische Analyse des Meerwassers – »salzig, bitter, stickstoffreich und ölig«[12] – unterscheidet sich dabei nicht von früheren Bestimmungen, allerdings entwickelt er jetzt gerade daraus die therapeutischen Vorteile des Elements. Die Thalassotherapie war geboren. »Das Meer spült alle Übel von den Menschen ab«: Mit diesem kühnen Motto aus Euripides' *Iphigenie im Taurerlande* (Vers 1193) – kühn, weil Iphigenie mit diesem Satz ja gerade einen Betrug rechtfertigen will[13] – hatte Russell seine Dissertation eingeleitet, und in diesem Sinne lesen sich die Krankengeschichten, die er erzählt, oft wie säkulare Wunder. »Sie hatte viele Heilmittel versucht, aber es ging ihr immer schlechter…« – heißt es von einer Frau mit einem skorbutischen Hautausschlag; dann zieht die Patientin ans Meer, gebraucht Seewasser und ist in Kürze geheilt.[14]

Russell praktizierte seit 1753 in Brighton, und so lag es nahe, daß er in einigen Fällen Seewasser nicht nur als Medikament applizierte, sondern auch Seebäder verordnete.[15] Besonders eindrucksvoll ist ein Fall, den er aus der Praxis eines gleichgesinnten Kollegen mitteilt – auch er im Stil einer Wundergeschichte erzählt: Er handelt von einer 19jährigen, schönen und liebenswürdigen jungen Dame, die sich nach einem Unfall am Bein einen schweren Knochenfraß an der offenen Wunde zugezogen hatte. Acht Monate dauerte schon ihr Leiden, kein Heilmittel ärztlicher Kunst verfing:

> Unter diesen unglücklichen Umständen war die Dame gezwungen, das Haus zu hüten. Tag und Nacht fand sie keine Ruhe, aller Annehmlichkeiten des Lebens verlustig, ihrer Gefährten beraubt und nicht länger von einer Schar von Bewunderern umgeben, betrauerte sie einsam ihr unglückliches Los [...].
>
> Ein einziges, ja das einzige Heilmittel war noch nicht versucht worden, nämlich Meerwasser, dessen Kraft bei der Heilung von skorbutischen und vor allem skrophulösen Geschwüren von unseren besten Chirurgen häufig erprobt worden ist. Das unglückliche Mädchen wurde nach Newport auf der Isle of Wight gebracht, nicht weit von ihrem Wohnort entfernt. Dort entschlug sie sich aller anderen Medikamente mit Ausnahme von Eselsmilch[16] und trank Meerwasser nach üblicher Manier, was ihr, wie es gemeinhin der Fall ist, zunächst Übelkeit und Durst verursachte, Unannehmlichkeiten, die allerdings nach zwei oder drei Tagen rasch verschwanden. Das purgierte sie schließlich dreimal täglich, auch bemerkte sie keine Verminderung ihrer Kraft oder ihres Appetits, wenn sich diese Purgierung wiederholte, ja ihr Zustand verbesserte sich sogar von Tag zu Tag. Sie wurde darüber fröhlich, und kühner geworden in der Hoffnung auf die Wiederherstellung ihrer Gesundheit, badete sie im Meer, zunächst nur zweimal in der Woche, dann dreimal und schließlich täglich. Und jedesmal, wenn sie im Meer gebadet hatte, kehrte sie an Leib und Geist gekräftigter nach Hause zurück. Ich will Sie nicht länger mit Einzelheiten aufhalten, jedenfalls veränderte sich das Erscheinungsbild des Geschwürs nach vierwöchigem konsequentem Trinken und Baden zum Besseren [...].
>
> Und nachdem die junge Dame ihre Kraft und ihre Anmut wiedererlangt hatte, erstrahlte sie in neuer Blüte der Jugend, und ich zögere nicht zu sagen: Sie erhob sich aus dem Meer wie Venus, aufs höchste geschmückt mit Liebreiz und Schönheit.
>
> Richard Russell: A Dissertation on the Use of Sea Water, London 4th. ed. 1760, S. 137–39 (Übersetzung D. R.).

Eine neue Venus steigt aus dem Meer, das jetzt das Meer der Gesundheit ist. Aparter hätte sich die Geschichte dieser Heilung nicht auf den Punkt bringen lassen.

Mit Bademaschinen ins Meer

An Russells ehemaligem Wohnhaus an der *seaside* von Brighton ist heute eine Tafel angebracht, die mit folgender Inschrift an den Arzt erinnert: *If you seek his monument, look around.*[17] Das Meer selbst ist sein Denkmal! Richard Russell ist, ohne es zu wollen, der Gründervater des Seebads Brighton geworden, »Doctor Brighton« hat man ihn auch genannt.[18] Seiner schlichten *Dissertation* über den medizinischen Gebrauch des Seewassers folgten rasch Abhandlungen anderer Ärzte, die ähnliche Auffassungen vertraten. John Awsiter macht in seinen *Toughts on Brightelmston* (1768) den Begriff des *sea-bathing* populär und empfiehlt die Einrichtung von *bathing-machines* am Strand, um die Badenden vor Wind und Brandung zu schützen.[19] Neben *bathing* und *drinking sea-water* (das bis ins 19. Jahrhundert hinein in der Therapie eine wichtige Rolle spielt) kennt Awsiter auch die aktive Bewegung im Wasser, das *swimming*: »Schwimmen ist eine edle Übung für die Glieder.«[20] Und um die neue Idee zu popularisieren, verfaßt der rührige Doktor sogar ein Lied (sozusagen die erste »Strandhymne« der Welt) mit dem Titel *Neptune's Command*[21] – der römische Gott der Meere gebietet jetzt den Badenden. In die strenge ärztliche Therapie mischen sich die ersten vergnüglichen Elemente. Als dann 1786 der damalige Prince of Wales und spätere König George IV. in Brighton ein Landhaus erwirbt und die Mitglieder zahlreicher aristokratischer Familien in die Stadt lockt, kommt *sea-bathing* auch gesellschaftlich in Mode.[22] Nicht zuletzt König George III. verbringt ab den 1780er Jahren seine Sommerferien am Meer und nutzt am Strand von Weymouth vor den Augen der neugierigen Zuschauer die in Mode gekommenen *bathing-machines.*

Respekt vor dem Meer. Badeszene, um 1900

Wie man sich *sea-bathing* in der Praxis vorzustellen hat, illustriert am besten der dafür synonym verwendete Begriff des *dipping*: Baden war »Eintauchen«, *dipper* hießen die Führer der Pferdekarren, die den Gästen in einem hochzeremoniellen Akt zu einer kurzen Berührung mit dem noch immer fremden Element des Meeres verhalfen. Die schönste Beschreibung eines solchen Vorgangs verdanken wir dem Philosophen Georg Christoph Lichtenberg, der im Sommer 1775 den englischen Badeort Margate besucht hatte und dort selber ins Meer gestiegen war:

Man besteigt ein zweirädriges Fuhrwerk, einen Karren, der ein von Brettern zusammen geschlagnes Häuschen trägt, das zu beiden Seiten mit Bänken versehen ist. Dieses Häuschen, das einem sehr geräumigen Schäferkarren nicht unähnlich sieht, hat zwei Türen, eine gegen das Pferd und den davor sitzenden Fuhrmann zu, die andere nach hinten. Ein solches Häuschen faßt vier bis sechs Personen, die sich kennen, recht bequem, und selbst mit Spielraum, wo er nötig ist. An die hintere Seite ist eine Art von Zelt befestigt, das wie ein Reifrock aufgezogen und herabgelassen werden kann. […] An der hintern Türe findet sich eine schwebende aber sehr feste Treppe, die den Boden nicht ganz berührt. Über dieser Treppe ist ein freihängendes Seil befestigt, das bis an die Erde reicht und den Personen zur Unterstützung dient, die, ohne schwimmen zu können, untertauchen wollen, oder sich sonst fürchten. In dieses Häuschen steigt man nun, und während der Fuhrmann nach der See fährt, kleidet man sich aus. An Ort und Stelle, die der Fuhrmann sehr richtig zu treffen weiß, indem er das Maß für die gehörige Tiefe am Pferde nimmt, und es bei Ebbe und Flut, wenn man lange verweilt, durch Fortfahren oder Hufen immer hält, läßt er das Zelt nieder. Wenn also der ausgekleidete Badgast alsdann die hintere Tür öffnet, so findet er ein sehr schönes dichtes leinenes Zelt, dessen Boden die See ist, in welche die Treppe führt. Man faßt mit beiden Händen das Seil und steigt hinab. Wer untertauchen will, hält den Strick fest und fällt auf ein Knie, wie die Soldaten beim Feuern im ersten Gliede, steigt alsdann wieder herauf, kleidet sich bei der Rückreise wieder an usw. Es gehört für den Arzt zu bestimmen, wie lange man diesem Vergnügen (denn dieses ist es in sehr hohem Grade) nachhängen darf. Nach meinem Gefühl war es vollkommen hinreichend, drei bis viermal kurz hinter einander im ersten Gliede zu feuern, und dann auf die Rückreise zu denken.

For Bathing in the Sea at Margate. Werbeprospekt, 1791

Georg Christoph Lichtenberg: Warum hat Deutschland noch kein großes öffentliches Seebad? In: Schriften und Briefe, Bd. III, hrsg. v. W. Promies, München 1972, S. 97f.

Warum hat Deutschland noch kein großes öffentliches Seebad?

In Deutschland, dem meerfernen, konnte *sea-bathing* (es gibt nicht einmal ein linguistisches Äquivalent dafür) nur zögernd und mit großer zeitlicher Verschiebung Anhänger finden. Einen ersten Versuch, die Obrigkeit für die Einrichtung eines deutschen Seebades zu gewinnen, unternimmt im Juli 1783 der Juister Inselpastor Gerhard Janus. In einer Eingabe an König Friedrich II. weist er auf die gesundheitsfördernde Wirkung der Seeluft und des »Bades von See waßer« hin, aber sein Brief wird bei der preußischen Regierungskammer in Aurich zu den Akten gelegt.[23] Zehn Jahre später veröffentlicht Georg Christoph Lichtenberg im *Göttinger Taschen Calender* einen Aufsatz mit dem Titel »Warum hat Deutschland noch kein großes öffentliches Seebad?«.[24] Lichtenberg hatte 1774/75 in Brighton, Margate und Deal die heilsamen Wirkungen der Meerbäder am eigenen Leib erfahren und er, der immer wieder kränkelnde, rechnet diesen Aufenthalt am Meer zu den »gesündesten Tage[n] seines Lebens«.[25] Auch in Deutschland hatte er dann das Meer besucht, war in Cuxhaven ins Watt hinausgelaufen, begeistert wie ein Kind von den »Tausenden von Seegeschöpfen, die in den kleinen Vertiefungen zurückbleiben«.[26] Und sogar die denkbar größte Seereise an der deutschen Nordseeküste hatte er unternommen: auf die Insel Helgoland. Acht Tage hatte die Fahrt im Juli 1773 von Stade aus gedauert, zur Verproviantierung hatten die Reisenden sogar lebende Hühner mitgenommen, allein zwei Tage mußte man dann wegen der unruhigen See auf der Insel Neuwerk pausieren und »von der Sonne halb geröstet, mit einem über und über ausgefahrenen Munde, überteerten Kleide und einem Geruche wie ein getrockneter Scholle«[27] war der damals 31jährige Göttinger Professor wieder zurückgekommen, mit sechs Krügen Seewasser im Gepäck, bei Meeresleuchten abgefüllt. Aber seine »Seereise« (wie er sie selber nennt) sollte ihm im Gedächtnis bleiben: »Wer so etwas noch nicht gesehen hat, datiert ein neues Leben von einem solchen Anblick.«[28] Was er erfahren hatte, war die Überwältigung durch das Meer, einer Landschaft, die jetzt nicht mehr Gleichgültigkeit, ja Abscheu auslöst, sondern zu einem der großen Wunder landschaftlicher Erfahrung wird.

Georg Christoph Lichtenberg

Peder Severin Krøyer: Badende Jungen an einem Sommerabend am Strand von Skagen, 1899

Was Lichtenberg auf Helgoland ebenfalls voller Verwunderung beobachtete, waren die nackt im Meer badenden Kinder: »Sie schwimmen mit einer solchen Fertigkeit, als ich noch nie vorher gesehen hatte. Für 3 Groschen, die ich einem Jungen von 10 Jahren schenkte, schwamm er eine ziemliche Strecke in die See hinein und kehrte sich im Wasser um, so daß die beiden Füße nur allein zu sehen waren; plötzlich überpurzelte er sich wieder, wie ein Tümmler, und kam mit dem Kopfe hervor.«[29] Wieder sind es die Kinder, an denen die Erwachsenen das Vergnügen des Schwimmens erfahren können.

Und so wird der Göttinger Aufklärer und Universalgelehrte zum großen Propagandisten des Meerbadens. Er beschreibt seine persönlichen Badeerfahrungen in England, hebt die Heilkraft des Meeres und der reinen Seeluft hervor, rühmt mit Hering, Auster und Steinbutt auch die Vorzüge der marinen Küche und fragt schließlich, »wo nun in Deutschland ein solches Bad angelegt werden könnte«.[30] Dabei gibt er der bewegten Nordsee vor der stillen Ostsee den Vorzug und schlägt als mögliche Standorte Ritzebüttel bei Cuxhaven, die Watt-Insel Neuwerk und Helgoland vor. Im übrigen: »Fürs erste, keine Komödienhäuser, keine Tanzsäle, […] keine Pharaobänke [= Glücksspiele]«[31] – ihm geht es neben der Gesundheit nicht zuletzt um das erhabene Landschaftserlebnis des Meeres, dem sich »nichts in der Natur vergleichen läßt, als etwa der Anblick des gestirnten Himmels in einer heitern Winternacht«.[32]

Lichtenbergs Appell sollte freilich ungehört verhallen. Die »Herren Hamburger« (Lichtenberg) – Cuxhaven und Neuwerk gehörten damals zur Hansestadt – hielten die Einrichtung eines Seebades für puren Luxus;[33] vielleicht wogen in diesem Fall bei der Hamburger Kaufmannschaft, wie Wolfgang Promies vermutet, moralische Bedenklichkeiten schwerer als die Hoffnung auf ein lukratives Geschäft.[34]

Weitsichtiger reagierte ein Vertreter des Ancien Régime. Motiviert durch den Hofmedicus Samuel Gottlieb Vogel, einen Vertrauten Lichtenbergs, gründete 1794 der mecklenburgische Herzog Friedrich Franz in Heiligendamm bei Doberan an der Ostsee das erste deutsche Seebad, besuchte es auch selbst als Badegast und ließ am Ort eine Reihe repräsentativer Bauten errichten. Vogel begleitete die Initiative mit einer kleinen Schrift unter dem Titel *Zur Nachricht und Belehrung für die Badegäste in Doberan* (Rostock 1798), wohl dem ältesten touristischen »Badeführer« in Deutschland. 1797 folgte dann mit Norderney die Gründung des ersten deutschen Nordseebades. In rascher Folge finden weitere Gründungen statt.

Deutsche Seebäder-Gründungen

1794	Heiligendamm	1824	Swinemünde
1797	Norderney	1826	Helgoland
1802	Travemünde	1830	Langeoog
1804	Wangerooge	1840	Juist
1804	Dangast	1850	Borkum
1813	Haffkrug	1855	Westerland
1816	Cuxhaven	1876	Baltrum
1816	Neuendorf (Putbus)/Rügen	1890	Wittdün/Amrum
1819	Wyk/Föhr	1897	Bansin
1822	Düsternbrook (Kiel)		

Wie im Fall von Heiligendamm geht dabei die Initiative zunächst oft von Vertretern der Landesherrschaft aus (Norderney, Dangast, Wangerooge, Putbus/Rügen); später geben meist bürgerliche Vereinigungen den Anstoß zur Einrichtung einer »Seebadeanstalt«. Mit einer zeitlichen Verzögerung von rund einem halben Jahrhundert gegenüber England werden damit auch die Strände der Ostsee und der Nordsee zu Badestränden.

Prospekt, 1887

Englischem Vorbild folgt auch der Stil der »Bäderarchitektur«, wie er bis heute das Landschaftsbild vor allem an der pommerschen Ostseeküste prägt: mit den meist in weiß gehaltenen »Kurhäusern«, Seebrücken und Hotels oder Villen, die sich mit Veranden, Loggien, Erkern und Wintergärten dem Licht und der heilsamen Seeluft öffnen. Vorbehalten waren die Bäder bis zum Ersten Weltkrieg im wesentlichen den gesellschaftlichen Eliten, nobilitiert auch durch die Anwesenheit fürstlicher Besucher – der (moderne) Name der »Kaiserbäder« auf Usedom will daran erinnern.

Badesitten oder Vom richtigen Gebrauch des Meeres

Die Praktiken des Meerbadens – der übliche Ausdruck dafür war »das Meer gebrauchen«, erst später setzte sich »baden« durch – folgten dabei zum einem dem englischen Vorbild, zum andern orientierten sie sich an den seit Jahrhunderten bekannten Gepflogenheiten im Umgang mit heilendem Wasser in Thermal- und Kurbädern. Neben Trinkkuren mit Meerwasser (»purgierend«, »stärkt den Magen und macht Appetit«[35]) nahm man warme Wannenbäder in nahe am Strand gelegenen »Badehäusern«, für die eine bestimmte Architekturform typisch wurde: die flache zweiflügelige Anlage (für Damen und Herren getrennt) mit einem Zentralbau, oft im klassizistischen Stil. Mit einer Dampfmaschine wurde das Meerwasser in das Badehaus gepumpt,

Familienbad Norderney. Bildpostkarte, um 1910. Noch stehen die herkömmlichen Badekarren am Strand bereit, aber die meisten Badegäste scheinen inzwischen darauf zu verzichten und sich »frei« ins Meer zu begeben.

dort erhitzt und in die Wannen der Badekabinen geleitet, die auch über ein Ruhebett zur Erholung nach dem Bad verfügten.[36] Daneben gab es das sogenannte »kalte Seebad« mit den Badekarren nach englischem Vorbild oder in festen Badehäuschen am Strand, von denen eine Treppe ins Meer führte.[37] Empfohlen wurden dabei ein rasches Eintauchen und eine kurze Verweildauer im Wasser (»nicht über fünf, höchstens zehn Minuten«[38]). Auch zahlreiche Gegenanzeigen galt es zu beachten, zum Beispiel, so der Rostocker Medizinalrat Vogel, »große Vollblütigkeit, die Regeln beym Frauenzimmer, hohes Alter, Entzündungen«. Überhaupt dürfe man »nie ohne große Behutsamkeit und Überlegung kalt baden«, am besten »nie ohne den vorhergegangenen Rath eines erfahrenen Arztes«.[39]

Gebadet wurde nackt – so empfahlen es jedenfalls die Ärzte,[40] damit die Haut in unmittelbare Berührung mit dem Wasser komme und dieses seinen »wohltätigen Schauder« voll entfalten könne. Die Tatsache freilich, daß für Damen bereits früh *swim-suits* bzw. »Badekostüme« auftauchen (bis um 1900 meist den ganzen Körper bedeckend[41]), läßt darauf schließen, daß diese Regel sich wohl nicht allgemeiner Beliebtheit erfreute; schließlich gab der Badeanzug, wie schon Lichtenberg spöttelte, den Damen »das Sicherheitsgefühl der Bekleidung [...], das der Unschuld selbst im Weltmeere so wie in der dicksten Finsternis immer heilig ist«.[42] Der Spott über »badende Susannen« bei gleichzeitiger Faszination durch die »erotisch spekulative Form des Badekostüms« (Eduard Fuchs) wird bis ins 20. Jahrhundert hinein in Karikatur und »Sittengeschichte« eine Rolle spielen.[43] Zur gleichen Zeit wird die badende Frau am Meer zu einem beliebten Motiv der Malerei.[44]

Natürlich war strenge Geschlechtertrennung auch in Badekarren, -flößen oder -häuschen obligatorisch. Sie bestimmte auch dann noch das Strandleben, als es längst üblich geworden war, frei zu baden. An Nord- und Ostsee gab es bis zum Ersten Weltkrieg getrennte »Damen«- und »Herrenstrände«, erst in der Folgezeit setzten sich sogenannte »Familienstrände« ohne Geschlechtertrennung durch.[45]

Kurprinzip und Lustprinzip

Überhaupt ist die Geschichte des Meerbadens leitmotivisch geprägt von der Opposition zwischen Kurprinzip und Lustprinzip. Um ein neues »Freizeitmodell« gesellschaftlich akzeptabel zu machen, bedurfte es medizinischer Begründungen. Mit dem Argument, daß Baden der Gesundheit und der Heilung diene, bahnten Ärzte den Eliten den Weg zu neuen Verhaltensweisen, die bisher fremd und schambesetzt waren, nämlich der öffentlichen Entblößung und Zurschaustellung des eigenen Körpers. Eine solche Wegbereiterfunktion sollte die Medizin auch später haben, als es um die Propagierung neuer sportlicher Aktivitäten ging, deren Ausübung vor aller Augen ohne eine entsprechende »Begründung« geradezu als albern erscheinen mußte (man denke heute nur an *Jogging* oder *Nordic Walking*). Vermutlich erschien auch Meerbaden im 18. Jahrhundert vielen Menschen als albern, wenn nicht gar Schlimmeres. Als der erwähnte Tobias Smollett, nicht nur theoretisch vom Nutzen des Seewassers überzeugt, auf seiner Grand Tour 1764 in Nizza ins Meer stieg, bemerkte er: »The people here were much surprised«.[46] Da war es nur gut, eine »vernünftige« Begründung für ein solch »unvernünftiges« Tun parat zu haben, und sei es auch nur gegenüber sich selbst.

Alles in allem könnte man den Eindruck gewinnen, Meerbaden sei noch im 19. Jahrhundert nichts anderes als ein mit aller Vorsicht zu dosierendes Therapeutikum für Kranke gewesen. Zahlreiche gelehrte Abhandlungen über den »Nutzen« des Seebadens heben die heilenden Kräfte des Meeres hervor und stellen zugleich detaillierte Regeln auf, um Baden im Meer nicht zur Gefahr für Leib und Leben werden zu lassen: Man nehme vor dem Baden nur Leichtverdauliches zu sich, man entkleide sich nicht zu rasch, man bleibe nur wenige Minuten im Wasser und bade höchstens einmal am Tag. Glaubt man den Autoren, war das Baden im Meer eine ernste Angelegenheit. »Selten wird es einem Gesunden einfallen, bloß des Vergnügens willen ein Seebad zu besuchen«, kann man noch 1834 in Cottas *Morgenblatt für gebildete Stände* lesen.[47]

Die Emanzipation des Vergnügens

Nun erschien allerdings das *Morgenblatt* in Stuttgart und Tübingen, und allenfalls vom Rand der Schwäbischen Alb aus mochte ein solcher Eindruck noch stimmen. In Wirklichkeit spielte das »Vergnügen« bei Besuchern der Seebäder längst eine wichtige Rolle, dienten medizinische Indikationen wohl in vielen Fällen nur noch als Vorwand, um an einer in Mode gekommenen Freizeitform mit gutem Gewissen teilhaben zu können: als »gesunde Patienten« sozusagen, wie Lichtenberg sie in schöner Ironie nennt.[48] Vermutlich gehörte auch der Göttinger Philosoph selbst zu diesem Menschenschlag, wenn er, nun allerdings nicht in seinem Seebäder-Appell, wohl aber in einer privaten Notiz über seinen Kuraufenthalt in Margate festhält: »Margate. Es geht da so wie an allen Orten, wo Bäder sind, man holt ein bisgen verlohrne Gesundheit und verliehrt sein Herz.«[49]

Ähnlich wie Lichtenberg wird es in Zukunft nicht wenigen Menschen ergehen, die am Meer offiziell Heilung suchen und diese durchaus auf andere Weise finden. So verbringt Heinrich Heine – der erste Dichter-Badegast der Nordsee – die Sommerwochen 1825 und 1826 auf der Insel Norderney, nach seiner Promotion in Göttingen gesundheitlich angeschlagen und an chronischen Kopfschmerzen und Überreizung der Nerven leidend; durch stärkende Bäder im »Salzwasserelement« will er sich, wie er schreibt, der »Beihülfe meiner Physis« wieder versichern.[50] Aber der medizinisch empfohlene junge Kurort ist längst Tummelplatz lockerer Geselligkeit geworden – »high life« nennt es Heine.[51] Zahlreiche alleinstehende *Demoiselles* verbringen den Sommer am Meer (auf der Suche nach Heilung natürlich auch sie), Heine wechselt verliebte Blicke mit attraktiven Strandbekanntschaften, macht den »schönen Weibern die Cour«,[52] besucht fleißig die Spielbank und die Bälle im »Conversationshaus«. »Es ist hier sehr amüsant. Wellengeräusch, schöne Frauen, gutes Essen und göttliche

Ostseebad Dahme in Holstein, 1911

Ruhe«, so resümiert er seinen Kuraufenthalt im Brief an einen Freund. Und: »Es liegt eine Süßigkeit eigener Art in dieser unbestimmten Lebensart.«[53] Ein derartiger »Gebrauch« des Meeres entsprach nun ganz und gar nicht den ärztlichen Anweisungen, zahlte sich aber am Ende doch auch für die »Physis« des Dichters aus: »Das Bad bekömmt mir sehr gut«, stellt Heine schon nach kurzem Aufenthalt auf Norderney fest.[54]

Denn längst hatte sich in den Strandbädern parallel zum medizinischen Kurbetrieb eine Infrastruktur geselliger Vergnügungen entwickelt, die ihr bewährtes Vorbild ebenfalls in den *Spas* hatte, also den klassischen Kurbädern. *Leisure facilities* heißen sie in den englischen Strandbädern, und dazu gehören Kaffeehäuser, *Hunting Sports, Cricket,* Spielcasinos, Redoutensäle, Promenaden, Theater, Modegeschäfte, Leihbibliotheken und andere Orte der Begegnung, zugeschnitten auf die Bedürfnisse einer »Spaßgesellschaft«, die keineswegs nur zur Badekur reist, um im Meer auf die Knie zu fallen und Seewasser zu trinken. Für Brighton vermeldet eine Kriminalstatistik schon früh eine auffallend hohe Zahl von Betrunkenen,[55] und in Deutschland beklagt der Norderneyer Badearzt Friedrich Wilhelm von Halem 1816 »das widersinnige Benehmen mehrerer Badenden gegen alle bekannt gemachte Bade-Regeln«.[56] Jane Austen, selbst Liebhaberin der Seebäder, schildert in ihrem unvollendeten Roman *Sanditon* (1817) mit liebevoll-ironischer Distanz den noch nicht ganz gelungenen »Aufstieg« eines kleinen Fischerdorfes an der Küste von

Sussex zu einem solchen mondänen »Kurbad« samt der komischen Bemühungen des Investors, es durch entsprechende Einrichtungen attraktiv zu machen: »Das Meer ist genau das Richtige. Salzluft und Bäder, etwas Besseres kann es gar nicht geben.«[57]

Auch die deutschen Strandbäder an Ost- und Nordsee folgen diesem Vorbild, setzen auf attraktive Einrichtungen des gesellschaftlichen Lebens, wenngleich, verglichen mit England, in bescheidenerer Form. Und schließlich wußten ja auch kluge Ärzte: »Aufheiterung jeder Art ist unstreitig eines der wichtigsten Mittel, um eine Badekur in vollem Umfange gedeihlich zu machen.«[58] *Heic te laetitia invitat post balnea sanum:* Dieses Motto ziert bis heute den Giebel des 1814 errichteten Kurhauses in Heiligendamm. »Frohsinn erwartet dich, hier nach den Bädern gesundet«: So die Übersetzung im intendierten Sinn. Der Satz ließe sich freilich, linguistisch ebenso korrekt, auch folgendermaßen übersetzen: »Frohsinn erwartet dich, den Gesunden, hier nach den Bädern.« Denn ob der Frohsinn den Bädern folgt oder selbst zu ihrem Inhalt wird, darf auf dem Feld der marinen Badekultur durchaus eine offene Frage bleiben.

In jedem Fall zeigt deren Entwicklung in den letzten 250 Jahren die deutliche Tendenz einer »Enttherapeutisierung« des Meerbadens. Es hatte als ärztliche Indikation seinen Anfang genommen, versprach, begleitet und unterstützt von gelehrten medizinischen Traktaten, Heilung für allerlei körperliche, seelische und zivilisatorische Leiden. Aber die Begegnung mit dem Meer, die Erfahrung des Strandes, des eigenen Körpers und die Vergnügungen einer neuen Freizeitgesellschaft beginnen die marine Badekultur zunehmend zu verändern: Das Lustprinzip gewinnt gegenüber dem Kurprinzip die Oberhand. Und die Ärzte verlieren mehr und mehr die Definitionshoheit über den Nutzen und Schaden des Meeres. Zwar haben sie – und ihnen folgend Volkserzieher, Bademeister, Lehrer, Väter und Mütter – mit der Aufstellung von Gesundheitsprogrammen und Baderegeln immer wieder versucht, das Heft in der Hand zu behalten, am Ende haben sich dennoch die Badegäste ihrer Autorität entzogen.

Der Faktor »Gesundheit«, auf den noch bis in die Zeit nach dem Zweiten Weltkrieg die Seebäderwerbung in Deutschland setzte, hat längst seinen Werbewert eingebüßt. Einst beliebte »Trinkkuren« spielen (ähnlich wie in den Bädern des Binnenlandes) kaum noch eine Rolle, an die einstmals so überaus heilsame »Seeluft« erinnert nur noch der Begriff des »Luftkurortes«, der »Badearzt« ist nur noch ein schöner Titel und in den früheren »Kurmittelhäusern« haben sich längst Mode-, Schuh- und Souvenirläden eingemietet. Schon der Begriff des »Seebades« wirkt heute obsolet, längst hat ihm der *Beach* oder die *Playa* den Rang abgelaufen. Und wer sie besucht, definiert das alte Bädermotto *Quisisana* nach seinem persönlichen Geschmack.

Das Kurhaus in Heiligendamm. Bildpostkarte, um 1920

Wilde Wogen, freies Schwimmen
Die neue Lust an der Natur

De arte natandi

Eine lateinische Überschrift leitet auch den Versuch ein, der Geschichte einer freieren, quasi »spontanen« Annäherung an das nasse Element nachzugehen, an ein Baden und Schwimmen außerhalb des medizinischen Diskurses und der institutionalisierten marinen Badekultur.

Im Jahr 1538 erscheint in Augsburg eine seltsame kleine Schrift mit dem Titel *Colymbetes sive De arte natandi dialogus*, also ein Dialog über »Die Kunst des Schwimmens«. Sein ansonsten unbekannter Verfasser nennt sich Nicholaus Wynmann, ist Professor der Sprachen in Ingolstadt und widmet sein Werk dem zwanzigjährigen Johann Georg Paumgartner, dem Sohn des Nürnberger Kaufmanns Johannes Paumgartner. Geschrieben sei es nun allerdings nicht, so der Verfasser, um den jungen Mann das Schwimmen zu lehren, sondern um ihn und andere Jünglinge gegen die Gefahren aus dem Wasser zu wappnen.[1] Um dies zu vermitteln, führt der Text ausführlich und umständlich in die Technik des Schwimmens ein – *Colymbetes* (nach dem Griechischen wörtlich »Der Taucher«) ist die älteste »Schwimmlehre« der Geschichte.

Interessant ist dabei, was der Autor über seine eigene Schwimm-»Kunst« mitteilt. Wynmann, im Kanton Wallis aufgewachsen, erzählt nämlich, seine Mutter habe ihn im Alter von dreizehn Jahren seiner schwächlichen Konstitution wegen in ein Thermalbad gebracht. Dort habe er gesehen, daß die anderen Knaben alle schwimmen konnten, und sie hätten es auch ihm beigebracht – *pedibus manibusque remigandum*, »mit Füßen und Händen müsse man rudern«. Dabei habe er sich jedoch in große Gefahr gebracht und wäre beinahe ertrunken. Schwimmen jedenfalls war für die Buben an dem nicht genannten Badeort etwas Selbstverständliches.

Bereits wenige Jahrzehnte später und tausend Kilometer von Ingolstadt entfernt erscheint ein weiteres Werk mit dem Titel *De arte natandi* (London 1587). Sein Verfasser ist Everard Digby, Magister am St. Johns College in Cambridge. Auch sein Traktat ist einem Jugendlichen gewidmet und will – ähnlich wie sein Vorgänger – vor den Gefahren des Schwimmens warnen. Und auch er tut dies, indem er, noch ausführlicher als Wynmann, die Praxis des Schwimmens und dessen verschiedene Stile (Brust-, Rückenschwimmen, Tauchen, Springen etc.) erläutert und sogar durch beigegebene Holzschnitte illustriert; acht Jahre später wird es in die Volkssprache übersetzt.[2] Und auch in Frankreich erscheint eine solche illustrierte Schwimmlehre, wird ihrerseits ins Englische übersetzt[3] und wie die beiden anderen Werke später noch verschiedentlich nachgedruckt.

Daß Kinder und Jugendliche durch eine *Ars natandi* das Schwimmen gelernt hätten oder von ihm abgehalten worden wären, darf man bezweifeln. Das Auftauchen und der Erfolg dieser didaktischen Literaturgattung verweist vielmehr auf das neue Interesse der Erzieher an einem Phänomen der Jugendkultur, das sich jetzt offenbar auch bei Heranwachsenden aus aristokratischen und bürgerlichen Schichten zunehmender Beliebtheit erfreut: dem freien Schwimmen. Glaubt man den Autoren, würden dabei zahllose Jugendliche ihr Leben einbüßen. Aber mit den Warnungen vor dem »falschen« verbindet sich bei den Pädagogen eine Hochschätzung des »richtigen« Schwimmens, wie sie den höfischen Erziehungsprogrammen des Mittelalters noch

Illustrationen aus Everard Digby, *De arte natandi*, 1587. »Beim Betreten des Wassers langsam voranschreiten, den Körper ausspannen und zugleich die Hände vorstrecken, dabei die Augen gerade nach vorn richten«.

Badende Knaben. Aus Sodomas Freskenzyklus zum Leben des heiligen Benedikt im Kloster Monteoliveto Maggiore, 1505 (Detail)

fremd war.[4] Je edler die Lebewesen seien, um so besser könnten sie schwimmen, schreibt Digby: Man lege einen Wurm ins Wasser, und er wird untergehen, der Löwe hingegen schwimme leicht und ausdauernd. Und nur vom Menschen werde er darin noch übertroffen: *homo caeteris animalibus natando praecellit*, »der Mensch übertrifft im Schwimmen alle anderen Lebewesen«.[5] Das Schwimmen, richtig praktiziert, wird Teil der Erziehungslehre.

Eine zeitgenössische Darstellung von Jugendlichen, die fröhlich und unbekümmert schwimmen, kann man auf einem berühmten toskanischen Freskenzyklus entdecken: Sodomas Leben des heiligen Benedikt in der Abtei Monte Oliveto Maggiore (1505): Der Maler hatte ein Wunder des Heiligen an einem See darzustellen und bringt dabei als Randfiguren eine Gruppe nackter Jungen ins Bild, die sich ins Wasser stürzen und dort herumtollen.[6]

Schwimmen im Programm der »natürlichen Erziehung«

Es ist dann Jean-Jacques Rousseau, der mit seinem Buch *Emile oder Über die Erziehung* (1762) das freie Schwimmen der Kinder als Bestandteil seines Konzepts einer »natürlichen« Erziehung feiert. Warum müssen die Kinder der Eliten das Reiten lernen, »aber fast keiner von ihnen lernt schwimmen?«, fragt Rousseau. Und er antwortet: »Weil es keine Geldkosten verursacht, und weil ein Handwerker ebensogut schwimmen lernen kann wie jeder andere.« Aber Schwimmen ist für ihn noch mehr als das Lernziel einer nicht-ständischen, gleichsam »demokratischen« Erziehung. Es ist auch Ausdruck einer elementaren Freude am natürlichen Element des Wassers: »Emil wird sich im Wasser ebenso sicher fühlen wie auf dem Land. Wären wir nur imstande, in allen Elementen zu leben! Könnte man lernen, sich in die Lüfte emporzuschwingen, so würde ich einen Adler aus ihm machen, einen Salamander dagegen, wenn man im Feuer zu leben vermöchte.« Also wird sein Emile schon in früher Kindheit das Schwimmen lernen und daher auch frei im Meer sich umtun können: »In einem Kanal seines Vaters wird er den Hellespont durchschwimmen lernen«, schreibt er hochtönend[7] – sein idealer Schüler wird es also dem antiken Leander gleichtun.

Vergnügungen der Jugend und des männlichen Alters. Kupferstich von Daniel Chodowiecki zu Johann Bernhard Basedows *Elementarwerk*, 1774

In Deutschland greift Jean Paul Rousseaus Ideen einer natürlichen Erziehung auf, plädiert in seinem Buch *Levana* (1807) dafür, die Kinder »klettern, voltigieren [= springen], schwimmen, wettlaufen, ballspielen und kegeln« zu lassen.[8] Es ist das Programm einer, wie er schreibt, »leiblichen Allseitigkeit«,[9] wie es zur gleichen Zeit auch die Philanthropen in ihren Erziehungsanstalten umzusetzen suchten, etwa Basedow in seinem Dessauer Philanthropin. Auch die Volksaufklärer – so Rudolf Zacharias Becker in seinem weit verbreiteten *Noth- und Hülfsbüchlein für Bauersleute* – raten den Vätern dazu, ihren Kindern das Schwimmen beizubringen.[10]

In Salzmanns pädagogischer Musteranstalt in Schnepfenthal wird Johann Friedrich Guthsmuths zum großen Propagandisten des jugendlichen Schwimmens. Mit seinem *Kleinen Lehrbuch der Schwimmkunst zum Selbstunterrichte* (Weimar 1798) überführt Guthsmuths das Anliegen der älteren *Artes natandi* ins Programm einer allgemeinen Pädagogik nach aufgeklärten Grundsätzen: »Das Schwimmen muß ein Hauptstück der Erziehung werden.«[11] Erstaunlicherweise findet sich dort auch ein ganzes Kapitel mit der

Überschrift »Ueber das Verhalten des Schwimmers im stürmischen Meere nach erlittenem Schiffbruche« – vermutlich hatte der aus Quedlinburg gebürtige Guthsmuths von dergleichen Seeabenteuern in Reisebeschreibungen und Romanen gelesen. Aber wer wollte denn ausschließen, daß auch ein Kind aus dem thüringischen Schnepfenthal irgendwann einmal in eine ähnliche Lage kommen könnte?

> Es wird zwar Niemand einfallen, bloß zum Vergnügen in die stürmische See zu schwimmen, allein Schiffbrüche und ähnliche unglückliche Vorfälle sind nichts Seltenes. [...]
>
> Wie hat sich der Verunglückte beym Schiffbruche nahe an der Küste zu verhalten?
>
> Er entferne sich so schleunig als möglich vom Gestade, damit ihn die Wellen nicht dagegenschleudern und zerschmettern. [...] Für den Schwimmer wird diese Regel noch unnachläßlicher, wenn das Ufer eine starke Brandung hat. Hier muß er mit der möglichsten Anstrengung von der Küste schwimmend sich hinaus ins offne Meer arbeiten, um sich hier zu sammeln und Zeit zu den nöthigen Maaßregeln zu gewinnen. Oft ist das schon mit einer durchschwommenen Strecke von 50 Schritten [= ca. 350 Metern] gethan.
>
> Er vermeide, wenn er zu landen gedenket, ja solche Stellen, wo das Ufer mit Felsen bedeckt ist. Ein kluger Steuermann wählt, wenn der Sturm ihn gewaltsam nöthigt, wenigstens das flache Ufer, wenn er sein Schiff auf das Land laufen läßt. [...]
>
> Stürzt dich der Schiffbruch einst gar mitten in die Brandung und du kannst durch die empörte Oberfläche nicht entkommen, bist aber ein guter Taucher, so geh unter das Wasser und mache hier deinen Weg, denn gewöhnlich findet die wirbelnde Bewegung nur auf der Oberfläche, bis zu einer Tiefe von 15 Schuh [= ca. viereinhalb Meter] statt.

Johann Christoph Friedrich Guthsmuths: Kleines Lehrbuch der Schwimmkunst zum Selbstunterrichte, Weimar 1798, S. 72–78.

Schiffbruch für Kinder. Illustration von Ambrosius Gabler zu Johann Georg Lederer, *Der kleine Lateiner oder gemeinnützige Kenntnisse aus der Natur und Kunst*, Leipzig 1796

Genietreiben im Wasser

Die positive Bewertung des Schwimmens in der bürgerlichen Erziehung begleitet jene Hinwendung zur freien, »wilden« Natur, wie sie auch für die Landschaftsästhetik der Aufklärung charakteristisch war. Nicht nur Flüsse und Seen, auch das Meer wird jetzt als Ort des freien Schwimmens entdeckt – ohne *swimming-machine*, Badekarren oder Bademeister. Nicht zuletzt auf Reisen, in der Anonymität der Fremde, konnte man sich diesem neuen, exotischen Vergnügen hingeben. Der älteste (mir) bekannte autobiographische Bericht über ein solches Bad im Meer stammt von dem erwähnten Tobias Smollett, der nicht nur ein kluger Arzt, sondern auch ein großer Reisender war. In seinen *Travels through France and Italy* (1766) berichtet er aus Nizza im Mai 1764:

> Ich möchte jetzt auf das Baden zu sprechen kommen, und ich denke, daß es Sie interessieren könnte zu erfahren, daß es hier zwar einen schönen offenen Strand gibt, der sich einige Meilen westwärts von Nizza erstreckt, daß aber diejenigen, die baden möchten und nicht schwimmen können, dies mit großer Vorsicht tun müssen, weil das Meer sehr tief ist und schon ein bis zwei Yard [= ca. 1,80 Meter] nach dem Einstieg abrupt abfällt. Die Leute waren sehr erstaunt, als ich Anfang Mai zu baden anfing. Sie hielten es für sehr seltsam, daß ein Mann, der doch tuberkulosekrank sein mußte, ins Meer eintauchen wollte, vor allem wenn das Wetter so kalt war, und einige der Ärzte prognostizierten mir einen raschen Tod. Aber als bekannt wurde, daß es mir nach dem Baden besser ging, unternahmen einige Schweizer Offiziere den gleichen Versuch, und innerhalb weniger Tage folgten verschiedene Einwohner Nizzas unserem Beispiel. Es gibt allerdings keine Bequemlichkeiten für diese Angelegenheit, von dessen Wohltaten daher das schöne Geschlecht gänzlich ausgeschlossen sein muß, es sei denn, es ließe jede Rücksicht auf Schicklichkeit fallen, denn der Strand ist mit Fischerbooten und Menschen bevölkert. Auch wenn sich eine Dame den Aufwand eines Zeltes am Strand leisten könnte, um dort ihr Badekleid an- und auszuziehen, könnte sie nicht ohne schickliche Begleitung ins Meer gehen oder kopfüber ins Wasser springen, was die wirkungsvollste und am wenigsten gefährliche Art des Badens ist. Das einzige, was sie tun kann, ist, sich Seewasser ins Haus bringen zu lassen und eine Badewanne zu benutzen, was gemäß ihrer eigenen Anordnung oder der eines Arztes geschehen kann.

Tobias Smollett: Travels through France and Italy, hrsg. v. J. Morris, Fontwell 1969, S. 239f. (= 23. Brief, Nizza 19.12.1764). (Übersetzung D. R.).

Die Grand Tour, vor allem die Reise nach Italien, wird auf diese Weise zum Experimentierfeld freien Badelebens, eines zunächst exklusiv männlichen Vergnügens. Die Reisenden, in ihren Heimatländern meist bekannte Persönlichkeiten, konnten dabei im Süden Verhaltensweisen praktizieren, die im Norden rasch die Grenzen des »Schicklichen« berührt hätten. In der britischen Kolonie in Neapel unter Lord Fortrose scheint sich dabei ein regelrechtes Zeremoniell ausgebildet zu haben, wie wir einem Bericht von Patrick Brydone, Mitglied der Royal Society in Edinburgh, von 1770 entnehmen können: »Wir treffen uns jeden Morgen um 8 Uhr und rudern etwa eine halbe Meile aufs Meer hinaus, dort ziehen wir uns aus und springen ins Wasser [...] Nach dem Bad haben wir ein englisches Frühstück bei seiner Lordschaft und nach dem Frühstück ein reizendes kleines Konzert, das etwa anderthalb Stunden dauert.«[12] Schwimmen im Meer ist hier nicht mehr medizinisches Heilmittel, es ist, wie gemeinsames Essen und Musizieren, Bestandteil kultivierter Lebenspraxis. Bei einem dieser *after-bathing concerts* in der Villa von Lord Fortrose waren im Sommer 1770 übrigens auch Leopold und Wolfgang Amadeus Mozart zu Gast.

Eine Generation später sind es die englischen Romantiker, die dem Meer nicht nur in ihren Gedichten huldigen. Für Byron, Shelley, Trelawny und ihren Anhang wird das Leben am Meer zu einer der großen Vergnügungen eines begeistert genossenen Freundschaftskults. Was Trelawny in seinen Erinnerungen vom Aufenthalt der drei Freunde am Golf von La Spezia 1822 berichtet, die mit dem Boot über den Golf segeln, um die Wette schwimmen, im Wasser essen, Brandy trinken, schwadronieren und sich dabei groß und glücklich fühlen,[13] unterscheidet sich nicht mehr sehr von heutigem marinem Badeleben, war damals allerdings noch eher ein exklusives Künstlerprivileg. Und Mary Wollstonecraft, Shelleys Ehefrau, blieb davon natürlich ausgeschlossen. Auch die Lust am Untergang war mit im Spiel, der Flirt mit dem Tod. »Er kreischte – nicht vor Angst, sondern vor Entzücken –, wenn die hohen Wellen sich hinter ihm auftürmten und sich schäumend brachen«, berichtet Trelawny über Shelley.[14] Das Meer ist dem Dichter, der selbst nicht schwimmen konnte, dann auch zum Verhängnis geworden: Er ertrank während einer stürmischen Segeltour bei Viareggio.

Mit Lord Byron nimmt das Schwimmen im Meer sportliche Züge an. Byron schwimmt nicht nur in Venedig durch den Canal Grande und über die Lagune bis zum Lido, dabei andere zu Wettkämpfen herausfordernd,[15] sondern überquert 1810 auch schwimmend den Hellespont (als erster, von dem es darüber eine Nachricht gibt), feiert die Tat anschließend in einem »Schwimm-Gedicht«, in dem er, »degenerierter moderner Wicht« (*degenerate modern wretch*) seine Tat ironisch mit der Leanders vergleicht: *for he was drowned, and I've the ague*, »denn er ertrank, und mir ist kalt«.[16]

Anders, wenn überhaupt, fand freies »weibliches« Schwimmen statt. Als Marguerite Lady Blessington 1823 mit Ehemann und Dienerschaft bei Formia in Süditalien die sogenannte »Villa des Cicero« besucht, wird sie in der einsamen Landschaft und in Erinnerung an das tragische Schicksal Ciceros von Rührung übermannt: »Am Ende eines Orangenhains befinden sich einige von der See umspülte Ruinen, die einen Teil der Villa bildeten und wahrscheinlich die Bäder waren, und ich kann versichern, daß es nie klarere gegeben hat. Verlockt durch ihre Abgeschiedenheit und die Reinheit des Wassers badete ich heute am frühen Morgen darin.«[17]

In Deutschland gehört Klopstock zu den ersten prominenten Schwimmern. Im Sommer 1776 (da ist er 52 Jahre alt) vergnügt er sich mit dem jungen Dichterkollegen Friedrich Leopold zu Stolberg in der Kieler Förde; sie albern im Wasser herum, deklamieren Homer und spielen Poseidon. »Wenn er es mit Poseidaonen zu laut machte und es gar selbst seyn wollte, so bekam er solche Wellen ins Gesicht, daß er fliehen mußte.«[18] Bei den Professoren der Kieler Universität, von der aus man den Badeplatz einsehen konnte, erregen sie mit ihrem Treiben Aufsehen und Ärger – freies Baden war Provokation. Noch die spätere Gründung des Kieler Seebades mit all ihren vorgesehenen »Schicklichkeiten« führte zu einer Eingabe der Universität, die um den Arbeitseifer und die guten Sitten ihrer Studenten fürchtete: »Badeort und Universität kann dieselbe Stadt nicht sein.«[19]

Provokationen dieser Art waren vielleicht nicht einmal unbeabsichtigt, verweisen in jedem Fall auf Konflikte in den zeitgenössischen Lebensstilen. Es waren die jungen genialischen Schwärmer des »Sturm und Drang«, die in bewußtem Kontrast gegen zivilisatorische Regeln und Etikette auch die Liebe zur »wilden« Natur und zum wilden Wasser gepflegt, die Lust an der eigenen Körperlichkeit kultiviert haben. Als Goethe 1775 mit den Brüdern Friedrich und Christian zu Stolberg in der Schweiz unterwegs ist, erregen sie durch ihr Nackt-Baden »Ärgernis«.[20] Später, als Minister in Weimar, trägt er beim Schwimmen in der Ilm allerdings einen Badeanzug, badet dort im übrigen – offensichtlich aus Gründen der Dezenz – vor allem nachts.[21] Auf späteren Reisen scheint er sich seiner Schwimmkünste nicht allzu sicher gewesen zu sein. In der Rhone und im Tiber in Rom badet er im »sichern Badhäuschen«,[22] mit dem Meer hat er offenbar nie schwimmend Bekanntschaft gemacht.

Anders fast zur gleichen Zeit der Karlsruher Architekt und Goethebewunderer Friedrich Weinbrenner. Aber sein Bericht von einem Meerbad 1794 auf Capri zeigt doch noch immer eine fast rührend anmutende Hilflosigkeit gegenüber dem Element: »Wir badeten mehrmals im Meere und fanden bei dieser Gelegenheit, daß man zwar nicht [...] ohne alle künstliche Bewegung, jedoch mit leichter Mühe und einer kleinen Bewegung auf dem Wasser schwimmen und auch in demselben aufrecht, ohne tiefer als bis zur Mitte der Brust einzusinken, sich fortbewegen könne.«[23]

Es sollte noch lange dauern, bis Schwimmen im Meer für die Mehrzahl der Deutschen zu einer Selbstverständlichkeit wurde – und das Mittelmeer wird dabei eine wichtige Rolle spielen.

Félix Vallotton: Badende, 1905

Das deutsche Mittelmeer
Geschichte einer besonderen Beziehung

Mervart. Pilger und Kreuzfahrer

Wo liegt das Meer der Deutschen? Natürlich dort, wo seit Jahrhunderten ihre Sehnsucht Erfüllung sucht: im Süden. Das Meer der Deutschen ist das Mittelmeer. Daß, anders als bei anderen Nationen, das deutsche Urlaubsmeer nicht die Küsten des eigenen Territoriums bespült, daß, wer es erreichen möchte, sich auf den Weg machen, die Barriere der Alpen überwinden oder Tausende von Kilometern in der Luft hinter sich bringen muß – das macht die besondere Beziehung der Deutschen zu diesem Meer aus. Es ist ein Sehnsuchtsmeer in der Ferne.

Die Geschichte dieser besonderen Beziehung ist alt, sie beginnt im Mittelalter. Die *mervart* (»Meerfahrt«) führte Pilger und Kreuzfahrer ins Heilige Land, *über mer daz kriuze nemen* lautete die Formel für den Aufbruch zum Heiligen Grab,[1] und das mittelhochdeutsche Wort *mer* war dabei synonym mit dem »Mittelmeer«. Denn Pilgerreise und Kreuzzug waren die beiden Felder, auf denen sich die Bewohner der deutschsprachigen Binnenländer zum ersten Mal einen anschaulichen Begriff von einem Meer machen konnten – von jenem Meer im Süden, das die Karten mit *mare mediterraneum* bezeichneten und das sie, meist in Venedig in See stechend, über die Häfen Dalmatiens, Korfu, Kreta und Zypern befuhren, auf der alten Route entlang der Küsten und Inseln. Schöne, reiche und herrliche Länder habe er dabei gesehen, singt Walther von der Vogelweide in seinem *Palästinalied,* vor allem aber sei ihm erst jetzt, auf dieser Reise, der Sinn des Lebens offenbar worden.[2] In der Pilgerfahrt hat die Geschichte einer Sehnsucht ihre Wurzeln, die sich tief in das kollektive historische Bewußtsein der Deutschen eingebrannt hat.

Auch das älteste deutschsprachige Gedicht, das eine solche »Meerfahrt« recht anschaulich beschreibt (sozusagen das erste Mittelmeer-Opus der deutschen Literatur), stammt aus dem Kontext der

Kreuzzüge. Sein Verfasser ist der unter dem Namen »Tannhäuser« bekannte süddeutsche Minnesänger, der vielleicht am Kreuzzug Kaiser Friedrichs II. (1228/29) teilnahm, und sein Gedicht schildert detailliert die Mühseligkeiten seiner Reise: einen nächtlichen Schiffbruch bei Kreta, einen sechstägigen Sturm, eine Flaute, den Gestank an Bord, das schlechte Essen, den schimmeligen Wein. *Ich swebe ûf dem sê*, »Ich schaukle auf dem Meer«: Damit beschwört der Dichter das Elend einer solchen Fahrt über das Mittelmeer aus der Perspektive eines binnenländischen Abenteurers. Glücklich der Mann, der jetzt auf dem festen Land sein, in Apulien zur Falkenjagd gehen und den schönen Damen den Hof machen könne. Immerhin ist der süddeutsche Sänger schon so weit meridionalisiert, daß er stolz die Namen der zwölf Winde – von *Tramontana* bis *Scirocco* – aufzählen kann: »Denn wär ich auf dem Land/Die Namen wär'n mir unbekannt.«[3] Die Erfahrung der Winde und ihrer unterschiedlichen Eigenschaften – offenkundig ein faszinierendes Thema für den Binnenländer – wird auch in Zukunft bei der Erfahrung des Mittelmeers immer wieder eine Rolle spielen.[4]

Grand Tour

In den Jahrhunderten der Neuzeit ist es dann die Grand Tour, ist es der aus ihr sich entwickelnde Bildungs- und Künstler-Tourismus, der den Bewohnern der Binnenländer die Wunder und die Schrecken des Mittelmeers nahebringt. Während die marinen Staaten von Portugal bis Großbritannien über alle sieben Meere die Erde erobern, zieht es die Deutschen ans Mittelmeer: zur Bildung, zur Erholung, zum Vergnügen. Italien spielte dabei von Anfang an im Reiseprogramm der Grand Tour die wichtigste Rolle. Dort und nicht an den heimischen Meeren des Nordens lernen die Deutschen das Meer kennen und lieben. Was hätte das »graue Meer« im Norden (Theodor Storm), die ewig sturmgepeitschte Nordsee, was hätte die beschauliche Ostsee dagegen zu bieten gehabt? Als Theodor Fontane, immerhin ein Reisender mit beachtlicher Ost- und Nordsee-Erfahrung, im Juli 1880 mit dem Fährboot nach Norderney übersetzt, schreibt er lakonisch an seine Frau Emilie: »Die Fahrt [...] war sehr schön und dauerte zwei Stunden. An die von Capri nach Sorrent reicht sie aber doch nicht.«[5] Es war das unerfreuliche Schicksal von Nord- und Ostsee, stets mit dem Mittelmeer verglichen zu werden.

Bis weit ins 19. Jahrhundert hinein waren die Itinerare nahezu standardisiert, und so fallen dem Leser früher Italienberichte immer wieder bestimmte Örtlichkeiten ins Auge, an denen die Reisenden zum ersten Mal Bekanntschaft mit dem Mittelmeer gemacht haben. Wer über die Brennerroute kam, sah es zum ersten Mal bei einem Abstecher nach Venedig, so etwa Goethe, Platen oder Fanny Mendelssohn, die wie viele andere der »Inselstadt vom Meer beschäumet« (Platen) auch künstlerisch ihre Reverenz erwiesen haben. Wer die östlichen Alpenpässe nutzte, stieß in Triest aufs Meer, so Seume, Grillparzer oder Adalbert Stifter. »Mein Sehnen seit vielen Jahren ist in Erfüllung gegangen: ich habe das Meer gesehen«, schwärmt Stifter in Triest. »Ich kann Ihnen mit Worten nicht beschreiben, wie groß die Empfindung war, welche ich hatte. Alle Dinge, welche ich bisher von der Erde gesehen hatte, Alpen, Wälder, Ebenen, Gletscher etc. versinken zu Kleinlichkeiten gegenüber der Erhabenheit des Meeres.«[6] Über die westlichen Alpenpässe erreichte man hingegen in Genua das Meer – eine Erfahrung, wie sie etwa Waiblinger, Nietzsche oder Richard Wagner gemacht haben, der sich in der ligurischen Hafenstadt »einige Tage in wahrhaftem Rausche« befand und nach der Seefahrt ins benachbarte La Spezia in einer Art von somnambuler Meerphantasmagorie die Eingebung zum Es-Dur-Akkord des *Rheingolds* bekommen sollte.[7]

Die Tour durch Italien folgte in der Regel den alten Römerstraßen oder der mittelalterlichen Via Francigena, blieb also bis Rom Festlandsstrecke. Erst auf der Etappe von Rom in den Süden begegnete man erneut dem Meer, dort, wo die Via Appia nach der beschwerlichen Tour durch die Pontinischen Sümpfe bei Gaeta die Küste berührte und sich zwischen Zitronen- und Orangengärten das große Panorama über den Golf öffnete, am Horizont gesäumt von den Inseln Procida und Ischia – und »tief in Süden und Osten greift ein schimmerndes Nebelland, die Küste von Sorrento, wie ein gekrümmter Jupiters-Arm um das Meer, und hinter dem fernen Neapel steht der Vesuvius mit einer Wolke im Himmel unter dem Mond.«[8] Der Autor dieser Zeilen, Jean Paul, hatte das nie selbst gesehen, aber der geschilderte Panoramablick aufs Meer war den Zeitgenossen so vertraut, daß ein Dichter ihn mühelos imaginieren konnte.

Neapel und das schönste Meer der Welt

Und dann Neapel. Wenn es einen Ort gab, an dem die Deutschen über mindestens anderthalb Jahrhunderte hinweg die innigste Berührung mit dem Mittelmeer hatten, dann war es der Golf von Neapel. »Man kann sich nichts Schöneres vorstellen als diesen Anblick«, schreibt Wilhelmine von Bayreuth 1755 über den Blick von der Mole auf den amphitheatralisch geschwungenen Golf,[9] und ähnliche Urteile über die »schönste Gegend von der Welt« (Goethe)[10] begegnen immer wieder. Neben dem Blick *aufs* Meer, von der Mole, der Riviera di Chiaia oder dem hochgelegenen Camaldoli aus genossen, war es die Perspektive in der Gegenrichtung, welche die Besucher fast noch mehr begeisterte: »Schön ist es«, schreibt Karl Philipp Moritz 1787, »vom Lande das Meer mit seinen Inseln zu sehen; aber noch schöner ist die Aussicht von dem Meere nach dem Lande zu, wenn in allmählicher Entfernung der eine Teil dieser reizenden Küsten zurückweicht, während daß sich der andere nähert und zuletzt der Golfo mit seiner majästetischen Einfassung in seinem vollen Anblick sich dem Auge entfaltet.«[11]

In der Bootsfahrt aufs Meer hinaus oder die Küste entlang ließ sich diese »Aussicht« aufs schönste in Szene setzen, und zahllose Gouachen, Kupferstiche und Lithographien wollten sie künstlerisch bannen. Der Blick über den Golf von Neapel wurde schon früh auch massenmedial vermarktet: In den 1830er Jahren konnte man im Gropiusschen Diorama in Berlin an einer »Fahrt über den Golf von Neapel« teilnehmen; die Besucher nahmen auf einem Boot Platz, das mechanisch in schaukelnde Bewegungen versetzt wurde, während vor ihren Augen das Panorama des Golfs in wechselnden Bildern abrollte.[12]

Daß, wie der Oldenburger Gymnasialprofessor Adolf Stahr in seinem damals vielgelesenen Reisebuch 1847 schreibt, das Meer von Neapel »das schönste Meer der Welt« sei,[13] hatte natürlich auch darin seine Ursache, daß im landschaftlichen Panorama hier Schönheit und Schrecken, Wasser und Feuer, Ergötzen und Verderben dicht beieinanderlagen, daß der »erhaben« drohende Vesuv dem lieblichen Bild den düsteren Akzent setzte. Und daß dieses Meer – vom Kap der Kirke im Norden bis zu den Sireneninseln im Süden – klassische Erinnerungslandschaften bespülte, ein Meer der Mythologie, der Geschichte und der Literatur war, nirgends sonst auf so überschaubarem Raum in so vielfältiger Weise der Blick durch jenes Meer hindurch in die Tiefen einer unermeßlichen Vergangenheit fallen konnte. Noch Rilke

Théodore Gudin: Golf von Neapel mit Vollmond und rauchendem Vesuv, 1832

wird es bei seinem Aufenthalt 1907 auf Capri so sehen, ein Meer, »durch das nochmals Odysseus kommen kann, jeden Augenblick, ein altes griechisches Meer, tief, tief unter einem anhebend und ohne Absehen«.[14]

Der Mond und die Nackten von Santa Lucia

Und noch etwas anderes war dieses Meer von Neapel: ein vergnügliches Meer, in dem Menschen lustvoll den Freuden des Badens huldigten. Denn zu den Besonderheiten dieses Meeres gehörte ja auch die große Stadt an ihrem Ufer, gehörten die Menschen, die es bevölkerten und liebten. Die Landschaft, der brennende Berg, der Mond über dem Meer und die Badenden an seinem Ufer: Für die Besucher aus dem Norden verbanden sie sich zu einem einzigen großen Bild, in dem Natur und Mythos gleichzeitig gegenwärtig waren.

Mond in Neapel

Ein großer Feuerhof hebt sich vor ihm auf, und dann tritt er selbst hervor wie ein himmlisch Wesen im reinen Lichte. Dunkel liegt das Meer unten und erwartet mit unendlich leisen plätschernden Schlägen seine Ankunft. Der Vesuv liegt still im Meer, und die andern Gebürge stehen da voll Ehrfurcht. Und die Menschen baden und singen und scherzen und fühlen bloß ihr Glück. Es ist eine wahre Vermählung Vulkans mit der Venus, des Feuergottes mit der süßesten Tochter des Meeres.

Wilhelm Heinse: Aufzeichnungen 1768–1783, hrsg. v. Markus Bernauer, München 2003, S. 495.

Neapel, um 1890

Während im Norden Ärzte die chemische Zusammensetzung des Meerwassers debattierten und Heilungssuchenden komplizierte Ratschläge über dessen vorsichtigen »Gebrauch« gaben, während Pädagogen Traktate über die Kunst des Schwimmens schrieben und ihre Schüler zögerlich in dieser Kunst zu unterweisen suchten, badeten und schwammen hier Hunderte von Menschen[15] unbekümmert und fröhlich im Meer: im Hafen oder an der Uferpromenade von Santa Lucia. Und mehr noch: Sie taten es nackt – erst 1863, so halten es die Akten der Quaestur fest, verordnet die Stadtverwaltung in Neapel, daß von Badenden *mutande*, also Unterhosen zu tragen seien.[16] Daß diese Anordnung auch Jahre später noch keineswegs allgemein befolgt wurde, zeigen historische Photographien.[17]

Die Touristen aus dem Norden zeigen sich in ihren Reiseaufzeichnungen immer wieder beeindruckt von den Schwimm- und Tauchkünsten der neapolitanischen Lazzaroni, die sich grazil wie Delphine im Wasser zu bewegen wußten und – so eine verbreitete Sitte – gern bereit waren, nach einer ins tiefe Wasser geworfenen Münze zu tauchen und sie zwischen den Zähnen zurückzubringen:[18] moderne Verkörperungen der sizilianischen Sagenfigur des »Cola Pesce«, dem Schiller in seiner Ballade vom *Taucher* ein Denkmal gesetzt hatte. Auch die Muschelfischer konnte man nackt am Strand liegen sehen,[19] und von Zeit zu Zeit wurden die Soldaten der bourbonischen Armee zum Baden ins Meer kommandiert.

Es wundert nicht, daß, freigesetzt von bürgerlichem Kleiderzwang und nördlichen Moralschranken, jetzt auch die deutschen Künstler das Bad unter der Sonne des Südens genießen. August Kopisch badet mit August von Platen in einer Grotte am Posillipo, bringt ihm dort das Schwimmen bei. Kopisch, »ein großer Schwimmer« (Platen), wird dann auf Capri schwimmend die »Blaue Grotte« entdecken, Platen weiterhin die Seebäder genießen – »schwimme täglich eine halbe Stunde im mittelländischen Meer herum«.[20] Auch der Maler Ludwig Emil Grimm badet morgens nackt am Posillipo, läßt sich dort von den hohen Wellen durchschütteln.[21] Der Dichter Wilhelm Waiblinger berichtet von einer Bootsfahrt zu den Tempeln von Paestum, auf der sich einige der Freunde ins Meer gestürzt und neben dem Boot hergeschwommen seien.[22] Und auch eine Frau finden wir jetzt endlich unter den Badenden, die couragierte Fanny Mendelssohn-Hensel. »Gestern habe ich zum erstenmal im mittelländischen Meer gebadet«, notiert sie in ihrem Tagebuch am 11. Juli 1840. »Ich fahre mit Sebastian [= dem zehnjährigen Sohn] nach der Villa real, denn die Bäder hier unten sind wirklich nicht ladylike.«[23] »Hier unten«: damit ist das Ufer unterhalb des Hotels de Rome in Santa Lucia gemeint.

Denn während man am Hafen und im populären Viertel Santa Lucia weiterhin »wild«, also nackt und ohne alle »Bequemlichkeiten« badete, war jenseits des Castel dell'Ovo, in der Nähe der vornehmen Villa Reale, auch in Neapel jene Infrastruktur nach nordeuropäischem Vorbild entstanden, die es Touristen und Einheimischen erlaubte, »dezent« oder eben »ladylike« zu baden:[24] Vom Ufer aus führten Holzbrücken zu einem Steg, von dem aus man kleine Häuschen, *camerini* genannt, betrat, in denen man sich entkleidete und ins Wasser ging.[25] Die Anlage unterstand der Aufsicht der Polizei, eine erhaltene Badeordnung vom Juli 1827, gültig für die gesamte Provinz, formulierte die Gebote der Schicklichkeit: Die Badehäuschen dürften nicht einsehbar und müßten streng nach Geschlechtern getrennt sein. Sofern zwei oder mehrere Herren zusammen dasselbe Häuschen benutzten, müßten sie Hosen (*calzonetti*) tragen, die Damen Hemden (*camicie*).[26]

Am Strand von Sorrent, um 1930. Von den Badehäuschen konnte man über eine kleine Leiter ins Wasser steigen.

Im Lauf des 19. Jahrhunderts entstehen dann an verschiedenen kampanischen Küstenorten ähnliche *stabilimenti balneari*, etwa in Sorrent, in Amalfi oder auf Ischia. Die baulichen Anlagen mit den separierten Badehäuschen folgen bis zum Zweiten Weltkrieg mehr oder minder dem alten Muster, und will man deutschen Reiseführern glauben, so gab es auch die sittenpolizeiliche Strandaufsicht in Italien noch bis in die 1950er Jahre.[27]

Inseln auf Inseln. Von Deutsch Capri bis Deutsch Mallorca

Um die Wende zum 20. Jahrhundert nimmt das »deutsche Mittelmeer« auf der Insel Capri eine ganz besondere Gestalt an. Schon der Dampfer, auf dem man von Neapel aus übersetzte, fuhr unter der Flagge des »Norddeutschen Lloyd«, in den Hotels war man – wie es in einem zeitgenössischen Reisebericht heißt – »wie schon auf dem Schiff umgeben von lauter deutschen Landsleuten«, die Hauptstraße der Insel hieß bis 1914 Via Hohenzollern, das bekannteste Wirtshaus *Zum Kater Hiddigeigei* (nach einer literarischen Figur von Viktor von Scheffel). Es gab eine Deutsche Evangelische Kirche, eine deutsche Buchhandlung, deutsches Bier; außerdem hatten sich auf der Insel zahlreiche, darunter prominente Deutsche niedergelassen. Wie selbstverständlich firmiert ein 1901 erschienenes Buch unter dem Titel *Deutsch Capri in Kunst, Dichtung, Leben*[28] – wobei dieses »Leben« nicht selten bizarre, deutschtümelnde Züge annahm und mit dem Leben der lokalen Bevölkerung wenig gemein haben wollte. Nach dem Zweiten Weltkrieg schien der deutsche Capri-Mythos, beschwingt durch Schlager, Film und einschlägige Produktnamen, noch einmal aufzublühen: Nach einer Umfrage des Allensbach-Instituts vom März 1956 (»Wenn Sie tun könnten, was Sie wollen: Wohin würden Sie fahren?«) lag Capri an der Spitze der Wunschreiseziele der Westdeutschen.[29]

Knurrend sprach er: Laß die Studien / Was ist all antiker Plunder…: Lebensmotto des Katers Hiddigeigei aus Scheffels »Trompeter von Säckingen«. Foto Giorgio Sommer, 1886

Nationale Akkumulationen und »Kolonie«-Bildungen (die nicht nur für Deutsche typisch sind) scheinen auf Inseln besonders gut zu gedeihen. Nach dem Zweiten Weltkrieg entwickelte sich auf Ischia eine solche deutsche Insel-Insel, vorbereitet ähnlich wie auf Capri durch die Präsenz von Schriftstellern und Künstlern;[30] noch heute leben dort rund 5000 Deutsche, das sind etwa 8 Prozent der Gesamtbevölkerung. In den 1960er Jahren sammelten sich deutsche Zivilisationsflüchtlinge gern auf Kreta. Eine sehr junge touristische Geschichte hat hingegen Mallorca. Seit deutsche Reiseveranstalter die Insel 1971 in ihr Flugprogramm aufgenommen haben, wurde das vorher kaum besuchte Baleareneiland zur »deutschen Insel« *par excellence.*[31] Rund 50.000 Deutsche sollen dort leben (2001), das wären 6 Prozent der Gesamtbevölkerung.[32] Es gibt auf der Insel einen Fernsehsender, der sich tatsächlich *Deutsch Mallorca TV* nennt, ein deutsches *Inselradio* und drei deutschsprachige Zeitungen. Und seit 2007 wird auch das »Oktoberfest« auf Mallorca gefeiert, *con cocina tradicional de Baviera.* Nicht unbedingt schenkt der Blick aufs Meer auch Horizonterweiterung.

Im Land der Griechen

Das Land der Griechen nicht nur mit der Seele zu suchen und zu finden, blieb hingegen lange Zeit das Privileg weniger, zumeist vom Geist der klassischen Antike bewegter Menschen.[33] Auch wenn mit Otto von Wittelsbach von 1832 bis 1862 ein bayrischer König in Athen regierte und deutsche Beamte und Unternehmer ins Land lockte, spielte es als touristisches Ziel, verglichen mit Italien, nur eine marginale Rolle. Der erste Griechenland-Baedeker erschien erst 1883, bis dahin kam das Land nur im Band »Unter-Italien« vor: als Ziel eines Abstechers von Brindisi aus. Für die Besucher spielten dabei die antiken Stätten die wichtigste Rolle, Schliemanns Mykene und die deutschen Ausgrabungen in Olympia waren neben Athen, der Peloponnes und Delphi die größten Anziehungspunkte. Erste »Gesellschaftsreisen« (also Pauschalarrangements) wurden dann um 1900 angeboten,[34] sie führten über Brindisi oder Triest und galten weiterhin den berühmten »klassischen« Zielen. Zwischen den Weltkriegen stieg die Zahl der deutschen Griechenlandreisenden an – 1932 sieht die tourismuskritische Virginia Woolf schon »zehn Millionen deutsche Touristen« über die Akropolis »hasten«.[35] Die Reiseliteratur zu Griechenland hält sich allerdings bis zum Beginn des Zweiten Weltkriegs in Grenzen (auch dies im Unterschied zu Italien). Lang anhaltende Wirkung entfalteten vor allem Gerhart Hauptmanns *Griechischer Frühling* (1908) und Isolde Kurz' *Wandertage in Hellas* (1913), ein Titel, der offensichtlich Ferdinand Gregorovius' berühmten *Wanderjahre[n] in Italien* nachempfunden war, allerdings, anders als Gregorovius, das »Wandern« (eine damals in Griechenland kaum mögliche Art der Fortbewegung) auch nur bildlich verstand. Charakteristisch für die literarische Wahrnehmung des Landes bleibt die Konzentration auf die Antike, gespiegelt in Hölderlin und anderen Autoren der deutschen Klassik.

Soldatenstiefel und das okkupierte Meer

Zur eher verdrängten Geschichte des »deutschen Mittelmeers« gehören die Jahre des Zweiten Weltkriegs. Nach dem deutschen Überfall auf Griechenland im April 1941, während des Feldzugs in Nordafrika und schließlich durch die deutsche Besetzung Italiens 1943/45 waren Millionen deutscher Soldaten in einen fernen Süden gekommen, von dem sie bisher allenfalls aus Büchern gehört hatten.[36] Was junge Arbeiter aus Stammbach, Hofheimer Bäckergesellen oder Altphilologie-Studenten aus Erlangen über ihren Aufenthalt in der Méditerranée später berichteten, gehört zur *Oral History* der Bundesrepublik und ist widersprüchlicher nicht denkbar: grauenvolle Erzählungen von Schiffbrüchen, von Todesangst auf hoher See, von Durst und Hitze bei El Alamein, aber auch: »zum ersten Mal Wein getrunken« – »amore« – »ein Wörterbuch angelegt«. Was sie nicht erzählt haben, kann man inzwischen nachlesen: die Massaker der Wehrmacht in Komeno und Kephalonia, die Greueltaten auf Kreta, die (bis heute in Deutschland juristisch ungesühnten) Bluttaten der Waffen-SS in Sant'Anna di Stazzema, in Marzabotto und in den Ardeatinischen Höhlen, die Judendeportationen rings um das Mittelmeer. *Im Schatten des Leviathan* hat der Kulturwissenschaftler Gustav René Hocke, der auf Sizilien stationiert war und in den Feuerpausen des Luftkriegs von einem archaischen Griechenlandideal träumte, seine Lebenserinnerungen (2004) betitelt – aus dem mythischen marinen Ungeheuer war jetzt eine militärische Vernichtungsmaschinerie geworden. Und das *blaue blaue Mittelmeer* wurde zum verdrängten Trauma der Nachkriegsväter (so im Song von Wolf Biermann von 1965): »Blaues, blaues Mittelmeer / [...] Plötzlich kommt ein Hai daher, / plötzlich ist die Frau nicht mehr. / [...] Und das Badewasser rötet / Sich, wenn Vater tötet.«[37]

Die völkische und die ihr folgende Ideologie des Nationalsozialismus hatten dabei auch den abstrusen Versuch unternommen, die Méditerranée (oder jedenfalls das, was sympathisch an ihr schien) zu »germanisieren« und damit den alten, fundamentalen Gegensatz von »Norden« und »Süden«, von Atlantik und Mittelmeer, im Phantasma eines gemeinsamen Ahnenerbes einzuebnen. Nach völkischer Rassentheorie seien es Völker »nordischen Blutes« gewesen, die nach ihrer frühgeschichtlichen Einwanderung in den Mittelmeerraum dort die antiken Hochkulturen begründet hätten, die dann allerdings später durch Vermischung mit »minderwertigen« levantinischen Elementen abgesunken seien. Das gelte für Rom, »die Gründung einer nordischen Völkerwelle« (Alfred Rosenberg), und es gelte noch mehr für das antike Griechenland: »Am schönsten geträumt wurde der Traum des nordischen Menschentums in Hellas.«[38] Auf diese Weise konnte – von Mykene über die griechischen Stadtstaaten bis zu Alexander dem Großen – alles Vorbildliche der griechischen Kultur als Schöpfung des germanischen Menschen und als dem Deutschen zutiefst wesensverwandt erscheinen. Hatte Philhellenismus unter den Deutschen in der Nachfolge Winckelmanns bedeutet, sich durch klassische Bildung einem fernen, idealen Griechentum anzunähern, so verbindet jetzt die völkische »Rassenkunde« Germanen und Hellenen in der Vorstellung einer im Blut begründeten Gemeinsamkeit. War nicht auch die *Ilias* gleich dem Nibelungenlied ein Epos heldischen Kampfes? Hatte Homer nicht vom »blonden Menelaos«, vom »blondgelockten Achill«, der »blauäugigen Athene« gesprochen? Ließen sich nicht auch die »weißarmigen« Töchter des Meeres, die Nereiden, »mit dem leiblichen Bilde der nordischen Rasse vereinigen«?[39] Jetzt konnte, wer nur ein »wahrer« Deutscher war, auch ohne jede Bildungsbemühung ein idealer Grieche sein. Das Mittelmeer war unser Meer, *mare nostrum*, geworden, nicht nur auf den Schlachtfeldern von Dalmatien bis Ägypten, sondern auch in der Ideologie.

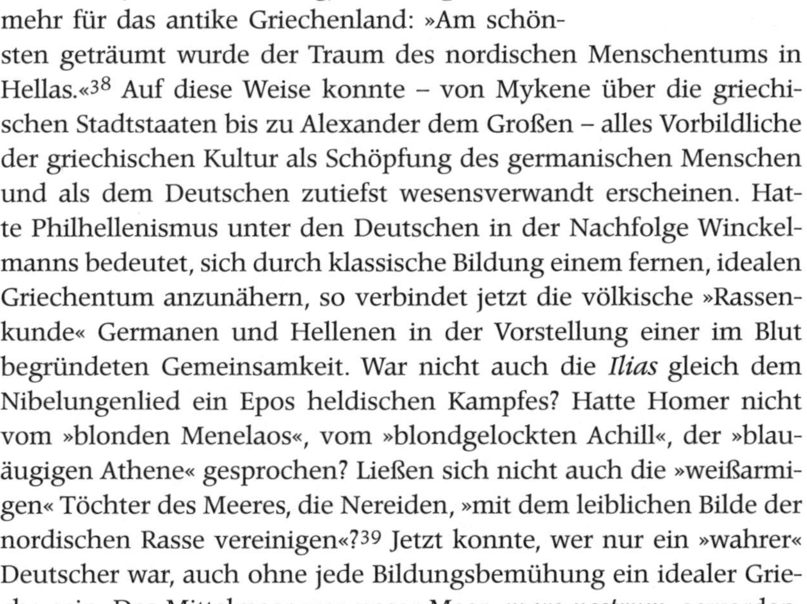

Mitbringsel eines deutschen Soldaten vom Vesuv, 1941. In die noch warme Lava wurden auf der einen Seite der Medaille der Berg und die Jahreszahl eingeprägt, auf der anderen das Hakenkreuz und das faschistische Liktorenbündel.

Massenmeer

Erstaunlich ist, wie rasch nach 1945 die Untaten der deutschen Besatzer in den Mittelmeerländern nicht nur bei den Deutschen selbst verdrängt wurden, sondern daß sie auch unter den Angehörigen der betroffenen Völker kaum zu Ressentiments gegen die nun in Massen einströmenden deutschen Urlauber geführt haben. Im Schatten des Kalten Krieges (dessen Politik ja dieses Verdrängen bewußt gefördert hat) konnten Beziehungen aufblühen, in deren Folge eine stets wachsende Zahl von Touristen den Süden bereiste. Italien blieb dabei das Lieblingsland der Deutschen. Auch heute steht es wieder – nachdem es einige Jahre durch Spanien verdrängt worden war – an der Spitze der mediterranen Urlaubsländer.[40] In Italien stellen die Deutschen heute fast die Hälfte aller Touristen aus den Ländern der Europäischen Union und ein Drittel aller ausländischen Besucher insgesamt.[41] Dabei konzentrieren sich die Touristenströme im Nordosten der Halbinsel,[42] also an den erst nach dem Zweiten Weltkrieg in Mode gekommenen Küstenorten der Adria. Dort, in Rimini und anderen Badeorten entsteht, so der Tourismusforscher Till Manning, in den 1950er und 1960er Jahren gegen alle Kritik der Eliten ein bestimmter »Urlaubstyp«, bei dem mit einem hedonistisch genossenen Strandleben das neue Paradigma des Massentourismus erstmals in großem Stil in Erscheinung tritt.[43]

Spanien wird in den 1970er und 1980er Jahren als Reiseziel beliebt,[44] wobei erst die rasante Entwicklung des Flugverkehrs und die immer häufiger genutzten Pauschalreiseangebote dieses vorher weit entfernte Land den Deutschen nähergebracht haben. Das gilt noch mehr für die touristische Entdeckung Griechenlands und vor allem der Türkei und Nordafrikas, Länder, für die sich im Jahr 2008 immerhin fünf, acht und vier Prozent der Urlauber entschieden haben.[45]

Auch wenn Tourismuswerbung und Publizistik für Reisen in die Mittelmeerländer immer wieder andere Motive ins Spiel bringen, ist der Badetourismus noch immer die wichtigste »Option« im Ferienreiseverhalten. Das gilt sogar für das klassische Reiseland Italien mit seinen großen Kunst- und Kulturschätzen.[46] Die Mehrzahl derjenigen, die über die Alpen fahren, will am Strand liegen. Das Mittelmeer ist zum Bademeer geworden.

Reiseführer, 1960

Die Tiefsee
Abyssale Tauchfahrten und submarine Forschungen

Wo es am tiefsten ist

Das Meer, »wo es am tiefsten ist«, ist der Ort einer schrecklichen Verwünschung aus dem Munde Jesu: Wer ein Kind zum Abfall verführt, so heißt es in der Bibel, »für den wäre es besser, daß ein Mühlstein an seinen Hals gehängt und er ersäuft würde im Meer, wo es am tiefsten ist« (Matthäus 18,6). Nicht nur ertränkt werden solle also der Übeltäter, sein Bild möge auch für ewig ausgemerzt werden aus dem Gedächtnis der Lebenden. Die Tiefsee ist der Ort, der am weitesten von allem Menschlichen entfernt ist, der Ort der äußersten Verbannung.

Ein alter Mühlstein, an der tiefsten Stelle des Meeres versenkt, würde rund zwanzig Minuten brauchen, um den Grund zu erreichen.

Wie tief dieses Meer tatsächlich dort ist, »wo es am tiefsten ist«, darüber weiß man inzwischen annähernd Bescheid; welche Verhältnisse in jenen Tiefen herrschen, ist allerdings noch immer ein Rätsel. Die Tiefsee ist eine kaum erforschte und damit die unbekannteste Region des Planeten.

Daß es aus der Antike nur vage Vermutungen zur Tiefe des Meeres und zur Beschaffenheit des Meeresgrundes gibt, ist nicht weiter verwunderlich. Aristoteles nimmt aufgrund der Strömungsverhältnisse an, daß das Mittelmeerbecken in ost-westlicher Richtung geneigt und daher das Tyrrhenische Meer das tiefste von allen sei.[1] Plinius, naturwissenschaftliche Autorität der römischen Kaiserzeit, gibt seine größte Tiefe mit 15 Stadien an, das wären etwa 2700 Meter.[2] Messungen in größerer Tiefe waren mit dem einfachen Senkblei auch in der frühen Neuzeit noch nicht möglich, so daß, wie es in Zedlers Universallexikon (1732) mit einem kleinen Wortspiel heißt, sich zwar »über die Tieffe des Meers tieffsinnige Köpfe vielfältig gemartert, aber dennoch nichts gewisses [haben] ergründen können«.[3] Im übrigen war für die Schiffahrt nicht die Tiefe, sondern waren die Untiefen das Problem.

Dennoch sind seit der Renaissance verschiedene Versuche bekannt, das Unergründliche zu ergründen. Der gelehrte Kardinal Nikolaus von Kues, der 1437 in diplomatischer Mission selbst über das Meer nach Konstantinopel gereist war, projektierte in seiner Schrift *Idiota de staticis experimentis* (»Der Laie über Versuche mit der Waage«) einen Apparat zur Erforschung der Meerestiefe, der nicht auf dem Prinzip der unsicheren Fadenlotung, sondern auf der Idee beruhte, die Zeit zu messen, die ein auf den Grund abgesenkter Gegenstand benötigte, um wieder zur Oberfläche zurückzukehren.[4] Ähnliche Versuche der Konstruktion eines »Bathometers« wurden auch in den folgenden Jahrhunderten verschiedentlich unternommen. Der französische Mathematiker Pierre-Simon Laplace vertrat die Hypothese, die Tiefe des Meeres entspräche im großen und ganzen der Höhe der angrenzenden Berge, wie überhaupt die tatsächliche Tiefe der Ozeane den Menschen lange Zeit ganz unvorstellbar war; daß es wohl nirgends auf der Welt »über eine deutsche Meile« (d.i. 1600 Meter) tief sei, wurde noch 1837 in einem populärwissenschaftlichen Buch über das Meer verbreitet.[5]

Praktische Experimente zur Tiefenbestimmung der Ozeane und zur Suche nach dem »tiefsten Punkt« der Weltmeere fanden vor allem während des 19. Jahrhunderts statt und führten zur Kartographierung immer größerer Tiefenlinien.[6] Von der britischen »Challenger«-Expedition wurde 1875 im »Marianengraben« im westlichen Pazifik die tiefste Region der Erde gefunden und 1951 per Echolot mit knapp 11.000 Metern sondiert:[7] Das *Challenger Deep*, offiziell 10.994 Meter,[8] gilt heute als der tiefste »Punkt« der Erde. Im Januar 1960 erreichten ihn der Schweizer Forscher und Konstrukteur Jacques Piccard und der amerikanische Leutnant Don Walsh mit ihrem Tauchboot »Trieste«.[9] Sechseinhalb Jahre zuvor, im Mai 1953, hatte der Neuseeländer Edmund Hillary den Gipfel des Mount Everest bestiegen: Innerhalb eines Jahrzehnts hatten Menschen den höchsten und den tiefsten Punkt der Erde erreicht.

Des Abgrunds hohler Schlund in Ritzebüttel
Barthold Hinrich Brockes

Aber sollten vor dem 20. Jahrhundert wirklich keine Menschen am tiefsten Punkt der Erde gewesen sein – wenn nicht im Marianengraben, dann doch in anderen und vielleicht noch viel tieferen Tiefen des Meeres? Auch in der Geschichte der Erforschung des Universums und seiner Geheimnisse waren es die Dichter, welche die ersten Entdecker in die Tiefen des Meeres entsandten. Der vermutlich früheste Bericht einer solchen abyssalen Tauchfahrt, in Ich-Form erzählt, stammt von Barthold Hinrich Brockes, einem der wenigen deutschen Dichter, die am Meer gelebt haben. In seiner in Ritzebüttel an der Nordsee entstandenen lyrischen Phantasmagorie *Betrachtung der Meeres-Tiefe* (1743) schickt der ehrbare Hamburgische Senator sein Alter ego auf die Reise in den Abgrund:

> So senk ich denn in Gottes Namen, zu Gottes Ehren meinen Geist
> Hier in des Meeres dunkle Tiefe. Doch halt!, werd ich auch ohne Grauen,
> Was mir des Abgrunds hohler Schlund für einen fremden Zustand weist,
> Die ungeheure Wasser-Last, des Meeres wilde Wunder schauen?
> […]
> Ja, ja, ich sink! Itzt bin ich da. Mein Gott! Was hör und seh ich hier!
> Mich überfällt ein schneller Schauer, ich fühl ein innerliches Grausen
> Ob ganzer Flüsse Schuß und Sturz, so in der tiefen Wasser-Welt
> Von ungemeßner Felsen-Höh hier brüllend durcheinander fällt.
> Entsetzlich ist der Strudel Macht, fast unerträglich ist ihr Brausen,
> Der abgerollten schweren Fluten gepreßt' und wallende Gewalt
> Reißt durch geborstne Klippen fort mit recht betäubendem Gebrülle.
> An einem andern Ort hingegen ist die gedeckte Tiefe stille,
> Und unterscheid' ich hier und dort von dem verborgnen Aufenthalt
> Der feuchten Gegenwürfe* Menge in dem durchsichtigen Gewässer,
> Den fetten Grund, die rauhen Seiten, der Berge Brüch' und Höhlen besser.
> Mein Gott!, welch ein verworrnes Wesen, ohn' Ordnung!, rief ich alsobald.
> Wie ist von diesem Reich der Tiefe doch die Gestalt so ungestalt!

Gespaltner Höhlen dunkle Rachen, gebrochner Berge blinde Klüfte,
Verworrne, bodenlose Schlünde, mit ew'ger Nacht erfüllte Grüfte,
Unordentliche Felsen-Klumpen!, von Kiesel- bald, bald Marmorstein,
Ein wild zu Hauf' gestürzter Schutt aus Stücken, die, bald groß, bald klein,
Ein dichter bald, bald lockrer Haufen, ein' ungeheure Klippen-Last,
Die von der Sonnen nie bestrahlet, ein tief- und schlüpfriger Morast,
Ein harter Kies, ein fetter Schlamm voll widerlicher Klebrigkeiten
Bedecken und formieren teils die ausgenagten schroffen Seiten
Der gähen aufgerißnen Höhlen, in welchen öfters eine Schar
Beschuppter wilder Wasser-Wunder und Ungeheur zu sehen war,
Die mit entsetzlichem Getös, wenn sie auf ihre Weise spielten,
Durch ihre Last, Gewalt und Stärke des Bodens zähen Grund durchwühlten.

*= Gegenstände

Barthold Hinrich Brockes: Land-Leben in Ritzebüttel, als des Irdischen Vergnügens in Gott Siebender Theil, Hamburg 1743, S. 81f.

Mit barocker Sprachgewalt und in unregelmäßigen achthebigen, teils paarig, teils unpaarig gereimten Versen beschwört der Dichter eine Welt, von der es später in Friedrich Schillers Tiefseeballade vom *Taucher* (1797) heißen wird: »Da unten aber ist's fürchterlich.« Keine versunkene Stadt, wie in den romantischen Projektionen, erwartet den Eindringling, sondern ein Chaos aus Schutt und Schlamm, kein stiller Feenpalast, wie in Hans Christian Andersens Märchen von der kleinen Meerjungfrau, sondern das Getöse einer aus den Fugen geratenen Un-Natur. Erstaunlich, daß Brockes' Tiefseetaucher vor dem doch flachen Nordseewatt in eine bizarre Felsenlandschaft aus Klippen, Abbrüchen, Höhlen und »bodenlosen Schlünden« einsteigt, daß Strudel und Wirbel auf dem Grund aufschäumen und daß die »tiefe Wasser-Welt« in ewiger Finsternis liegt – ob dem Dichter hier »Inferno«-Motive aus Dantes *Göttlicher Komödie* vor Augen standen? In jedem Fall zeichnet die moderne Ozeanographie ein Bild der Tiefsee, das den Realien der dichterischen Phantasie sehr nahe kommt:

mit untermeerischen Abbruchkanten an den Kontinentalplatten, mit *sea mountains*, heißen Quellen am Meeresboden, den Auftürmungen der »Schwarzen Raucher«, mit Schluchten, Gräben und unterseeischen Vulkanen.[10] Und auch »ein fetter Schlamm voll widerlicher Klebrigkeiten« ist das – heute allerdings erwünschte – Resultat vieler Tiefseesondierungen.

Aber natürlich wollte Brockes mit seiner Lyrik die Natur nicht nur beschreiben: Er wollte, wie er selbst sagt, in ihrer Größe und Schönheit »eines weisen Schöpfers Finger verspüren und verehren« – »Irdisches Vergnügen in Gott«, so nannte er den Zyklus seiner Gedichte. Dafür nun mochte sein unterseeisches Höllenszenario vielleicht am wenigsten taugen, schien es doch eher zu zeigen, »daß mehr durch einen Fall/Als durch ein weises Überlegen der größte Teil der Welt entstanden/Da nichts als Finsternis und Schrecken im größten Teil der Welt vorhanden«. Aber der fromme Dichter wehrt den nihilistischen Gedanken ab und ruft sein zweifelndes Alter ego zurück:

> Nunmehro scheinet Blick und Geist ermüdet. Ich kann ohne Grauen
> Das dunkle Reich der Meeres-Tiefe, fast ganz erstarrt, nicht ferner schauen.
> Es schwinget sich denn aus dem Abgrund itzt mein betäubter Geist empor
> Und steiget durch die dunkle Last der Fluten an das Licht hervor.[11]

Mobilis in mobile. Kapitän Nemo

Kein Höllenpanorama, sondern eine Welt der Wunder tut sich hingegen vor den Augen eines anderen Ich-Erzählers auf, der 126 Jahre später in die Regionen der Tiefsee eindringt, eher unfreiwillig zunächst, dann aber mehr und mehr fasziniert von dem, was sich seinem scharf beobachtenden Auge vor dem Fenster im elegant möblierten Salon seines Tauchbootes bietet. Es ist Jules Vernes Professor Pierre Aronnax, Autor eines gelehrten Werkes mit dem Titel *Les mystères des grands fonds sous-marins*, der an Bord der »Nautilus« überraschend Gelegenheit erhält, seine Kenntnisse auf diesem »noch ziemlich unbekannten Gebiet der Naturgeschichte« zu vertiefen.[12] »Sie werden ins Land der

C'était un calmar de dimensions colossales. (Page 555.)

Die Krake. Illustration von Alphonse de Neuville für Jules Vernes Roman *20.000 Meilen unter den Meeren*, 1869

Wunder reisen und aus dem Staunen nicht mehr herauskommen«, verspricht Kapitän Nemo seinen Passagieren.[13] Denn in Jules Vernes Roman *20.000 Meilen unter den Meeren* (1869/70) hat sich die Wissenschaft des Themas »Tiefsee« bemächtigt, die »Nautilus« ist das Urbild eines submarinen Forschungsschiffs und die Reise befähigt den Meeresforscher, am Ende aus seinen detaillierten Aufzeichnungen zu Fauna und Flora »das wahre Buch über das Meer«[14] zu schreiben.

Natürlich gibt es in diesem Meer noch immer die alten Schrekken: In den Gewässern der Antillen bedroht eine Riesenkrake die Besatzung der »Nautilus«. Seit Hesiods *Theogonie* geistert dieses Wesen, »ein grauenerregendes Ungeheuer an Schlangen/schillernd und gierig nach Beute«,[15] durch die marinen Phantasien. Und wer mochte die Möglichkeit der Existenz eines solchen Relikts aus der Urzeit (wie es auch noch in Melvilles *Moby Dick* auftaucht) tatsächlich ausschließen? »Wieso sollte das Meer in seinen unbekannten Tiefen nicht noch einige riesige Exemplare aus einem anderen Zeitalter bewahrt haben, jenes Meer, das sich niemals ändert?«[16] Jacques Cousteau, der französische Meeresforscher, der durch seine populären Büchern bekannt wurde, ist einmal, »ein einziges Mal«, auf einer seiner Tauchfahrten im Indischen Ozean »diesem starren gnadenlosen Blick« eines Tiefseekalmars begegnet.[17] Und noch heute schließen Meeresbiologen die Existenz solcher Wesen nicht aus.[18]

Insgesamt ist Jules Vernes submarine Welt jedoch ein geordneter, vernünftiger Kosmos, ein geschlossenes ökonomisches und ökologisches System, das der Besatzung der »Nautilus« ein im Wortsinn extraterritoriales und dabei hochkultiviertes Leben ermöglicht. Sogar einen ordentlichen Friedhof für die Toten gibt es auf dem Meeresgrund.

Das alles wäre nun freilich wenig aufregend (und vermutlich längst vergessen), wäre da über die Utopie des rationalen Wissenschaftlers Aronnax hinaus nicht noch die unergründliche Figur des Kapitän Nemo und seiner Botschaft vom Meer. Er hat mit der ganzen Menschheit gebrochen (die Gründe dafür bleiben im Dunkeln) und ist zum *l'homme des eaux*,[19] dem »Mann der Gewässer«, geworden. »Mobilis in mobile« ist sein Motto, und in der Bewegung des Schiffes im bewegten Element, die Nemo, Konstrukteur und Künstler, mit seinem Spiel auf der Orgel begleitet, realisiert sich seine Existenz in absoluter Freiheit und Autonomie. *Homme libre, toujour tu chériras la mer!/La mer est ton miroir*, hatte Charles Baudelaire nach seiner Reise in den Indischen Ozean gedichtet,[20] »Freier Mensch, immer wirst du das Meer lieben!/Das Meer ist dein Spiegel« – und das ist auch Kapitän Nemos Credo.

> »Sie lieben das Meer, Kapitän?« – »O ja, ich liebe es. Das Meer bedeutet mir alles! Es bedeckt sieben Zehntel unseres Erdballs. Sein Hauch ist rein und wohltuend [...] Hier herrscht eine ewige, niemals gestörte Ruhe. Das Meer gehört nicht den Tyrannen. Zwar können sie an seiner Oberfläche versuchen, ihr schändliches Recht durchzusetzen, können sich bekämpfen, vernichten und allen Schrecken dieser Welt verbreiten, doch schon dreißig Fuß unter der Wasseroberfläche endet ihre Macht, ihr Einfluß schwindet, ihre Herrschaft erlischt. Ah, Monsieur, leben Sie, leben Sie am Busen des Meers! Nur hier finden Sie Unabhängigkeit! Hier müssen Sie sich unter kein Joch beugen! Nur hier sind Sie frei!«
>
> Jules Verne: 20.000 Meilen unter den Meeren, übersetzt von Martin Schoske, Frankfurt 2008, S. 93 (= Kap. 10).

Nemos Freiheit ist die Freiheit der Anarchie. In der Tiefsee kann er nach eigenem Recht leben. Nicht gebunden an die moralischen Ordnungen der »Erdenmenschen«, wird er auch mit Lust Böses tun und am Ende in einem Akt der Rache ein englisches Schiff versenken, sich am Anblick der ertrinkenden Besatzung weiden. Nemo ist eine epische Präfiguration des »Übermenschen« von Friedrich Nietzsche: eines Autors, der ebenfalls das Meer geliebt und im Seefahrer das Ursymbol des »freien Geistes« gesehen hat.

Niederfahrt. Adrian Leverkühn und Mr. Capercailzie

Der genialische Wunsch nach Überschreiten aller den Menschen gesetzten Grenzen liegt schließlich einer dritten abyssalen Tauchfahrt zugrunde: dem Bericht Adrian Leverkühns von seiner »Niederfahrt« in die »Nacht der Tiefsee« in Thomas Manns Roman *Doktor Faustus* (1947).[21] »Niedergefahren zur Hölle« ist eine Formel aus dem christlichen Glaubensbekenntnis, und von einer Höllenfahrt in einem ganz besonderen Sinn ist auch in Leverkühns Erzählung die Rede: Der Komponist hatte einen Pakt mit dem Teufel geschlossen, und ausschließlich seinem Beistand verdankt er auch die Fahrt in der »kugelförmige[n] Tauchergondel von nur 1,20 m Innendurchmesser«, in der er sich von einem Begleitschiff »in das hier ungeheuer tiefe Meer habe versenken lassen« – geführt von einem »Mr. Capercailzie« (dem schwarzen »Auerhahn«, der schon im Volksbuch von Dr. Faust als Personifikation des Teufels auftritt). Thomas Mann hatte einen Artikel über den amerikanischen Tiefseeforscher Charles William Beebe gelesen, der 1934 in seiner Tauchkugel eine Rekordtiefe von über 900 Meter erreicht hatte, und übernahm eine ganze Reihe von dessen Beobachtungen in seinen Roman.[22]

> Adrian sprach von dem Erkenntniskitzel, den es bereitete, das Unerschaute, nicht zu Erschauende, des Geschautwerdens nicht sich Versehende dem Blicke bloßzustellen. Das damit verbundene Gefühl der Indiskretion, ja der Sündhaftigkeit wurde nicht ganz beschwichtigt und ausgeglichen durch das Pathos der Wissenschaft, der erlaubt sein muß, so weit vorzudringen, wie es ihrem Witz eben gegeben ist. Allzu deutlich war, daß

die unglaublichen, teils grausigen, teils lächerlichen Exzentrizitäten, die Natur und Leben sich hier geleistet, Formen und Physiognomien, die mit den oberirdischen kaum noch Verwandtschaft zu haben und einem anderen Planeten anzugehören schienen, das Produkt der Versteckheit, des Pochens auf das Gehülltsein in ewiges Dunkel waren. [...] Die volkstümliche Neugier, mit der die abstrusen Kreaturen des Abgrundes das Haus der Gäste umdrängt hatten, war unbeschreiblich gewesen – und unbeschreiblich, was da in verwirrtem Flitzen an tollen Geheimfratzen des Organischen, an räuberischen Mäulern, schamlosen Gebissen, Teleskopaugen, an Papierbootfischen, Silberbeilen mit aufwärts gerichteten Glotzern, Kiel- und Flossenfüßlern, bis zwei Meter lang, vor den Fenstern der Gondel vorüberhuschte.

Thomas Mann: Dokor Faustus, Berlin/Frankfurt a.M. 1949, S. 425 f.

Es sind »Horrendheiten der physikalischen Schöpfung«, die dem mit dem Teufel verbündeten Eindringling hier begegnen, ein Schmäh auf Schönheit, Harmonie und Humanismus. Und ähnlich wie die unermeßlichen Weiten des Weltalls, durch die Leverkühn anschließend vom Teufel geführt wird, erscheinen die Regionen der Tiefsee als »Gebiete des ungeheuerlich Außermenschlichen«, deren Existenz Leverkühns Biographen Serenus Zeitblom die alte Sinnfrage auf die Lippen bringt: »Welche Ehrfurcht und welche der Ehrfurcht entstammende Sittigung des Gemütes kann ausgehen von der Vorstellung eines unermeßlichen Unfugs [...]? Frömmigkeit, Ehrfurcht, seelischer Anstand, Religiosität sind nur über den Menschen und durch den Menschen, in der Beschränkung auf das Irdisch-Menschliche möglich.« Die Tiefsee wird zum Bild dessen, was die »Schöpfung« möglicherweise sein könnte: nichts anderes als ein »Teufelsjux«. Daß Adrian Leverkühn gleichzeitig Klopstocks Ode *Die Frühlingsfeier* vertont (»Nur um den Tropfen am Eimer, / Um die Erde nur, will ich schweben, / Und anbeten!«), erscheint Zeitblom als »Lästerung«, als Ausdruck »nihilistischen Frevels«. Die Existenz der Tiefsee wird zum philosophischen Argument im Mund des Zynikers.

Mariner Zensus. Volkszähler in den Ozeanen

»Die großen Tiefen des Ozeans sind uns gänzlich unbekannt«, sagt Professor Aronnax in Jules Vernes Roman *20.000 Meilen unter den Meeren*: »Was geschieht in diesen entlegenen Abgründen? Welche Wesen sind in der Lage, zwölf oder fünfzehn Meilen unter der Wasseroberfläche zu leben?«[23] Ähnlich äußern sich Wissenschaftler auch heute noch. Die Tiefsee (dazu zählen »offiziell« die Lagen unterhalb von 1000 Metern) ist ein noch immer weitgehend unerforschter Raum. Und sie ist zugleich der größte Lebensraum des Planeten. »So gesehen«, sagt die Meeresbiologin Antje Boetius, Leiterin der Forschungsgruppe Tiefsee beim Alfred-Wegener-Institut in Bremerhaven, »ist die Erde für uns noch immer ein fremder Planet.«[24]

Daß es in solchen Tiefen, das heißt in absoluter Dunkelheit, bei Temperaturen um etwa vier Grad und einem tonnenschweren hydrostatischen Druck überhaupt Leben geben könne, galt zwar nicht den Dichtern, wohl aber den Wissenschaftlern zunächst als unmöglich.[25] Als 1860 ein gebrochenes Telegraphenkabel aus über 2000 Meter Tiefe vom Grund des Mittelmeers geborgen wurde, auf dem sich verschiedene höhere Lebewesen angesiedelt hatten, geriet die Auffassung von einer »azoischen«, also unbelebten Zone in den tieferen Schichten des Meeres zunehmend ins Wanken.[26] Expeditionen förderten Lebewesen aus immer größeren Tiefen ans Tageslicht. Jacques Piccard will laut Logbuch sogar in fast 11.000 Meter einen Fisch gesehen haben.[27] Und heute sind Meeresforscher überzeugt: »Nirgendwo auf der Erde gibt es eine größere und formenreichere Lebensvielfalt als in den Ozeanen. Nirgendwo gibt es eine Region, in der so viel unentdecktes Leben vermutet werden kann wie in der Tiefsee.«[28]

Um diesem Leben auf die Spur zu kommen, startete im Jahr 2000 ein internationales Forschungsprojekt, an dem 80 Nationen beteiligt waren: der *Census of Marine Life*, also eine Art Volkszählung der Meeresbewohner. Zehn Jahre später registrierten die Forscher bereits die Entdeckung von rund 6000 bisher unbekannten marinen Arten.[29] Forschungen im »abyssalen« Raum, also in einer Tiefe von mehr als 4000 bis 5000 Meter, gestalten sich dabei besonders schwierig, weil die Lebewesen wegen der unterschiedlichen Druckverhältnisse nur in ihrem originären Lebensraum, also von Tauchkapseln aus beobachtet werden können. »Sie gleichen zuweilen Fabelwesen und Dämonen, wie sie einst Hieronymus Bosch auf seine

Holztafeln bannte. Wieder andere sind von einer Schönheit, von der wir eigentlich vermuten möchten, daß sie allein um ihrer Schönheit willen entstanden«:[30] Schon die Sprache der *Census*-Forscherin und Leibniz-Preisträgerin (2009) für Tiefseeökologie läßt erkennen, daß auf diesem Gebiet naturwissenschaftliches Erkennen noch immer Dimensionen des Ästhetischen, gar des Philosophischen einschließt und sich hierin mit der Haltung der großen Naturforscher des 18. und 19. Jahrhunderts berührt. Ist es das Neue, das bisher nie Geschaute, dessen Beobachtung im einen wie im anderen Fall den forschenden Blick auch zum ästhetisch sensiblen Blick werden läßt?

Survival of the slowest? Alternatives Leben auf dem Grund

Alles in allem scheint das Leben im »Abyssal« ein extrem verlangsamtes Leben zu sein.[31] Da es ohne Licht keine Photosynthese gibt, also in der Tiefsee keine Biomasse produziert wird, kommt Nahrung ausschließlich in Form absinkender Partikel. Die Tiere müssen regelrecht darauf warten, und das oft sehr lange. Aktive Nahrungssuche ist bei absoluter Finsternis so gut wie unmöglich, die extreme Kälte zwingt zudem zur Reduzierung der Bewegungen. Während auf den Kontinenten und in den lichtdurchfluteten Bereichen der Gewässer die Jagd – und damit verbunden Schnelligkeit, Wendigkeit, Kraft und Machtgebaren – das Überleben des Individuums und der Art sichern, funktioniert das *survival of the fittest* in der Tiefsee offensichtlich nach anderen Prinzipien. Man ist versucht, es mit menschlichen Begriffen wie »Ausdauer«, »Anspruchslosigkeit« oder »Geduld« zu umschreiben, vielleicht auch mit jener »List«, die eine Reihe von Tiefseebewohnern dazu bringt, mit raffinierten Lichtsignalen (Biolumineszenz) auf sich aufmerksam zu machen. Der bizarre »Anglerfisch« ist für dieses »alternative« Leben in der Tiefsee ein markantes Beispiel: Mit seinem riesigen, rundum zähnebewehrten Maul »wartet« er auf Beute, diese wie ein Angler ebenfalls durch Leuchtzeichen anlockend.

Extrem reduziert sind in der Tiefsee auch die sexuellen Aktivitäten. Die Partnersuche gestaltet sich schwierig, aufwendige männliche Balzspiele hätten in der Finsternis keine Chance,

Der Anglerfisch. Zeichnung von August Brauer, 1906. Der Zoologe Brauer hatte 1898/99 an der ersten deutschen Tiefsee-Expedition teilgenommen.

die Lebewesen pflanzen sich spät fort und werden sehr alt (dem »Roten Granatbarsch« wird ein Alter von 150 Jahren nachgesagt). Auch in diesem Zusammenhang ist der Anglerfisch bemerkenswert: Die Männchen sind winzig klein und saugen sich am Weibchen fest, mit dem sie dann lebenslang symbiotisch verbunden bleiben, sogar im Blutkreislauf verschmelzen – das Masculum als winziger, unbedeutender Anhang des Femineum.

Auch aktuelle Forschungen zu dem, was unter Wasser zu hören ist, führen in ein »Land der Wunder« (Jules Verne). Das Projekt *Listening to the deep ocean environment* dokumentiert in Realzeit von Forschungsstationen rund um den Globus die durch Schallaufzeichnungen erschlossene reiche Welt der submarinen Töne und Geräusche, etwa die sonore Kommunikation von Walen, aber auch die akustische »Verschmutzung« der Meere durch den Menschen. Wer etwa über das Observatorium im Osten Siziliens ins Mittelmeer »hinabhorcht«, kann sich manchmal an den Lärm rollender Güterzüge erinnert fühlen.[32]

Heiße Quellen aus dem Inneren der Erde und die Entstehung des Lebens

Unter geomorphologischem Aspekt zeigt sich der »stille« längst als ein gewaltig bewegter Ozean. Zahlreiche unterseeische Schlammvulkane (der uns nächste vor der Küste Norwegens) entlassen Methangas in die Atmosphäre. Hydrothermale Tiefseequellen mit extrem hohen Temperaturen, gespeist aus glühenden magmatischen Kammern, sprudeln aus dem Erdinneren, bilden Sedimentablagerungen in Form von hohen Schloten, aus denen schwarze Emissionen entweichen (»Schwarze Raucher«). Erstaunlicherweise lebt in ihrem lichtlosen Umkreis »ein ganzer Zoo von exotischen Lebewesen«,[33] darunter hochentwickelte Schnecken, Muscheln und Würmer, die ihre gesamten Nährstoffe nicht durch die »klassische« orale Nahrungsaufnahme beziehen, sondern durch die symbiotische Einlagerung von Mikroorganismen, vor allem Schwefelbakterien, welche die aus dem feurigen Erdinneren stammenden chemischen Substanzen energetisch umwandeln. Die alte Schulweisheit, daß es ohne Licht kein Leben gebe, gilt nicht in der Tiefsee. Könnte, so spekulieren inzwischen einige Forscher,[34] in Urzeiten auf diese Weise vielleicht sogar das Leben auf dem Planeten entstanden sein? Es wäre dann die Begegnung von

Wasser und Feuer gewesen, wie sie in Goethes »Klassischer Walpurgisnacht« jene »Lebensfeuchte« (Vers 8461) hat entstehen lassen, von der Proteus, der greise Gott der Meerestiefe weiß:

> Im weiten Meere mußt du anbeginnen!
> Da fängt man erst im kleinen an
> Und freut sich, Kleinste zu verschlingen,
> Man wächst so nach und nach heran
> Und bildet sich zu höherem Vollbringen.[35]

Wobei dann weniger das »weite« als das tiefe Meer Ort jenes immer noch rätselhaften Anbeginnens allen Lebens wäre.

Der wasserblaue Planet
Im Zeitalter ansteigender Meere

Das Meer, das uns umgibt

The Sea Around Us: Unter diesem Titel erschien 1951 ein Buch der amerikanischen Biologin und Wissenschaftsjournalistin Rachel Carson, das, preisgekrönt, verfilmt und mehrfach übersetzt,[1] zum ersten Mal einen Sachverhalt ins allgemeine Bewußtsein gehoben hat, der seitdem immer wieder die Diskussion anregte: Wir sind vom Meer umgeben, und unser Schicksal hängt von ihm ab. Rachel Carson, die inzwischen als frühe Vertreterin der Umweltbewegung gilt (*Silent Spring*, 1962), gab in ihrem Buch nicht nur einen fesselnden Überblick über Geschichte, Topographie und Biologie der Meere, sie lenkte auch den Blick darauf, daß das globale Klima Resultat ozeanischer Ereignisse ist. Und daß aktuelle Veränderungen im marinen Ökosystem, nämlich das Abschmelzen der polaren Eiskappen, zur Erderwärmung und einer einschneidenden Verschiebung des Klimas führen würden.[2]

Daß das feste Land, die *terraferma*, global betrachtet keineswegs das Zentrum unseres Planeten ist, wurde der Menschheit erst sehr spät bewußt. Das um 100 n. Chr. im Vorderen Orient entstandene apokryphe 4. Esra-Buch gibt in einer Vision der göttlichen Schöpfung das Verhältnis von Land zu Meer in der Relation von Sechs zu Eins wieder: »Am dritten Tage befahlst du den Wassern, sich auf den siebten Teil der Erde zu sammeln, sechs Teile aber hast du ausgetrocknet und erhalten«, heißt es dort.[3] Auch wenn Zahlensymbolik dabei gewiß eine Rolle spielte, dürfte das genannte Verhältnis doch eine Vorstellung wiedergeben, wie sie für »Landbewohner« lange Zeit typisch bleiben sollte: Die Fläche, die das Meer auf dem Globus einnimmt, wurde immens unterschätzt. Das galt noch im Zeitalter der Entdeckungen und war im übrigen für Columbus eine der nautischen Voraussetzungen, sich in westlicher Richtung auf See zu wagen. Columbus hatte zur Vorbereitung seiner Reise neben verschiedenen anderen

Schriften auch den *Tractatus de imagine mundi* des französischen Gelehrten Pierry d'Ailly studiert, der nach den antiken Autoritäten Aristoteles und Seneca die Entfernung zwischen Spanien und Indien als geringfügig angegeben hatte. *Inter finem Ispanie et principium Indie est mare parvum et navigabile in paucis diebus*, hatte sich Columbus dazu notiert, »zwischen Spanien und dem Beginn von Indien ist das Meer schmal und in wenigen Tagen zu durchschiffen«.[4] Erst im Zeitalter Alexander von Humboldts erreichte die topographische »Vermessung der Welt« realistische Dimensionen, und seit dem Weltraumflug von »Apollo 8« im Dezember 1968 ist uns der wasserblaue Planet mit seinen gewaltigen Ozeanen auch optisch vor Augen: 71 Prozent der Erde sind mit Wasser bedeckt. Allerdings ist das, was dabei in den Blick kommt, nur die Oberfläche des Globus. Vergleicht man, bei einer angenommenen durchschnittlichen Tiefe von 3800 Metern, das Volumen der marinen und der terrestrischen Lebensräume, so umfaßt das Meer das Vierzehnfache der kontinentalen.[5]

Das eine Meer

Seit Magellans Weltumsegelung (1519) besteht dieses Meer nach verbreiteter Auffassung aus drei Ozeanen: dem Atlantischen, dem Indischen und dem Pazifischen. Daß es in Wahrheit nur *einen*, den Welt-Ozean gibt, ist eine der großen Erkenntnisse der neueren Meeresforschung. Es war Alexander von Humboldt, der im ersten Band seines *Kosmos* (1845) zum ersten Mal das große Panorama dieses *einen*, bewegten Ozeans und seines Wechselspiels mit den kontinentalen Landmassen und dem sie umgebenden Luftraum entworfen hat.[6] »Die Oberfläche aller miteinander zusammenhangenden Meere muß im allgemeinen hinsichtlich ihrer mittleren Höhe als vollkommen in Niveau stehend betrachtet werden«, schreibt er dort und zeigt, daß dieses eine Weltmeer keineswegs eine ruhende Masse ist, sondern lebendig durchpulst wird von verschiedenen »pelagischen Strömungen«, welche die einzelnen Teile des Planeten miteinander verbinden. »Wahre oceanische Flüsse« nennt er sie, »welche die Weltmeere durchstreifen« und »warme Wasser in höhere oder kalte Wasser in niedere Breiten« führten.[7] Dazu zählt er den Äquatorialstrom,

Fast zwei Drittel der Erdoberfläche sind vom Meer bedeckt.

den warmen Golfstrom (der bereits im 16. Jahrhundert bekannt war), aber auch den von ihm entdeckten und später nach ihm benannten kalten »Humboldtstrom« an der Westküste Südamerikas. Der Ozean, seit James Cooks Forschungsreisen durch die südlichen Breiten in seinen gewaltigen Dimensionen annähernd bekannt, ist jetzt mehr als ein topographisches Element, ist nicht nur Fläche, sondern Raum, bewegter, lebendiger Organismus, zugleich Lebensraum einer schier unendlichen Fülle von Geschöpfen.

> Aeußerlich minder gestaltenreich als die Oberfläche der Continente, bietet das Weltmeer bei tieferer Ergründung seines Innern vielleicht eine reichere Fülle des organischen Lebens dar, als irgendwo auf dem Erdraume zusammengedrängt ist. Mit Recht bemerkt in dem anmuthigen Journal seiner weiten Seereisen Charles Darwin, daß unsere Wälder nicht so viele Thiere bergen als die niedrige Waldregion des Oceans: wo die am Boden wurzelnden Tang-Gesträuche der Untiefen oder die frei schwimmenden, durch Wellenschlag und Strömung losgerissenen Fucus-[= Algen-]Zweige ihr zartes, durch Luftzellen emporgehobenes Laub entfalten. Durch Anwendung des Microscops steigert sich noch mehr und auf eine bewundernswürdige Weise der Eindruck der Allbelebtheit des Oceans: das überraschende Bewußtsein, daß überall sich hier Empfindung regt.
>
> Aus: Alexander von Humboldt: Kosmos. Entwurf einer physikalischen Weltbeschreibung I (1845), S. 328f. (= Kap. 14).

Was Humboldt richtig vermutete, aber mit den Instrumenten seiner Zeit nicht näher erforschen konnte, war das Verhältnis der pelagischen Ströme zu den Tiefenschichten der Ozeane: »Man weiß nicht, wie weit die ozeanischen Ströme, warme und kalte, gegen den Meeresboden hin ihre Bewegung fortpflanzen.«[8] Inzwischen, so die Ozeanographen, wisse man es. Die einzelnen Teile des Ozeans seien durch das globale Strömungsnetz der »Thermohalinen Zirkulation« verbunden, auch »Globales ozeanisches Förderband« genannt, das durch Unterschiede in Temperatur und Salzkonzentration in beständig zirkulierender Bewegung rund um den Globus gehalten werde und zwischen warmen und kalten Strömungsverläufen changiere. »Ein Tropfen Wasser, der über warme Oberflächenströmungen in den Atlantik transportiert wird, wird schließlich abkühlen und sinken. Dieser Tropfen wird in den Tiefenströmungen gefangen und in das große ozeanische ›Förderband‹ mitgerissen, in dem er Tausende von

Die Thermohaline Zirkulation

Kilometern transportiert wird. Letztendlich wird er im Nordatlantik wieder an die Oberfläche kommen – eine Reise, die fast 1000 Jahre dauert.«[9] Nichts könnte das Bild der einen, in ihren Tiefen durch einen unendlichen Kreislauf verbundenen, »globalisierten« Welt besser zum Ausdruck bringen. Was Lichtenberg 1793 in einer Art von philosophischer Ergriffenheit über das Meer schrieb, daß nämlich »die Welle, die jetzt hier meinen Fuß benetzt, ununterbrochen mit der zusammenhängt, die Otaheite [= Tahiti] und China bespült, und die große Heerstraße um die Welt ausmachen hilft«,[10] hat im Projekt der »Thermohalinen Zirkulation« ihre dem 21. Jahrhundert entsprechende Metapher gefunden.

Das gefährdete Meer

In der antiken Philosophie der Stoa, der auch Naturforscher wie Plinius oder Seneca anhingen, wurden vergleichende planetarische oder kosmologische Erkenntnisse gern zu moralischen Ausführungen genutzt, um den Menschen an seine »Kleinheit« gegenüber dem All zu erinnern. »Wie lächerlich sind doch die Grenzen der Sterblichen«, heißt es in Senecas *Naturwissenschaftlichen Untersuchungen* angesichts der Größe des Universums, »nur ein Punkt ist es, auf dem ihr segelt, Kriege führt, auf dem ihr Reiche errichtet, die doch winzig klein sind, auch wenn sie mit beiden Seiten den Ozean berühren.«[11] Im Grunde sind es immer noch ähnliche Einsichten über die *termini mortalium*, die »Grenzen der Sterblichen«, die das wachsende

Wissen über das Meer, das uns von allen Seiten umgibt, heute hervorbringen. Dabei werden diese »Grenzen« weniger als individuelle moralische Schranken denn als Warnung vor einem ins Grenzenlose unbedachten Umgang mit den ökologischen Reserven des Planeten definiert. Ozeanographie ist, wie zahlreiche aktuelle Verlautbarungen zu einschlägigen Forschungsprojekten erkennen lassen, eine Wissenschaft mit dezidiert moralischen Implikationen geworden: Es geht um den Schutz des durch menschliche Maßlosigkeit gefährdeten Meeres.

Dabei ist unser Verhältnis zum Meer – wie zur Natur insgesamt – in eine Krise ganz besonderer Art geraten. *Challenger*, der »Herausforderer«, konnte sich das britische Forschungsschiff noch stolz und unbeschwert nennen, das 1872 zur bislang größten Expedition zur Erforschung der Tiefsee aufbrach. Der aggressive Name war Programm: Es ging um die »Herausforderung« einer dem Menschen unbekannten, fremden, auch feindlichen Natur, ihre Erkundung, Bezwingung und Dienstbarmachung; *Challenger* hieß einhundert Jahre später auch die US-amerikanische Raumfähre, heißen noch immer die Kampfpanzer der britischen Streitkräfte. Literarisch hat Ernest Hemingway diese »Herausforderung« der Natur eindrucksvoll im Bild des zähen, unerschrockenen Kampfes gestaltet, den sein alter kubanischer Fischer gegen den schwertbewehrten Riesen-Marlin führt (*Der alte Mann und das Meer*, 1952). Da konnte in die Gegnerschaft auch Sympathie einfließen, da konnte am Ende der Kampf erfolglos ausgehen, in jedem Fall stehen sich Mann und Fisch, Mensch und Natur »herausfordernd« als Gegner gegenüber.

Inzwischen, ein halbes Jahrhundert später, ist die Jagdmetapher längst der karitativen Metaphorik des Schützens, des Pflegens, des Heilens gewichen. Ängstliche Blicke gelten dem Meer, der großen, uralten Mutter des Lebens. Wird sie uns auch in Zukunft mit dem Lebensnotwendigen versorgen? Mit ausreichender und sauberer Nahrung aus ihren Tiefen? Mit dem unverstellten Anblick ihrer Herrlichkeit? Vor allem aber mit ungefährdeten klimatischen Bedingungen rings um den Globus?

Nichts charakterisiert den Wandel der Mentalitäten besser als ein Begriff, der heute in der Leitsprache der Naturwissenschaften, dem Englischen, immer wieder auftaucht, wenn es um das Verhältnis des Menschen zum Meer geht: *impact*. Von »Eingriffen« des Menschen in die Natur ist die Rede, von den »Auswirkungen« dieser Eingriffe, und in der Regel ist der Begriff negativ besetzt, schwingt darin die wortgeschichtliche Grundbedeutung des »Aufpralls«, des »Einschlags« mit.

Vom Meer sprechen heißt daher heute, von Problemen sprechen. Der *Census of Marine Life* hat nicht nur Tausende von neuen biologischen Arten entdeckt, sondern auch ausgemacht, daß erhebliche Teile des Meeresgrunds vermüllt sind. Nicht mit dem faszinierenden »Müll« vergangener Zeiten, mit dem sich die seit etwa zwei Jahrzehnten aufblühende Disziplin der Unterwasserarchäologie beschäftigt (nebst einer wachsenden Zahl von Hobbytauchern), sondern ordinäres »*disposal of waste and litter*«,[12] absichtsvoll »entsorgt« oder leichtfertig über Bord geworfen. Selbst in den abgelegenen Gewässern der Arktis lagert immer mehr Müll.[13] Die »Vermüllung« vielbesuchter oder von Sportbooten vielbefahrener Küstenabschnitte an den schönsten Mittelmeerstränden kann man mit eigenen Augen beobachten. Selbst in der »Blauen Grotte« auf Capri dümpeln heute Plastiktüten und Kondome.

Nicht nur ekelhaft, sondern tendenziell gefährlich ist der auf dem Meeresboden lagernde Atom-»Müll«. Von 1946 bis 1993 war die »Endlagerung« radioaktiver »Rückstände« auf dem Meeresgrund – darunter im Nordatlantik – gängige Praxis. Mit gesunkenen oder versenkten Atom-U-Booten liegen zudem ganze Atomreaktoren auf dem Meeresgrund.[14]

Zur gegenständlichen kommt die chemische Verschmutzung, die sogenannte »Eutrophierung«, also die verstärkte Einleitung von Phosphaten aus überdüngten Abwässern, welche die Meeresforscher des »Marinen Zensus« bereits vor etwa einhundert Jahren beginnen sehen.[15] Hinzu kommen okkasionelle Katastrophen durch havarierte Öltanker, die ganze Küstenabschnitte und deren Fauna und Flora für kürzere oder längere Zeit verseuchen.

Zu den *impacts*, die die Substanz der Meere angreifen, gehört auch deren Ausplünderung durch Überfischung und kriminelle Fangmethoden. Der Schriftsteller Werner Helwig hat das Thema erstmals in seinem Roman *Raubfischer in Hellas* (1939) angesprochen, aber was er beschreibt – die Dynamitfischerei einiger heruntergekommener Abenteurer –, erscheint geradezu harmlos gegenüber den Praktiken einer industrialisierten Fischwirtschaft, die seit den 1950er Jahren mit aggressiven Fangmethoden die Bestände an Großfischen weltweit erheblich dezimiert und zum Beinahe-Erlöschen ganzer, uns wohlvertrauter Arten geführt haben. Laut einer *Census*-Studie sollen »in den letzten 50 Jahren 90% aller Großfische aus den Weltmeeren verschwunden sein«.[16] Spricht man mit älteren Fischern am Tyrrhenischen Meer, scheint sich dieser Eindruck zu bestätigen. *'O mar' è vacant*, »das Meer ist leer«, sagen sie – eine geradezu apokalyptische Vorstellung!

Auf der anderen Seite wandern über die »große Heerstraße des Meeres« (Lichtenberg) heute zwielichtige Gestalten, lassen sich in fremden Territorien nieder und stiften dort Unruhe. Es sind die sogenannten »invasiven Arten«, auch Bioinvasoren genannt, die auf ihre Weise von der Globalisierung der Verkehrs- und Handelswege profitieren und etwa im Ballastwasser der großen Schiffe in fremde Meere reisen. Allein Hunderte solcher ortsfremder Migrantenarten, eingewandert aus dem Indischen und dem Pazifischen Ozean, haben sich in den letzten Jahren im Mittelmeer niedergelassen.[17] Gleichzeitig führt die Erwärmung der Nordsee dazu, daß sich, so die »Biologische Anstalt Helgoland«, mediterrane Fische heute vor Helgoland tummeln,[18] darunter die Streifenbarbe, unter dem Namen *Triglia* in Italien beliebter Bestandteil eines *Fritto misto.*

Das große Meer ist auf diese Weise zum Sorgenkind geworden. Es muß geschützt, gehegt und gepflegt werden. Im Rahmen der »Biodiversitäts-Konvention« der Vereinten Nationen (1992) soll die Einrichtung von Meeresschutzgebieten gefördert werden, das Problem ist dabei allerdings, daß außerhalb der 200-Meilen-Zone rechtliche Übereinkünfte schwierig zu erreichen sind. Verhandlungen über die Einrichtung einer ersten größeren *Marine Protected Area* vor der Antarktis sind im Juli 2013 gescheitert.[19] Alle bereits existierenden Reservate befinden sich in Küstennähe auf nationalen Territorien, in Deutschland sind es die »Wattenmeer-Nationalparks« an der Nordsee.

Das Problem einer ungebremsten Ausbeutung der Meere könnte sich verschärfen, wenn sich die kursierenden Nachrichten von riesigen Rohstoffreserven am Meeresgrund bestätigen sollten. Nach der Internationalen Seerechtskonvention der Vereinten Nationen von 1982 sind die Meere außerhalb der 200-Meilen-Zone »gemeinsames Erbe der Menschheit«. Das klingt sehr schön, aber die Erbstreitigkeiten haben längst begonnen. Die Internationale Meeresbodenbehörde in Jamaica bemüht sich, dieses Erbe durch Pachtverträge zu verwalten. Auch Deutschland hat seit 2006 ein Meeresbodengebiet im Pazifik »gepachtet«, um dort die Möglichkeit des Abbaus von Manganknollen zu erforschen.

Das verlorene Meer

El mar es un planeta herido, »das Meer ist ein verwundeter Planet« (Pablo Neruda).[20] Es erscheint verwegen, angesichts aller bestehenden und sich abzeichnenden marinen Katastrophen auf eine Katastrophe besonderer Art, vielleicht die schmerzlichste von allen, hinzuweisen: Es ist die nachhaltige Verletzung unserer ästhetischen Wahrnehmung. *Necesito del mar porque me enseña*, heißt es bei Neruda, einem der großen Dichter des Meeres, »Ich brauche das Meer, weil es mich lehrt«.[21] Aber ist das schmutzige Meer noch der »Spiegel der Seele«? Können sich an marinen »Bioreservaten« noch ozeanische Allmachtsgefühle entzünden? Kann intellektuelles Bewußtsein am Meer noch immer – wie Lichtenberg auf Helgoland – über den Atem der »dumpfigen Städte« triumphieren?[22] »Das Meer! [...] Es wird wohl das einzige sein, was ihr nicht werdet verderben können, außerhalb der Städte, versteht sich«, sagt in Tomasi di Lampedusas Novelle *Die Sirene* (sie spielt 1938) der alte Gelehrte, der einst in den Armen der schönen Sirene gelegen hatte.[23] Aber die Prophezeiung sollte sich nicht erfüllen: Auch das Meer ist längst »verdorben« worden. Und spätestens dann, wenn wir die verschwiegene Bucht von einst als Tummelplatz kreischender Massen wiederfinden, wenn der Schwimmer sich unvermutet in den schlierigen Resten eingeleiteter Abwässer verfängt, der vertraute Blick zum leuchtenden Horizont von industriellen Nebeln verschleiert wird, stellt sich diese Erkenntnis auch als lebensgeschichtliche Erfahrung ein. Der Blick aufs Meer fällt auf eine verlorene, eine heruntergekommene Schönheit. Der italienische Schriftsteller Raffaele La Capria, 1922 in Neapel geboren, am Meer aufgewachsen, passionierter Taucher und dem Meer ein Leben lang verbunden, hat in diesem Sinne vom Meer gesprochen, einem Meer, das einmal war und heute nicht mehr ist:

> Ich höre die Schreie der Möwen, jene rauhen, uralten, geheimnisvollen Schreie, jene diomedeischen Klagen. Aber es ist wie eine Täuschung in der Luft. Die gleichen Schreie habe ich vor wenigen Tagen in Rom gehört. Eine Kolonie von Möwen hatte sich im Zentrum der Stadt niedergelassen. Von Hunger getrieben, vom Mangel, der im Meer herrscht, hatten sie sich rund um die Kuppel der Chiesa del Gesù niedergelassen, wenige Schritte von meinem Haus entfernt. Nachts fielen sie kreischend in die umliegenden Straßen ein, um Ratten zu fressen, Abfälle, Üb-

riggebliebenes. Ihre Schreie sind Schreie von Hungerleidern, Schreie von Müllsammler-Möwen, und in jenen nächtlichen Schreien liegt etwas Tragisch-Heruntergekommenes. So daß, wenn ich jetzt hier zwischen den Klippen von Capri die Möwen schreien höre, ihr Schrei nicht mehr wie früher von der Brandung des Meeres an mein Ohr dringt, Botschafter von Freiheit, von Weite, von Wind. Ihr Schrei wird von jenem anderen übertönt, jenem der Möwen der Stadt, und er entzaubert und erniedrigt ihn.

Das Wissen um den Niedergang verändert auch unsere Wahrnehmungsweisen. Schon ein Schlauchboot, das mit dem Geräusch seines Außenborders über das Meer knattert, ist Teil dieser Erfahrung. Dieses Geräusch kann auf einen Schlag den Zauber eines stillen Morgens zunichte machen. Das schlichte Auftauchen eines Motorboots in einer einsamen Bucht kann mit seiner plastifizierten Existenz nicht nur ein Mißklang sein, sondern etwas im metaphysischen Sinne Verstörendes. Und wenn früher ein Flasche, die am Strand liegengeblieben war, nur eine Flasche war, hat sie heute etwas Indezentes, wie ein Exkrement. Ebenso war früher ein Fleck Teer nur ein Fleck Teer und eine vergessene Büchse nur eine vergessene Büchse. Anders heute, heute sind es die Zeichen einer sich ankündigenden Katastrophe.

Raffaele La Capria: Capri e non più Capri, Milano 1991, S. 174f. (Übersetzung D. R.).

Das Sommermeer

Und dennoch vergnügen wir uns noch immer am Meer, massenhaft, wenn auch nur monatsweise: am Sommermeer. Der Strand ist weltweit die erste touristische »Option« für eine noch immer wachsende Zahl von Urlaubern. Was zieht sie ans Meer, an einen schmalen, öden Landstreifen, der in den Katalogen der Reiseveranstalter nach einer Begriffsskala von *feinsandig* bis *grobkiesig* ausdifferenziert wird? Das Wasser selbst spielt dabei die allergeringste Rolle, jedenfalls an den südlichen Stränden. Schwimmen im eigentlichen Sinn wird nur von wenigen praktiziert, meist jüngeren, sportlich avancierten (und nicht zuletzt nordeuropäischen) Besuchern. Italiener stehen im Hochsommer gern gruppenweise im flachen Wasser und tun das, was sie sonst auch tun: Sie unterhalten sich. Das eigentliche Strandleben ist Liegeleben: hingestreckte Körper in Formationen, deren Ästhetik

Strandleben, August 2013

durch die farbige Linearität der Sonnenschirme bestimmt wird. Am meisten bewegen sich noch die Kinder – schon auf Max Liebermanns Strandbildern kann man das sehen.

Und doch ist es das Meer, an dem all dies geschieht. In keiner anderen Landschaft der Welt kann die alte utopische Idee eines entgrenzten paradiesischen Lebens so unmittelbar ihre Erfüllung suchen wie am Meer. Es ist der leere Raum, es ist die schier unendliche Fläche, welche die alte mystische Erfahrung der stillgelegten Zeit aufschimmern lassen. Thomas Mann hat sie in den *Buddenbrooks* den kleinen Hanno in Travemünde umnebeln lassen, hat sie im *Zauberberg* als jene »wundersame Verlorenheit« beschrieben, die den Spaziergänger am Meer überkomme, das Ende der »Zeitwirtschaft«, »Getändel mit der Ewigkeit«.[24] Es ist die Erfahrung der »Urmonotonie« (Thomas Mann), die an die Urmonotonie jenes anderen Wassers erinnert, in dem wir alle einmal still und selig gelegen haben. Das Meer ist die Landschaft, die wie keine andere zu Tagtraum und Regression einlädt und die verdrängten Wünsche weckt, wieder Kind sein zu dürfen, das mit Sand und Wasser spielt.

In alledem ist der Strand der phantasmagorische Gegenentwurf zum Leben im Alltäglichen, der ideale Ort einer »Freizeitgesellschaft«, die sich, so der französische Soziologe Jean-Didier Urbain, als »Société de plage« konstituiert.[25] Nie zuvor in der Geschichte haben so viele Menschen dem Luxus des Badens im Meer gefrönt, haben sich Wohlbefinden, Freiheit, Schönheit, Gesundheit und Erotik so sehr mit der Erfahrung des Meeres verbunden. Im historischen Rückblick aus einem fernen, zukünftigen Jahrhundert könnte dieses »Meerleben« einmal als eine der großen sozialen Utopien einer untergegangenen Epoche erscheinen.

Und an den Küsten – liest man – steigt die Flut

Dem Bürger fliegt vom spitzen Kopf der Hut,
In allen Lüften hallt es wie Geschrei.
Dachdecker stürzen ab und gehn entzwei
Und an den Küsten – liest man – steigt die Flut...

Mit diesen Versen hat der expressionistische Dichter Jakob van Hoddis 1911 das bevorstehende *Weltende* an die Wand gemalt, die »Menschheitsdämmerung« nicht in germanisch-wagnerischen Feuerbränden, sondern in orientalischen Wasserfluten heraufkommen sehen.[26] Auch heute »liest man«, steigt die Flut, genauer gesagt: Man konnte es bereits vor sechzig Jahren lesen. »Wir leben in einem Zeitalter ansteigender Meere«, schrieb die oben erwähnte Rachel Carson 1951 in ihrem Buch *The Sea Around Us* (dt. *Wunder des Meeres*). Sie wies darauf hin, daß die Gletscher sich zurückzögen und die Erde sich erwärme, deutete dies allerdings als natürlichen Vorgang im Rahmen eines erdgeschichtlichen Zyklus, der mit dem Ende der letzten Eiszeit begonnen habe. Und ohne jede Aufregung kommentierte sie: »Dieser Nachweis eines ansteigenden Meeresspiegels ist eine interessante und sogar aufregende Sache, denn es kommt selten vor, daß wir innerhalb der kurzen Spanne eines Menschenlebens tatsächlich den Verlauf eines der großen geologischen Rhythmen beobachten und messen können. Was dabei geschieht, ist nichts Neues.«[27] Daß es vielleicht doch etwas Neues sein könnte, daß die globale Erwärmung auch anthropogener Natur sein und im verstärkten Ausstoß von Kohlendioxyd, Stickstofftrifluorid und anderen Treibhausgasen eine ihrer Ursachen haben könnte, scheint heute unter Klimaforschern Konsens zu sein. In jedem Fall sind die Veränderungen inzwischen auch meßbar: »Die Meerestemperatur vor der Nordseeinsel Helgoland ist in den vergangenen fünfzig Jahren um 1,7 Grad angestiegen«, teilte das Alfred-Wegener-Institut für Polar- und Meeresforschung nach Auswertung der längsten Meeresmeßreihe der Welt 2012 mit.[28] Und durch die Erwärmung der Meere und das Abschmelzen der Polkappen »steigt die Flut« – wieder einmal. Da will uns Goethes schönes terrestrisches Urvertrauen nicht mehr überzeugen: *Das Meer flutet immer/Das Land behält es nimmer.*[29]

Ökologisch sensibilisierten Zeitgenossen wird es kein Trost sein, daß wir Zeugen einer archaischen Rivalität zwischen dem Festen und dem Flüssigen werden, bei der im Augenblick wieder einmal das Flüssige auf dem Vormarsch ist. »Nicht für alle Zeiten bleibt dies hier Land und jenes dort See, sondern Meer entsteht, wo jetzt trockener Boden ist, und wo jetzt Meer, dort bildet sich wieder Land«, wußte schon Aristoteles.[30] Wie vergänglich die Grenze zwischen dem einen und dem anderen ist, kann man auch zweimal am Tag mit eigenen Augen sehen: dort, wo dem Wanderer im Watt die sanften Buckelwellen entgegenströmen, die unaufhaltsam das Land verschlingen, es in Meer verwandeln, das doch bald wieder zu Land wird, im ewigen Spiel von Ebbe und Flut. Das Meer ist nicht nur die älteste Landschaft der Erde, es ist auch ihre jüngste.

Katsushika Hokusai: Die große Welle von Kanagawa. Holzschnitt, Japan, um 1830

Anmerkungen

Das Flüssige und das Feste
Von Scheidung und Unterscheidung

1 Genesis 1,9 (Luther).
2 R. Hofrichter, Mittelmeer, 2002, 86–94.
3 Genesis 1,2 (Luther).
4 M. Eliade, Schöpfungsmythen, 122f.
5 Ebd., 112.
6 Ebd., 40f., 54f.; Art. »Nun« und »Urhügel« in: Lexikon der Ägyptologie, Bd. IV (1982), 534f. und VI (1986), 873ff.
7 K. Kerényi, Mythologie, 1964, 21ff.
8 Homer, Ilias XIV, 246 (J. H. Voß).
9 Hesiod, Theogonie, 337ff.
10 Ebd., 130–33.
11 M. L. Gemelli Marciano, Vorsokratiker, 2007, 15–17.
12 J. W. Goethe, Faust II, vv. 8435f.
13 W. Weischedel, Hintertreppe, 1966, 20ff.
14 Kohelet 1,7 (Luther).
15 M. L. Gemelli Marciano, Vorsokratiker, 2007, 49f.
16 Platon, Phaidon, 122b (Übersetzung Friedrich Schleiermacher).
17 I. Kant, Ursachen, 1968, 425f.
18 M. L. Gemelli Marciano, Vorsokratiker, 2007, 245.
19 Aristoteles, Meteorologie, 1984, 38 (353a).
20 Plinius, Naturgeschichte II, 202–4.
21 Aristoteles, Meteorologie, 1984, 40 (353a), 44 (355b).
22 Ebd., 49 (357b), 43 (354b), 48 (357a).
23 Ebd., 53 (359b).
24 Hrabanus Maurus, De universo, 1853, 263 (= II, 3).
25 Albertus Magnus, Meteora, 2003, 85 (≙ II, 3, 2).
26 Offenbarung des Johannes 21,1.
27 Stuttgarter Erklärungsbibel, 2005, 1908.
28 O. Eissfeldt, Gott und das Meer, 1966, 262f.
29 Psalm 33,7 u. 95,5 (Luther).
30 Jesaja 27,1 (Luther).
31 *Mare inter omnia aliquid magni est. Unde et innovabit ipsum Deus, qui nova facit omnia.* (Alexander Minorita, Expositio, 1955, 461f.)
32 S. Thomae de Aquino Opera Omnia: Ignoti Auctoris Expositio super Apocalypsim »Vox«, cap. 21 in: www.corpusthomisticum.org (8.6.2011). *Unde per hoc subtiliter intuenti datur intelligi quod purgabitur a corruptione omnimoda, et foeditate, et salsa amaritudine.*
33 Zum folgenden siehe die *Stratigraphic Chart* der International Commission on Stratigraphy, ferner S. M. Stanley, Wendemarken, 1998; ders., Earth System, 2005; P. Rothe, Erdgeschichte, 2009.
34 P. Rothe, Erdgeschichte, 2009, 62–67.
35 Ebd., 49f.
36 S. M. Stanley, Wendemarken, 1998, 106.
37 Aristoteles, Meteorologie, 1984, 39 (353a).
38 Genesis 1,20 (Luther).
39 Aristoteles, Meteorologie, 1984, 39 (353a).

Leviathan
Das Meer und der Tod

1 M. K. Wakeman, Battle, 1973, 7ff.
2 Offenbarung des Johannes 13,1.
3 J. Delumeau, Angst, 1985, Bd. 1, 49ff.
4 T. Jacobsen, Battle, 1968, 104ff.
5 A. Malamat, Heiliges Meer, 1994, 69f.
6 O. Eissfeldt, Gott und das Meer, 1966, 258f.; M. K. Wakeman, Battle, 1973, 56ff.; A. Malamat, Heiliges Meer, 1994, 72f.
7 So erscheint Leviathan in den Texten des Alten Testaments zum einen als besiegtes, zum anderen als noch immer aktives Seemonster (M. K. Wakeman, Battle, 1973, 67f.).
8 A. Schott, Gilgamesch-Epos, 1958, 90 (11. Tafel).
9 Vgl. H. P. Koch, Sintflut-Impakt, 1998; zu historischen Verortungen ferner N. u. E. Buchner, Klima, 2005, 191ff.
10 Hrabanus Maurus, De universo, 1853, 530 (= XI, 21; = De diluvio), 530. – Interessanterweise kennt Hrabanus Maurus auch mehrere, nämlich drei Sintfluten (*diluvii*).
11 Ovid, Metamorphosen I, 292.
12 A. Corbin, Meereslust, 1994, 18.
13 Hesiod, Theogonie, 110.
14 A. Malamat, Heiliges Meer, 1994, 66.
15 Zitate im Folgenden nach A. Schott, Gilgamesch-Epos, 1958, 75ff. (»Zehnte Tafel«).

16 Ebd., 78.
17 M.-L. Kaschnitz, Werke 4, 1983, 282 (»Am Circeo«).
18 E. Hornung, Totenbuch, 1979, 27f.
19 Homer, Ilias VIII, 369.
20 A. Pontrandolfo et al., Les tombes, 1997, 23.
21 *The wills above be done, but I would fain die a dry death* (I, 1).
22 Vergil, Aeneis VI, 374.
23 Vergil, Aeneis VI, 362–371 (Johannes Götte).
24 J. Assmann / A. Kucharek, Religion, 2004, 637f.
25 So in Molfetta, Cappella S. Maria del Principe/Chiesa della Morte (17. Jh.).
26 A. le Braz, Légende, 1945, II, 33–36, ferner www.ouessant.org/spip.php?article59 (16.6.2011).
27 »Friedhof der Heimatlosen« u. a. in Westerland/Sylt (gegr. 1854), in Nebel/Insel Amrum (gegr. 1905) und auf Spiekeroog (gegr. 1854).
28 N. Fischer, Gedächtnislandschaft der Katastrophe, in: S. Knöll u. a. (Hgg.), Tod, 2012, 17ff.
29 Ignoti Auctoris Expositio super Apocalypsim, cap. 20 in: www.corpusthomisticum.org (28.06.2011).
30 Apokalypse-Zyklus in der Kirche S. Caterina d'Alessandria in Galatina/Apulien (15. Jh.).
31 F. Braudel et al., Welt, 1990, 37.
32 Homer, Ilias XVI, 34.
33 O. Kaiser, Bedeutung, 1962, 32.
34 Aristoteles, Problemata physica 936a 5.
35 Lord Byron, Works, II, 1980, 184 (= Canto IV, 179).
36 P. B. Shelley, Works, 1970, 767 (»Queen Mab« II, 18) und 578.
37 H. Heine, Schriften, 1975, VI/1, 248 (»Bimini«).
38 H. C. Andersen, Märchen, 1981, I, 115.
39 G. Leopardi, Canti, 1962, 106 (= L'infinito, 13–15). Übers. v. Dieter Richter.

Die Götter der Tiefe
Eine Reise durch Poseidons Reich

1 Homer, Odyssee V, 295f. (Anton Weiher)
2 Ebd. III, 44.
3 Vergil, Aeneis I, 12–126. Vgl. N. Holzberg, Vergil, 2006, 142.
4 Homer, Ilias XV, 194.
5 Ebd. XV, 217.
6 Homer, Odyssee I, 68.
7 Ebd. I, 72.
8 Ebd. I, 26f.
9 Ebd. VIII, 138f.
10 Ebd. V, 366f.
11 J. Kahlmeyer, Seesturm, 1934, 19ff.
12 R. M. Rilke, Duineser Elegien, 1949, 14 (3. Elegie).
13 Homer, Ilias XX, 60ff.
14 K. Kerényi, Zeus, 1972, 56ff., 73.
15 J. Mylonopoulos, Poseidon, 1998, 82, 85f.
16 J. Mylonopoulos, Images, 2010, 188f.
17 Hesiod, Theogonie, 931.
18 Apollonios, Argonauten IV, 1618f.
19 Homer, Odyssee IV, 384ff.
20 K. Kerényi, Mythologie, 1964, 46–49.
21 Sappho 5 LP (Übersetzung Max Treu).
22 Im Griechischen *glaukos,* »bläulich-grün«.
23 Moschos (2. Jh. v. Chr), in: Griechische Lyrik, 1960, 139 (= 5. Idylle, Verse 1–3).
24 E. Walter-Karydi, Delphin, 1991, 243ff.
25 Aristoteles, De partibus animalium III, 6,68. Er zählt ihn dort zu den *kete*, also den Meerungeheuern, andernorts zu den *thalattia*, den Wassertieren, anders als die moderne Zoologie.
26 E. Digby, De arte, 1587, cap. 39.
27 Herodot, Historien I, 23f.
28 M. Rabinovitch, Delphin, 1947.
29 Konrad v. Megenberg, Natur, 2003, III, C, 9.
30 Vergil, Aeneis I,224.
31 Herculaneum, Casa di Nettuno e Anfitrite.
32 Herculaneum, Thermen; Baccano, Thermenanlage der Villa dei Severi (Rom, Museo Nazionale Romano); Minori, Villa Romana.
33 Domitius-Altar mit Hochzeit von Neptun und Amphitrite, München, Glyptothek (2. Jh. v. Chr.); Brunnenschale aus den Gärten der Agrippina, (Rom, Museo Nazionale Romano), Palazzo Altemps (1. Jh. v. Chr.).
34 München, Neue Pinakothek.
35 P. Zanker / B. C. Ewald, Mythen, 2004, 127f. – Zum Thema dort S. 117ff.
36 E. Zwierlein-Diehl, Gemmen, 2007, 128, 421 (Nr. 505–507).
37 N. Holzberg, Vergil, 2006, 142f.
38 Vergil, Aeneis I, 142f. u. 148ff. (Wilhelm Plankl).
39 H. Dörrie, Galatea, 1968.
40 Theokrit, Idyllen 11; Ovid, Metamorphosen XIII, 740ff.

41 J. Burckhardt, Cicerone, 1941, 881.
42 Giovanni Francesco Romanelli, Deckenfresko im Palazzo Altemps, Rom (1564); Ludovico Caracci, Modena (um 1592); Luca Giordano, Florenz, Galleria Palatina (um 1677).
43 François Boucher, Galatea, um 1740 (Stockholm, Nationalmuseum).
44 Dresden, Gemäldegalerie.
45 Vgl. H. Dörrie, Galatea, 1968, 58 ff.
46 J. W. Goethe, Faust II, vv. 8412 f.
47 Zitate vv. 8144 f., 8479.
48 Mailand, Pinacoteca di Brera.
49 Berlin, Staatliche Museen, Gemäldegalerie.
50 Wandbild »Ligurien«. Text: *Christophorus Columbus Ligur[ensis] Novi Orbis Repertor.*
51 Benedikt Wurzelbauer: Neptun, Bronze, um 1600 (Nürnberg, Germanisches Nationalmuseum Pl. O. 568); Neptun, Bronze, um 1545 (ebd., Pl. O. 2875).

Navigare
Das bezwungene Meer

1 Plinius, Naturgeschichte VII, 209.
2 Inseln der Winde, 2011, 58 ff., 64 ff., 102 f.
3 Plinius, Naturgeschichte VII, 206.
4 Euripides, Iphigenie bei den Taurern, vv. 414 ff.
5 Homer, Ilias II, 484 ff.
6 London, British Museum. Nach Inseln der Winde, 2011, 163.
7 Kudrun V, 264–69, 281–91.
8 G. Basile, Lo cunto, 1986, IV, 9.
9 Kudrun XIV, 745 ff.
10 P. Martini, Storia, 1861, 261 f.
11 G. Basile, Märchen, 2000, 18.
12 J. W. Goethe, Tagebücher, 1886, 435.
13 Zusammenstellung bei R. Henning, Terrae, 1936, I, 1 f.; für den Süden D. Richter, Süden, 2009, 29 ff.
14 Pytheas, Weltmeer, 1959, 110 ff.
15 Tacitus, Germania 45.
16 R. Henning, Terrae, 1936, I, 182 ff.
17 Dante, Inferno XXVI, 100–142.
18 R. Kaiser, Medieval English, 1961, 98.
19 Dazu U. Bitterli, »Wilden«, 1976, 376–81; P. E. Taviani, Abenteuer, 1989, 213.
20 H. Blumenberg, Schiffbruch, 1997, 13.
21 G. Basile, Lo cunto, 1986, 87.
22 Zedler, Universal-Lexikon, XIX, 167.
23 Kudrun XXII, 1128.
24 F. Petrarca, Le familiari, 1968, II, 19 (= V, 5).
25 Thukydides I, 4.
26 Inseln der Winde, 2011, 72 ff., 115 ff.
27 H. P. Duerr, Argonauten, 2011, 81 ff.
28 G. W. F. Hegel, Vorlesungen, 1928, 130.
29 M. Mollat du Jourdin, Europa, 1993, 53.
30 Plinius, Naturkunde XIX, 1, 4 und VI, 26, 103. – Die Aktivitäten von Kaufleuten aus Puteoli auf dieser Route bezeugen Graffiti in der Oase von Wadi Menih zwischen Koptos und Berenike (Baia, Museo Archeologico).
31 Tacitus, Annalen III, 54.
32 B. M. Kreutz, Amalfi, 1986, 119 f.; G. Gargano, Bussola, 2006, 88 ff.
33 G. Boccaccio, Decamerone, 1987, 174 (= II, 4).
34 F. Fabri, Pilgerfahrt, 1964, 150.
35 Grimm, Deutsches Wörterbuch XXVIII, 1656.
36 W. Sombart, Liebe, 1992, 131 ff.
37 Hugo Grotius: Mare liberum sive de iure quod Batavis competit ad Indicana commercia [d. i. »Freies Meer oder Vom Recht, das den Holländern auf den Ostindienhandel zusteht«], Leiden 1609.
38 E. Mann Borgese, Mit den Meeren, 1999, 140.
39 Ph. Dollinger, Hanse, 2012, 341.
40 U. v. d. Heyden, Adler, 2001, 80 f.

Landschaft und geistiger Raum
Die Ästhetik des Meeres

1 U. Frevert, Gefühle, 2008/2009, 56.
2 R. Schulz, Antike, 2005, 196 f.; K.-W. Weeber, Luxus, 2003, 63 ff.
3 J. Mühlenbrock/D. Richter, Herculaneum, 2006, 97 ff.
4 Capri, Villa Damecuta und Villa Jovis, zu letzterer C. Krause, 2003, 92 f.
5 Plinius, Briefe II, 17.
6 Statius, Silvae II, 2, 118–120 (Übersetzung Richard Sebicht).
7 Plinius, Briefe I, 9.
8 Minori, Villa Romana; Rom, Museo Nazionale Romano; Neapel, Archäologisches Nationalmuseum.
9 Rom, Museo Nazionale Romano, Villa Massimo.
10 Statius, Silvae II, 2, 26.
11 H. W. Nörtersheuser: Augustinus und das Knäblein, in: Enzyklopädie des Märchens I (1977), 1017 ff. – Bildliche Darstellungen u. a. Sandro Botticelli (Florenz, Uffizien), Gaspard Dughet (Rom, Galleria Doria Pamphilj).

12 Meister Eckhart Predigten, ed. Quint, 1958,123.
13 Angelus Silesius, Wandersmann, 1960, 31 (= I,25, »Gott ergreift man nicht«.)
14 G. Lüers, Sprache, 1966, 224–26.
15 H. S. Denifle, Buch, 1877, 64.
16 Angelus Silesius, Wandersmann, 1960, 131 (= IV, 139 »Die glückselige Ertrinkung«).
17 G. Tersteegen, Blumengärtlein, 1778, 463.
18 S. Freud, Unbehagen, 1996, 31 f.
19 Nikolaus von Kues, Schriften I, 1982, 297 (Epistola auctoris ad dominum Iulianum cardinalem).
20 M. O'Rourke Boyle, Cusanus, 1991,183.
21 G. Tersteegen, Blumengärtlein, 1778, 277.
22 C. F. Gellert, Gedichte, 1997, 115; J. Haydn, Die Schöpfung I, Nr. 6.
23 B. H. Brockes, Land-Leben, 1743, Vorbericht.
24 Ebd., 109 (»Entdeckte Merkmahle der Gottheit im Meere«).
25 Ebd., 89.
26 G. F. Händel, HWV 202–203.
27 Petrarca, Africa VIII, 500ff.; Ariost, Orlando furioso 41,8ff.; Camões, Lusiaden VI. Zum Schiffbruch in der bildenden Kunst vgl. S. Mertens, Seesturm, 1987.
28 I. Kant, Kritik, 1995, 185 (= §28).
29 F. Schiller, Schriften, 2005, 574, 576 u. 580.
30 Die Parallele zwischen dem Anblick der »Meereswogen« und dem des »gestirnten Himmels« bei G. C. Lichtenberg, Schriften, 1972, 95 f.
31 A. Zippel, Heinse, 1930, 89ff.
32 W. Heinse, Schriften IX, 1838, 98 f. (= Brief an Fr. Jacobi, Venedig, 26.1.1781).
33 W. Heinse, Ardinghello, 1924, 92 f.
34 J. W. Goethe, Italienische Reise, Palermo, 3.4.1787.
35 F. Mendelssohn-Bartholdy, Briefe, 1899, 108.
36 W. Waiblinger, Werke, 1980, I, 381 (= Bilder aus Neapel, 40).
37 Friedrich Leopold zu Stolberg, Die Meere (1777). In: C. Stolberg/F. L. Stolberg: Gedichte, 1821, 153.
38 J. v. Eichendorff, Tagebücher, 1908, 129 (22.9.1805).
39 E. Kästner, Schriften, 1959 VI, 147 (= Als ich ein kleiner Junge war, Kap. 16).
40 Vgl. den Artikel »Barkarole« in: Musik in Geschichte und Gegenwart I (1994), 1230ff.
41 W. Heinse, Ardinghello, 1924, 92.
42 J. J. Bodmer, Colombona, 1753, 16.
43 F. Schiller, Werke I, 239 (Epigramm »Columbus«). Dazu G. Kurscheidt, Kolumbus, 2008, 162ff.
44 W. Kirchner, Hölderlin, 1961/62, 86.
45 F. Hölderlin, Gedichte, 1992, 408 (»Kolomb«, unvollendet). Dazu A. Bennholdt-Thomsen/A. Guzzoni, Verheißungen, 2007, 57ff.
46 A. Honold, Suche, 2006, 122ff.
47 Dazu S. Seyfi, Hunds-Ungetüm, 2002, 325ff.
48 F. Nietzsche, Gedichte, 1994, 103.
49 F. Nietzsche, Briefwechsel, 1981, III/1,51 (24.11.1880).
50 F. Nietzsche, Wissenschaft, 1986, 172 (=III, 240).
51 S. Seyfi, Hunds-Ungetüm, 2002, 326.
52 H. Melville, Moby-Dick, 2002, 224 f. (Kap 58).
53 C. Bernoulli, Leuchten, 1803; A. v. Humboldt, Leuchten, 1829; C. G. Ehrenberg, Leuchten, 1835. Ferner C. G. Carus, Zwölf Briefe, 1986, 175 f.; W. F. A. Zimmermann, Meer, 1837, 95ff.
54 C. G. Ehrenberg, Leuchten, 1835, 4.
55 H. Trommer, Leuchten, 1964, 7ff.; in neuerer Zeit bei Michael Ende, Jim Knopf und die wilde 13 (1962).
56 A. v. Humboldt, Ansichten, 2008, 177.
57 A. v. Chamisso, Werke III, 35; G. Chr. Lichtenberg, Schriften IV, 1974, 148; C. G. Carus, Briefe, 1841, 192 f.
58 Staatliche Kunstsammlungen Dresden, Galerie Neue Meister. Dazu Carl Gustav Carus, 2009, 56–58.
59 Unveröffentlicht, zit. nach Carl Gustav Carus, 2009, 47.
60 C. G. Carus, Zwölf Briefe, 1986, 69ff., 162 f. Auch W. F. A. Zimmermann, Meer, 1837, 89ff., sieht das Meer in der Farbe grün.
61 Paris, Musée d'Orsay; Essen, Museum Folkwang; Hannover, Landesmuseum; Bremen, Kunsthalle.
62 Essen, Museum Folkwang.
63 Kunsthalle Kiel.
64 E. Haeckel, Briefe, 1921, 86.
65 J. Michelet, Meer, 2006, 115.
66 R. Binet, Natur, 2007, 10.
67 E. Haeckel, Kunstformen, 1899, Vorwort.
68 M. Proust, Suche, 1955, 48 (= IV, 1).
69 H. Heine, Werke XX, 1970, 254 (Brief an Campe, Norderney, 29.7.1826).
70 Die gleiche Perspektive in Eichendorffs Gedicht *Meerfahrt* (»Ich seh von des Schiffes Rande/Tief in die Flut hinein ...«).

71 H. Heine, Schriften I, 1975, 192 ff. (*Seegespenst, Reinigung*).
72 W. Müller, Werke II, 1994, 64 f. (*Vineta*).
73 Auch August von Platen sieht, an einer ganz anderen Küste, die Fischer mit dem Ewigen und Unwandelbaren verbunden (*Die Fischer auf Capri*, 1827).
74 H. Heine, Schriften I, 1975, 181 (*Abenddämmerung*).
75 In Adelungs Wörterbuch wird die »Lustfahrt« erstmals als »Fahrt, oder Veränderung des Ortes, auf dem Wasser« definiert (Wörterbuch II, 1796, 1631), sie folgt der Tradition des galanten Kutschen-Corso.
76 Berlin, Alte Nationalgalerie.
77 H. v. Kleist, Werke II, 1965, 327.
78 Skagen, Skagens Museum; Kiel, Kunsthalle.
79 Th. Mann, Zauberberg, 1994, 745 f.
80 P. B. Shelley, Works, 1975, 561. Shelleys Ausgewählte Dichtungen, übers. v. Adolf Strodtmann, Hildburghausen 1866, S. 315.
81 Lord Byron, Childe Harold IV, 178. Übers. v. Dieter Richter.

Des Meeres und der Liebe Wellen
Fluten der Leidenschaft

1 C. P. Funke, Real-Schullexikon, 1818, 430.
2 Griechiche Lyrik, 1960, 49 (Übersetzung Eduard Mörike).
3 Straparola, Notti VII, 2.
4 C. F. Meyer, »Mit zwei Worten«.
5 Vergil, Georgica III, 258 ff. u. 244 (Übersetzung Johannes Götte).
6 Herodot, Historien VII, 34.
7 Des Knaben Wunderhorn II, 1808, 252.
8 F. Straparola, Notti, 1979, II, 41.
9 Ovid, Heroides XIX, 174.
10 F. Grillparzer, Werke III, 256.
11 Anthologia graeca IX, 143.
12 Paracelsus, Werke I/14, 1933, 133 (Liber de nymphis, sylphis, pygmaeis et salamandris).
13 Isidor, Etymologiae XI,3, 31.
14 Dante, Göttliche Komödie, Purgatorio XIX, 33.
15 Nana Mouskouri, Album *Meine Lieder sind mein Leben* (1981), dazu (mit klugen Bemerkungen zu einem nur scheinbar albernen Thema) R. Moritz, Meer, 2012, 59 f.
16 I. Bachmann, Erzählungen, 1988, 254.
17 Strabon lokalisiert das »Vorgebirge der Seirenusen« am nördlichen Eingang des Golfs von Paestum, der Insel Capri gegenüberliegend, einschließlich der heute »Li Galli« genannten kleinen Inselgruppe der »Seirenen« (V, 4, 8).
18 N. Douglas, Siren, 1982, 189.
19 Homer, Odyssee XII, 168 f.
20 Tomasi di Lampedusa, Racconti, 2010, 117, 119.
21 L. Erk / F. M. Böhme, Liederhort, 1893, 4.
22 Vgl. H. Gerndt, Art. »Fliegender Holländer«, in: Enzyklopädie des Märchens 4 (1984), 1299 ff. – Danach entwickelt sich die Sagenfigur erst seit Ende des 18. Jahrhunderts.
23 H. Ibsen, Werke V, 1911, 41, 103 u. 108.
24 H. Ibsen, Schriften IV, 1909, 7.

Tochter des Wassers
Die Insel

1 Das Märchen der 538. Nacht (Calcuttaer Ausgabe, ed. Enno Littmann).
2 Argonauten II, 317 ff. und 549 ff.
3 Nationalpark Wattenmeer, Nachrichten, Januar 2013, www.nationalpark-wattenmmeer.de (26.4.2013).
4 www.tuvaluislands.com/news (26.4.2013); www.climate.gov.ki (19.7.2013).
5 H. Kesel, Capri, 1983, 240 ff.
6 Das mit dem UN-Umweltprogramm (UNEP) verbundene *Island Directory*, eine Auflistung und Beschreibung von rund 2000 kleineren Ozean-Inseln, bietet auch eine Rubrik *More Isolated Islands.* Nach einem *Index of Isolation* wird dort ein Ranking der abgelegensten Inseln erstellt. Die abgelegenste Insel ist danach das zu Papua-Neuguinea gehörende Bougainville (www.islands.unep.ch).
7 Christian Schüle: Die Parabel von Pitcairn, in: Mare 58, Oktober 2006.
8 J. Schalansky, Atlas, 2009, 19.
9 Die Insel Spinalonga vor Ostkreta war bis ins 20. Jahrhundert ein Leprosorium.
10 F. Braudel et al., La Méditerranée, 1966, I, 144.
11 K. v. Boeckmann, Kulturreich, 1924, 12 ff.
12 F. Braudel et al., Das Mittelmeer, 1990, I, 216.
13 W. D. Hund: Bikini – die unglücklichen Inseln, in: Blätter für deutsche und internationale Politik 7/2006, S. 870–878.
14 C. Columbus, Dokumente, 1992, I, 279 ff. u. II, 340 (*Epistula Cristofori Colombi de insulis in mare Indico nuper inventis*).
15 D. Richter, Schlaraffenland, 1984, 61 ff.
16 D. Richter, Süden, 2009, 100 ff.
17 Ebd., 2009, 118 f.

18 P. Gauguin, Noa Noa, 1969, 16.
19 H. A. Glaser, Inseln, 1996, 233.
20 A. Solschenizyn, Archipel, 1974, 9.
21 H. Ibsen, Schriften IV, 1909, 7.
22 J. Verne, L'île, 1971, 51.
23 Vernes »Standard Island« mißt 27 qkm, die drei »Palm-Islands« sind auf 50 qkm projektiert; das bereits fertiggestellte »Palm Jumeirah« mit dem Hotel »Atlantis« mißt 5,6 qkm. Auch in der Tokyo Bay, einer der am dichtesten besiedelten Gegenden der Erde, gibt es mehrere künstliche Inseln, darunter die Vergnügungsinsel Odaiba.
24 A. Schmidt, Gelehrtenrepublik, 1985, 130f.
25 Aristoteles, Meteorologie, 392 b (= II, 3); A. Henkel/A. Schöne, Emblemata, 1967, 73.

Süßbecken und Salzflut
Eine kurze Geschichte des Badens

1 Prokop, Perserkriege, 1970, 274 (= II, 11).
2 A. Malamat, Heiliges Meer, 1994, 74.
3 Plutarch, Cato, 20,6; Horaz, Carmina I, 3, 8 und Satiren II, 1, 7; P. Vegetius Renatus, Epitoma I, 10.
4 K.-W. Weeber, Baden, 2007, 10ff.
5 Horaz, Epist. I, 1, 83.
6 Sueton, Augustus 82.
7 Ebd. 64.
8 Seneca, De brevitate vitae, 13, 1.
9 A. Corbin, Territoire, 1988.
10 Livius II, 10.
11 Sueton, Iulius Caesar 64.
12 Sueton, Nero 35.
13 Plinius d. J., Briefe IX,33.
14 T. Giunti, De balneis, 1553, 323 r. Dazu S. Stefanizzi, De balneis, 2011, 125–132.
15 T. Giunti, De balneis, 1553, 181 v.
16 Ebd., 28 v.
17 Ebd., 80 v.
18 Albertus Magnus, Meteora, 2003, 103.
19 Pietro da Eboli, De balneis, 1987, 38ff.
20 Ebd., 42.
21 Ebd., 48.
22 Ryccardi, Chronica, 1938, 148.
23 S. Stefanizzi, De balneis, 2011, 33ff.
24 T. Giunti, De balneis, 1553. Dazu S. Stefanizzi, De balneis, 2011, 3ff.
25 Pompeo Sarnelli, Guida, 1691, 126–28 (*Regole utilissime e necessarie per que', che prendono i bagni in Pozzoli o altrove)*.
26 S. Bartolo, Ragguaglio, 1667, Titel.

Gesundes Wasser
Die Entwicklung der marinen Aquakultur

1 M. Frey, Bürger, 1997, 37f.
2 A. Corbin, Meereslust, 1990, 86.
3 C. W. Hufeland, Erinnerung, 1801, 7.
4 Ebd., 27.
5 Ebd., 37f.; C. G. Gruner, Flußbäder, 1792, 162ff.
6 C. W. Hufeland,, Erinnerung, 1801, 7.
7 W. Krauss, Hydrotherapie, 1991, 183.
8 Für Wien und die Donau E. G. Eder, Bade- und Schwimmkultur, 1995, 75ff., allgemein H. P. Duerr, Nacktheit, 1988, 96ff.
9 Ich zitiere im folgenden nach der 4. Auflage, die unter leicht verändertem Titel 1760 in London erschien. Der Name des Autors erscheint gelegentlich auch als *Russel.*
10 *De tabe glandulari sive de usu aquae marinae in morbis glandularum* (»Über die Erweichung der Drüsen oder Über den Gebrauch von Meerwasser bei Erkrankungen der Drüsen«, 1750).
11 R. Russell, Dissertation, 1760, VI, III u. XII.
12 Ebd., VII.
13 Die Priesterin Iphigenie nimmt das angeblich entweihte Bild der Göttin vom Altar, um es im Meer zu reinigen; in Wirklichkeit will sie es mit Hilfe von Orestes und Pylades entführen.
14 R. Russell, Dissertation, 1760, 57.
15 Ebd., 53, 86. Es handelt sich um zwei Fälle mit Tumoren am Knie.
16 Eselsmilch war im 18. Jahrhundert ein beliebtes Heilmittel, eingesetzt u. a. gegen Tuberkulose.
17 A. Sakula, Doctor Brighton, 1995, 33.
18 Ebd.
19 Die Abbildung eines solchen von Pferden gezogenen Karrens in S. Berry, Brighton, 2005, 12.
20 J. Awsiter, Thoughts, 1768, 9.
21 London, British Library, Music Collections G 312 (217).
22 S. Berry, Brighton, 2005, 37ff.
23 B. Hedinger, Saison, 1986, 14–17.
24 Vgl. W. Promies, Bade-Meister, 1981, 1ff.
25 G. C. Lichtenberg, Seebad, 1972, 95.
26 Ebd., 99f.
27 G. C. Lichtenberg, Schriften IV, 1974, 148 (= Brief, Stade, 19.7.1773).
28 G. C. Lichtenberg, Seebad, 1972, 100.
29 G. C. Lichtenberg, Schriften IV, 1974, 151 (= Brief, Stade, 19.7.1773).
30 G. C. Lichtenberg, Seebad, 1972, 96.

31 Ebd., 101.
32 Ebd., 96.
33 B. Hedinger, Saison, 1986, 19.
34 W. Promies, Bade-Meister, 1981, 10.
35 S. G. Vogel, Seebäder, 1794, 138.
36 C. H. Pfaff, Kieler Seebad, 1822, 10ff.
37 Ebd., 15ff.
38 Ebd., 88.
39 S. G. Vogel, Seebäder, 1794, 133 u. 124; C. H. Pfaff, Kieler Seebad, 1822, 74.
40 S. G. Vogel, Seebäder, 1794, 134; C. H. Pfaff, Kieler Seebad, 1822, 88.
41 S. Berry, Brighton, 2005; B. Hedinger, Saison, 1986, 113ff.
42 G. C. Lichtenberg, Seebad, 1972, 98.
43 B. Hedinger, Saison, 1986, 34–38; E. Fuchs, Sittengeschichte III, 1912, 447f.
44 Felix Vallotton, Fortunato Depero, Giorgio De Chirico.
45 B. Hedinger, Saison, 1986, 108f.
46 T. Smollett, Travels, 1969, 239 (Brief vom 19.12.1764).
47 Zit. B. Hedinger, Saison, 1986, 21.
48 G. C. Lichtenberg, Seebad, 1972, 99.
49 H. L. Gumbert, Lichtenberg, 1977, 249.
50 H. Heine, Werke XX, 1970, 265 (Brief an Moser, Norderney, 8.7.1825).
51 Ebd., 259.
52 Ebd., 257.
53 Ebd., 253.
54 Ebd., 255.
55 S. Berry, Brighton, 2005, 166.
56 F. W. v. Halem, Seebade-Anstalt, 1816, 647.
57 J. Austen, Sanditon, 2011, 159.
58 S. G. Vogel, Seebäder, 1794, 56.

Wilde Wogen, freies Schwimmen
Die neue Lust an der Natur

1 *ut incidente periculo ex undis facilius emergas*, N. Wynmann, De arte, 1538 (Originaltext ohne Paginierung).
2 Zu Digby vgl. N. Orme, Swimming, 1983, 81 ff.
3 Melchisedech Thévenot: *L'art de nager, démontré par figures, avec des avis pour se baigner utilment*, Paris 1696 (englisch *The art of swimming*, London 1699).
4 N. Orme, Swimming, 1983, 33.
5 E. Digby, De arte, 1587, cap. 6 u. 8.
6 Monteoliveto Maggiore, Klosterhof (*Come Benedetto fa tornare nel manico uno roncone che era caduto nel fondo di un lago*).
7 J. J. Rousseau, Emile, o. J., 216f.
8 Jean Paul, Werke X, 659, 653.
9 Ebd., 655.
10 R. Z. Becker, Hülfsbüchlein, 1788, 331f.
11 J. C. F. Guthsmuths, Schwimmkunst, 1798, VII.
12 P. Brydone, A Tour, 1773, 11.
13 E. J. Trelawny, Letzte Sommer, 1986, 63ff.
14 Ebd., 108.
15 C. Sprawson, Ich nehme dich, 2002, 118ff.
16 Lord Byron, Works, 1980, 281f. (*Written after swimming from Sestos to Abydos*).
17 M. Blessington, Idler, 1839, 61.
18 F. G. Klopstock, Briefe, 1982, 51.
19 H. Rüdiger, Baden, 1989, 85f.
20 J. W. Goethe, Dichtung und Wahrheit IV, 19 (= HA X, 152f.).
21 R. Grumach, Begegnungen, 1980, 74; WA IV, 3, 74, WA III, 1, 26, 37, 69.
22 J. W. Goethe, Italienische Reise, Zweiter römischer Aufenthalt, Korrespondenz, 1.8.1787.
23 F. Weinbrenner, Denkwürdigkeiten, 1920, 156f.

Das deutsche Mittelmeer
Geschichte einer besonderen Beziehung

1 Herzog Ernst v. 1654.
2 Walther von der Vogelweide, Gedichte, 1966, 114.
3 J. Siebert, Tannhäuser, 1934, 119–21 (»Wol ime, der nu beizen sol …«).
4 Vgl. Oswalds von Wolkenstein Kreuzlied »Var heng und lass«, ferner allgemein X. Fielding, Winde, 1988, 182ff.
5 Th. Fontane, Briefe, 1968, 137 (= Brief vom 24.7.1880).
6 A. Stifter, Werke XIX, 1929, 36 (Brief an Gustav Heckenast, 20.7.1857).
7 R. Wagner, Leben, 1963, 579.
8 Jean Paul, Werke VI, 609.
9 Wilhelmine von Bayreuth, Tagebuch, 2002, 57.
10 J. W. Goethe, Italienische Reise, 25.3.1787.
11 K. Ph. Moritz, Werke I, 1973, 84.
12 H. Buddemeier, Panorama, 1970, 42 u. 194.
13 A. Stahr, Ein Jahr, 1863, 359.
14 R. M. Rilke, Briefe, 1930, 196 (= Brief an Clara Rilke, 18.2.1907).
15 Von den »vielen Hunderte[n], die sich baden« (vor seinem Haus an der Chiaia) berichtet der Maler Kniep in einem Brief an Goethe vom Juli/August 1788 (G. Striehl, Kniep, 1998, 299).

16 ASN Quaestura Diversi 1043/69 (»Per i stabilimenti di Bagni di mare«).
17 H. W. Rott/D. Siegert, Neapel, 2011, 70f.
18 J. H. W. Tischbein, Leben, 1922, 244; A. Stahr, Ein Jahr, 1863, 362; K. A. Mayer, Neapel, 1840, I,50; F. Gregorovius, Wanderjahre, III, 1872, 24.
19 J. D. F. Neigebaur, Handbuch, 1826, 378; A. Stahr, Ein Jahr, 1863, 362.
20 A. v. Platen, Briefwechsel, 1931, 297, 285, 299.
21 L. E. Grimm, Erinnerungen, 1913, 286.
22 W. Waiblinger, Werke IV, 1988, 473 (»Ausflug von Neapel nach Pestum«).
23 F. Hensel, Tagebücher, 2002, 173.
24 ASN Intendenza di Napoli 1752/6488. Danach werden bereits 1823 solche *camerini per uso di bagni* vermietet.
25 K. A. Mayer, Neapel, 1840, I, 50 u. 224f.; Salvatore Fergola, Bagni a Santa Lucia, ca. 1820, Neapel, Museo San Martino. – Auch die späteren Baedeker nennen dieses Bad und warnen Fremde vor den Bädern in S. Lucia und Marinella (Unteritalien, 1880, 25).
26 Provincia di Principato Citra: Regolamente di Polizia per i Bagni, Salerno, 23.7.1827, art. 1,3,6 (Archivio Comunale, Amalfi). – Ähnlich die Baderegeln in den 1860er Jahren aus Neapel (ASN Questura Diversin 1043/69.
27 E. Höpner, Tips, 1954, 7f.
28 J. Proelß, Deutsch Capri, 1901 (Zitat S. 25).
29 Jahrbuch 1957, 41.
30 P. Buchner, Gast, 1977, 209ff.
31 Endlich Urlaub, 1996, 39f.
32 Wolfang Uchatius: Verloren im Paradies. In: »Die Zeit«, 22.2.2001.
33 Für Informationen zu diesem Abschnitt danke ich Günther Bergmann (München), der an einer umfassenden deutschen »Reisegeschichte« des Landes arbeitet (Oktober 2012). Vgl. ferner D. Ipsen, Land der Griechen, 1999.
34 Mathilde Weber: Durch Griechenland nach Konstantinopel. Eine Gesellschaftsreise in 35 Tagen, Tübingen 1892.
35 V. Woolf, Briefe 2, 2006, 197 (Brief an Vita Sackville-West, Athen, 24.4.1932).
36 Nach einer Umfrage des Allensbach-Instituts vom April 1956 waren 57% der Männer schon einmal im Ausland – während des Krieges, 67% der Frauen hingegen noch nie (Jahrbuch 1957, 42).
37 Wolf Biermann zu Gast bei Wolfgang Neuss (1965): Das Familienbad (»Jeden Samstag geht der nette fette Vater...«).
38 A. Rosenberg, Mythus, 1935, 54 u. 34.
39 H. F. K. Günther, Rassengeschichte, 1929, 19.
40 2008 lag Spanien mit 18% vor Italien mit 14% auf der Liste der beliebtesten Urlaubsländer (Jahrbuch 2003–2009, 622), 2009 nahm es mit 10,2% vor Spanien mit 8,2% wieder den ersten Platz ein (Statistisches Bundesamt, Tourismus in Zahlen, 2010, 138).
41 Annuario Statistico Italiano 2011, S. 478 (Zeitraum 2006–2009).
42 Verteilung ausländischer Touristen nach Regionen: Nordosten 45,0%, Zentrum 26,9%, Nordwesten 15,2%, Mezzogiorno 12,9% (ebd., S. 480).
43 T. Manning, Italiengeneration, 2011, 255–324.
44 1972: 11%, 1982: 12%, 2008: 18% der Urlaubsreisen (Jahrbuch 1968–1973, 50; 1978–1983, 69; 2003–2009, 622).
45 Jahrbuch 2003–2009, 622.
46 Annuario Statistico Italiano 2011, 482: 47% der Ferienreisenden fallen unter die Rubrik »Meer/Kreuzfahrt«.

Die Tiefsee
Abyssale Tauchfahrten und submarine Forschungen

1 Aristoteles, Meteorologie 354a (=II, 1).
2 Plinius d. Ä., Naturgeschichte II, 224.
3 Zedler, Universal-Lexikon XX, 152.
4 Nikolaus von Kues, Schriften III, 1967, 632.
5 W. F. A. Zimmermann, Meer, 1837, 80.
6 Zur Geschichte J. Murray/J. Hjort, Depths, 1912, 3ff.
7 A. u. H. Boetius, Paradies, 2011, 73.
8 Center for Coastal and Ocean Mapping, Oktober 2012 (Unsicherheitsfaktor +/- 40 Meter).
9 J. Piccard, Logbuch, 1979, 64ff. – Im März 2012 tauchte der kanadische Filmregisseur (»Titanic«) James Cameron ins Challenger Deep.
10 D. Röhrlich, Tiefsee, 2010, 230ff.
11 B. H. Brockes, Land-Leben, 1743, 84 u. 86.
12 J. Verne, Vingt mille lieus, 1966, 12.
13 Ebd., 99.
14 Ebd., 548.
15 Hesiod, Theogonie, 1991, 299f.
16 J. Verne, Vingt mille lieus, 1966, 15.

17 J.-Y. Cousteau/P. Diolé, Kalmare, 1973, 206.
18 A. u. H. Boetius, Paradies, 2011, 340f.
19 J. Verne, Vingt mille lieus, 1966, 93.
20 C. Baudelaire, Fleurs, 1962, 30 (= L'homme et la mer).
21 Zitate im folgenden nach Th. Mann, Doktor Faustus, 1949, 420–36 (= Kap. XXVII).
22 Malte Herwig: Wie Fakten zu Literatur werden. Frank Schätzing, Thomas Mann und das höhere Abschreiben der Meeresbiologie. In: FAZ, 13.4.2005.
23 J. Verne, Vingt mille lieus, 1966, 13.
24 Zit. in Andreas Lorenz-Meyer: Gruselige Gesellen am Meeresgrund. In: Rhein-Neckar-Zeitung, 5.10.2012. Ähnlich D.T. Crist et al., Ozean, 2010, 27.
25 D. Röhrlich, Tiefsee, 2010, 27ff.
26 J. Murray/J. Hjort, Depths, 1912, 9f.
27 J. Piccard, Logbuch, 1979, 67.
28 A. u. H. Boetius, Paradies, 2011, 283.
29 www.coml.org/about-census – abgerufen 19.10.2012.
30 A. u. H. Boetius, Paradies, 2011, 283.
31 Die realen Details zum Leben in der Tiefsee nach D. T. Crist et al., Ozean, 2010, 77ff.; D. Röhrlich, Tiefsee, 2010, 121ff.; A. u. H. Boetius, Paradies, 2011, 287ff.
32 www.listentothedeep.net/acoustics – abgerufen am 22.10.2012.
33 Manfred Schlösser (Max-Planck-Institut für Marine Mikrobiologie): »Dunkle Energie« in der Tiefsee, in: www.mpi-bremen.de/dunkle_energie_in_der_tiefsee, 9.7.2007. Abgerufen 22.10.2012; A. u. H. Boetius, Paradies, 2011, 351ff.
34 William Martin/Michael J. Russell: On the origin of cells. Philosophical Transactions London B 358:59–85 (29.1.2003).
35 J. W. Goethe, Faust II, vv. 8260ff.

Der wasserblaue Planet
Im Zeitalter ansteigender Meere

1 Dt. »Geheimnisse des Meeres«, 1952; ital. »Il mare intorno a noi«, 1952; frz. »Cette mer qui nous entoure«, 1958. – »Oscar« 1953 für den besten Dokumentarfilm.
2 R. L. Carson, Geheimnisse, 1952, 117ff., 200ff.
3 4. Esra 6,42 (Vulgata).
4 Nach A. Stückelberger, Einführung, 1988, 195. Insgesamt dazu U. Bitterli, Entdekkung, 1992, 47ff.
5 A. u. H. Boetius, Paradies, 2011, 284.
6 A. v. Humboldt, Kosmos I, 1845, 320ff. (= Kap. 14).
7 A. v. Humboldt, Kosmos I, 2008, 276, 279.
8 Ebd., 280.
9 D.T. Crist et al., Ozean, 2010, 31.
10 G. C. Lichtenberg, Schriften III, 1972, 96.
11 Seneca, Naturales quaestiones I, Vorrede 9 u. 11.
12 www.coml.org/about-census – abgerufen 19.10.2012.
13 www.awi.de/de/aktuelles – »Biologen finden immer mehr Plastikmüll in der arktischen Tiefsee« (22.10.2012). abgerufen 31.10.2012.
14 Versenkt und vergessen. Atommüll vor Europas Küsten. In: ARTE, 23.4.2013.
15 D.T. Crist et al., Ozean, 2010, 61f.
16 Ebd., 208; ferner A. u. H. Boetius, Paradies, 2011, 379f.
17 Titus Arnu: Biologische Globalisierung (19.5.2010). www.sueddeutsche.de/wissen/biologische-globalisierung. Abgerufen am 5.11.2012.
18 Karl Hübner/Christopher Schrader: Morgens um 9 an der Kabeltonne. In: Süddeutsche Zeitung, 17.9.2012.
19 www.ccamlr.org (abgerufen 17.7.2013); Süddeutsche Zeitung, 17.7.2013.
20 P. Neruda, Obras completas III, 1973, 363 (»Mares«, aus »Fin de mundo«, 1969).
21 P. Neruda, Obras completas II, 1973, 1111 (»El mar«, aus »Memorial de Isla Negra«).
22 G. C. Lichtenberg, Schriften III, 1972, 100.
23 G. Tomasi di Lampedusa, La sirena, in: Racconti, 2010, 103.
24 Th. Mann, Zauberberg, 1991, 745–47; Buddenbrooks, 1930, 606–8 (= X, 2).
25 G. Triani, Pelle, 1988, Titel; J.-D. Urbain, Plage, 1994, 286.
26 K. Pinthus, Menschheitsdämmerung, 1959, 39 (»Weltende«).
27 R. L. Carson, Geheimnisse, 1952, 117; ausführlich dort 213ff.
28 www.bmf.de/press Pressemitteilung des Bundesministeriums für Bildung und Forschung 114/2012. Abgerufen am 3.12.2012.
29 J. W. Goethe, West-Östlicher Diwan, »Buch der Sprüche«.
30 Aristoteles, Meteorologie, 1984, 351a (= I, 14).

Quellen

Albertus Magnus: Meteora, hrsg. v. Paulus Hossfeld, Münster 2003.

Alexander Minorita: Expositio in Apocalypsim, hrsg. v. Alois Wachtel, Weimar 1955 (= Monumenta Germaniae Historica, 1).

Andersen, Hans Christian: Märchen, aus dem Dänischen von Eva-Maria Blüm, 3 Bde., Frankfurt a.M. 1981.

Andreasen, Ojvind: Aus den Tagebüchern Friedrich Münters. Wander- und Lehrjahre eines dänischen Gelehrten, Bd. II, Kopenhagen / Leipzig 1937.

Angelus Silesius: Der Cherubinische Wandersmann, hrsg. v. Ch. Waldemar, München 1960.

Anthologia Graeca, hrsg. v. Hermann Beckby, München 1958.

Aristoteles: Meteorologie. Über die Welt, übers. v. Hans Strohm, Berlin 1984.

Austen, Jane: Die Watsons. Lady Susan. Sanditon. Die unvollendeten Romane, übers. v. Christian Grawe, Stuttgart 2011.

Awsiter, John: Thoughts on Brightelmston, concerning sea-bathing and drinking sea-water, with some directions for their use, London 1768.

Bachmann, Ingeborg: Sämtliche Erzählungen, München 1988.

Baedeker, Karl: Italien. Handbuch für Reisende: Unteritalien und Sizilien, 6. Aufl., Leipzig 1880.

Bartolo, Sebastiano: Breve ragguaglio de'bagni di Pozzolo dispersi, investigati [...] e ritrovati, Napoli 1667.

Basedow, Johann Bernhard: Elementarwerk, mit den Kupfertafeln Chodowieckis, 3 Bde., hrsg. v. Theodor Fritzsch, Leipzig 1909.

Basile, Giambattista: Lo cunto de li cunti, hrsg. v. Michele Rak, Milano 1986 (dt. Das Märchen der Märchen, hrsg. v. Rudolf Schenda, München 2000).

Baudelaire, Charles: Les fleurs du mal, Frankfurt a.M. 1962.

Becker, Rudolf Zacharias: Noth- und Hülfsbüchlein für Bauersleute, oder lehrreiche Freuden- und Trauergeschichte des Dorfes Mildheim, Gotha 1788.

Bernoulli, Christoph: Über das Leuchten des Meeres, mit besonderer Hinsicht auf das Leuchten thierischer Körper, Göttingen 1803.

Blessington, Marguerite Contess of: The Idler in Italy, Bd. II, 2. Aufl., London 1839.

Boccaccio, Giovanni: Decamerone, hrsg. v. Vittore Branca, Torino 1987.

Bodmer, Johann Jacob: Die Colombona. Ein Gedicht in fynf Gesaengen, Zürich 1753.

Breydenbach, Bernhard von: Die fart oder reysz über mere zu dem heylige[n] grab, Augsburg 1488.

Breydenbach, Bernhard von: Peregrinatio in terram sanctam, hrsg. v. Isolde Mozer, Berlin 2010.

Brockes, Barthold Hinrich: Land-Leben in Ritzebüttel, als des Irdischen Vergnügens in Gott Siebender Theil, Hamburg 1743.

Brydone, Patrick: A Tour Through Sicily and Malta in a Series of Letters to William Beckford, Bd. I, London 1773.

Buchner, Paul: Gast auf Ischia. Aus Briefen und Memoiren vergangener Jahrhunderte, München 1977.

Byron, Lord: The Complete Poetical Works, hrsg. v. Jerome J. McGann, Oxford 1980.

Carus, Carl Gustav: Zwölf Briefe über das Erdleben, Stuttgart 1986.

Chamisso, Adelbert von: Sämtliche Werke, hrsg. v. Adolf Bartels, 4 Bde., Leipzig [1902].

Columbus, Christoph: Dokumente seines Lebens und seiner Reisen, 2 Bde., Frankfurt a.M. 1992.

Cousteau, Jacques-Yves/Diolé, Philippe: Kalmare. Wunderwelt der Tintenfische, München 1973.

Denifle, Heinrich Seuse (Hrsg.): Das Buch von geistlicher Armuth, bisher bekannt als Johann Taulers Nachfolgung des armen Lebens Christi, München 1877.

Digby, Everard: De arte natandi libri duo, quorum prior regulas ipsius artis, posterior vero praxin demonstrationemque continent, London 1587.

Douglas, Norman: Siren Land, London 1982.

Ehrenberg, Christian Gottfried: Das Leuchten des Meeres. Neue Beobachtungen nebst Übersicht der Hauptmomente der geschichtlichen Entwicklung dieses merkwürdigen Phänomens, Berlin 1835.

Eichendorff, Joseph von: Tagebücher, hrsg. v. Wilhelm Kosch, Regensburg 1908.

Erk, Ludwig/Böhme, Franz M.: Deutscher Liederhort. Auswahl der vorzüglicheren deutschen Volkslieder, Leipzig 1893.

Fabri, Felix: Die Pilgerfahrt des Bruders Felix Faber ins Heilige Land anno 1483, Berlin [1964].

Fontane, Theodor: Briefe I, hrsg. v. Kurt Schreinert, Berlin 1968.

Forster, Georg: Reise um die Welt, illustriert von eigener Hand, Frankfurt a.M. 2007.

Fuchs, Eduard: Illustrierte Sittengeschichte, 3 Bde., München 1912.

Funke, Carl Philipp: Kleines Real-Schullexikon, ein bequemes Hülfsmittel für die studierende Jugend zum Verstehen der alten Klassiker, 2 Bde. Hamburg 1818.

Gaddum, Adolphus: Dissertatio inauguralis medico-pharmacologica de balneis marinis, Vindobonae 1834.

Gauguin, Paul: Noa Noa, nach der französischen Urfassung übertr. v. Helen Hessel, München 1969.

Gellert, Christian Fürchtegott: Gedichte, Geistliche Oden und Lieder, hrsg. v. Heidi John u. a., Berlin/New York 1997.

Gemelli Marciano, M. Laura (Hrsg.): Die Vorsokratiker, Bd. I, Düsseldorf 2007.

[Giunti, Tommaso]: De balneis omnia quae extant apud Graecos, Latinos et Arabas, Venetiis 1553.

Goethes Werke, 4 Abteilungen, 133 Bde., Weimar 1887–1919.

Goethe, Johann Wolfgang: Tagebücher und Briefe Goethes aus Italien an Frau von Stein und Herder, Weimar 1886.

Gregorovius, Ferdinand: Wanderjahre in Italien, Bd. III: Siciliana, Leipzig 1872.

Griechische Lyrik, übertragen v. Eduard Mörike, Frankfurt a.M. 1960.

Grillparzer, Franz: Werke in sechs Bänden, hrsg. v. Heinz Kindermann, Leipzig [1941].

Grimm, Ludwig Emil: Erinnerungen aus meinem Leben, hrsg. v. A. Stoll, Leipzig 1913.

Grumach, Renate (Hrsg.): Goethe. Begegnungen und Gespräche, Bd. 4 (1793–1799), Berlin 1980.

Gruner, Christian Gottfried: ›Flußbäder und Badeanstalten‹, in: Almanach für Aerzte und Nichtaerzte auf das Jahr 1792, Jena 1792, S. 160–172.

Günther, Hans F. K.: Rassengeschichte des hellenischen und des römischen Volkes, München 1929.

Guthsmuths, Johann Christoph Friedrich: Kleines Lehrbuch der Schwimmkunst zum Selbstunterrichte, enthaltend eine vollständige praktische Anweisung zu allen Arten des Schwimmens, Weimar 1798.

Haeckel, Ernst: Kunstformen der Natur, Berlin 1899/1904, Nachdruck Bremen 2011 (= Historical Science, 42).

Haeckel, Ernst: Italienfahrt. Briefe an die Braut 1859/60, Leipzig 1921.

Halem, Friedrich Wilhelm von: ›Seebade-Anstalt auf der Insel Norderney‹, in: Politisches Journal für die Provinz Ostfriesland, 48, 1816, S. 647f.

Hegel, Georg Wilhelm Friedrich: Vorlesungen über die Philosophie der Geschichte, Stuttgart 1928 (= Sämtliche Werke, Jubiläumsausgabe, Bd. XI).

Heine, Heinrich: Werke, Briefwechsel, Lebenszeugnisse, Säkularausgabe, Bd. XX, Berlin 1970.

Heine, Heinrich: Sämtliche Schriften, hrsg. v. Klaus Briegleb, 6 Bde., München 1975.

Heinse, Wilhelm: Sämmtliche Schriften, hrsg. v. Heinrich Laube, Bd. 9: Briefe II, Leipzig 1838.

Heinse, Wilhelm: Ardinghello und die glückseligen Inseln, Leipzig 1924.

Heinse, Wilhelm: Aufzeichnungen 1768–1783, hrsg. v. Markus Bernauer, München 2003.

Henkel, Arthur/Schöne, Albrecht (Hgg.): Emblemata. Handbuch zur Sinnbildkunst des 16. und 17. Jahrhunderts, Stuttgart 1967.

Henning, Richard: Terrae Incognitae. Eine Zusammenstellung und kritische Bewertung der wichtigsten vorkolumbischen Entdeckungsreisen an Hand der darüber vorliegenden Originalberichte, 4 Bde., Leiden 1936–1939.

Hensel, Fanny: Tagebücher, hrsg. v. H.-G.Klein und R.Elvers, Wiesbaden 2002.

Herder, Johann Gottfried: Zur Philosophie und Geschichte, Karlsruhe 1820 (= Sämtliche Werke, Bd. XII).

Herzog Ernst, hrsg. v. Hans-Friedrich Rosenfeld, Tübingen 1991.

Hesiod: Theogonie. Werke und Tage, griechisch und deutsch, hrsg. u. übers. v. Albert von Schirnding, München/Zürich 1991.

Hölderlin, Friedrich: Gedichte, hrsg. v. Jochen Schmidt, Frankfurt a.M. 1992.

Höpner, Ermano: Tausend Tips für Italien. Ein Wegweiser für Südlandfahrer und solche, die es werden wollen, Hamburg 1954.

Homerische Hymnen, griechisch und deutsch, hrsg. u. übers. v. Anton Weiher, München 1970.

Hrabanus Maurus: De Universo, in: Patrologia Latina, hrsg. v. J.-P. Migne, Bd. CXI, Paris 1853.

Hufeland, Christoph Wilhelm: Nöthige Erinnerung an die Bäder und ihre Wiedereinführung in Teutschland, nebst einer Anweisung zu ihrem Gebrauche und bequemen Einrichtung derselben in den Wohnhäusern, Weimar 1801 (Nachdruck aus Journal des Luxus und der Moden, Juli 1790).

Humboldt, Alexander von: ›Über das Leuchten des Meeres‹, in: Der Gesellschafter, 13, 1829 (vom 27.2.1829).

Humboldt, Alexander von: Kosmos. Entwurf einer physischen Weltbeschreibung, Stuttgart 1845.

Humboldt, Alexander von: Ansichten der Natur, mit wissenschaftlichen Erläuterungen, 3. Aufl., Bd. I/II, Stuttgart 1849, neu hrsg. v. Hanno Beck, Darmstadt 2008 (= Darmstädter Ausgabe, Bd. 5).

Ibsen, Henrik: Nachgelassene Schriften in vier Bänden, Berlin 1909.

Ibsen, Henrik: Sämtliche Werke in fünf Bänden, Berlin 1911.

Jahrbuch der öffentlichen Meinung, hrsg. v. Elisabeth Noelle und Erich Peter Neumann, Allensbach/Bonn 1957 ff.

Jean Paul: Werke in zwölf Bänden, hrsg. v. Norbert Miller, München 1975.

Kästner, Erich: Gesammelte Schriften, 7 Bde., Zürich 1959.

Kaiser, Rolf: Medieval English. An Old English and Middle English Anthology, Berlin 1961.

Kant, Immanuel: ›Von den Ursachen der Erderschütterungen, bei Gelegenheit des Unglücks, welches die westlichen Länder von Europa gegen das Ende des vorigen Jahres betroffen hat‹ [1756], in: Werke, Akademie-Textausgabe, Bd. I, Berlin 1968, S. 417–427.

Kant, Immanuel: Kritik der Urteilskraft, hrsg. v. Wilhelm Weischedel, Frankfurt a.M. 1995.

Kaschnitz, Marie-Luise: Gesammelte Werke, 7 Bde., hrsg. v. Christian Büttrich und Norbert Miller, Frankfurt a.M. 1983.

Kleist, Heinrich von: Sämtliche Werke und Briefe, Bd. II, hrsg. v. Helmut Sembdner, 4. Aufl., München 1965.

Klopstock, Friedrich Gottlieb: Briefe 1776–1782, hrsg. v. Helmut Riege, Berlin 1982.

Des Knaben Wunderhorn. Alte deutsche Lieder, gesammelt von Ludwig Achim von Arnim und Clemens Brentano, 3 Bde., Heidelberg 1808.

Konrad von Megenberg: Das Buch der Natur, hrsg. v. Robert Luff und Georg Steer, Tübingen 2003.

Kudrun, hrsg. v. Uta Störmer-Caysa, Stuttgart 2010.

Le Braz, Anatole: La légende de la mort chez les Bretons armoricains, 2 Bde., Paris 1945.

Leopardi, Giacomo: Canti, hrsg. v. Niccolo Gallo und Cesare Garboli, Torino 1962.

Lichtenberg, Georg Christoph: ›Warum hat Deutschland noch kein großes öffentliches Seebad?‹, in: Schriften und Briefe, Bd. III, hrsg. v. Wolfgang Promies, München 1972, S. 95–102.

Lichtenberg, Georg Christoph: Schriften und Briefe, Bd. IV: Briefe, hrsg. v. Wolfgang Promies, München 1994.

Mann, Thomas: Buddenbrooks. Verfall einer Familie, Berlin 1930.

Mann, Thomas: Der Zauberberg, Frankfurt a.M. 1994.

Mann, Thomas: Doktor Faustus. Das Leben des deutschen Tonsetzers Adrian Leverkühn erzählt von einem Freunde, Berlin/Frankfurt a.M. 1949.

Martini, Pietro: Storia delle invasioni degli arabi e delle piraterie dei barbareschi in Sardegna, Cagliari 1861.

Mayer, Karl August: Neapel und die Neapolitaner oder Briefe aus Neapel in die Heimat, 2 Bde., Oldenburg 1840.

Meister Eckarts Predigten, hrsg. v. Josef Quint, Bd. I, Stuttgart 1958.

Melville, Herman: Moby-Dick, hrsg. v. Hershel Parker, New York/London 2002.

Mendelssohn-Bartholdy, Felix: Briefe aus den Jahren 1830 bis 1847, hrsg. v. Paul Mendelssohn-Bartholdy, Leipzig 1899.

Moritz, Karl Philipp: Werke in zwei Bänden, Berlin/Weimar 1973.

Müller, Wilhelm: Muscheln von der Insel Rügen [1826], in: Werke, hrsg. v. Maria-Verena Leistner, Bd. II, Berlin 1994, S. 55–70.

Neigebaur, J. D. Ferdinand: Handbuch für Reisende in Italien, Leipzig 1826.

Neruda, Pablo: Obras completas, 3 Bde., Buenos Aires 1973.

Nietzsche, Friedrich: Gedichte, Zürich 1994.

Nietzsche, Friedrich: Die fröhliche Wissenschaft, Stuttgart 1986.

Nietzsche, Friedrich: Briefwechsel. Kritische Gesamtausgabe, Berlin/New York 1981 ff.

Nikolaus von Kues: Philosophisch-theologische Schriften, 3 Bde., hrsg. v. Leo Gabriel, Wien 1982.

Paracelsus: Theophrastus von Hohenheim genannt Paracelsus. Sämtliche Werke, hrsg. v. Karl Sudhoff, München 1928ff.

Petrarca, Francesco: Le familiari, hrsg. v. Vittorio Rossi, Firenze 1968.

Petrarca, Francesco: Reisebuch zum Heiligen Grab, hrsg. v. Jens Reufsteck, Stuttgart 1999.

Pfaff, Christoph Heinrich: Das Kieler Seebad, dargestellt und verglichen mit anderen Seebädern an der Ostsee und Nordsee, Kiel 1822.

Piccard, Jacques: Logbuch aus der Meerestiefe, Frankfurt a. M. 1979.

Pinthus, Kurt (Hrsg.): Menschheitsdämmerung. Ein Dokument des Expressionismus, Hamburg 1959.

Platen, August von: Der Briefwechsel, hrsg. v. Paul Bornstein, Bd. IV, München 1931.

Proelß, Johannes: Deutsch Capri in Kunst, Dichtung, Leben. Historischer Rückblick und poetische Blütenlese, Oldenburg/Leipzig 1901.

Prokop: Perserkriege, übers. v. Otto Veh, München 1970.

Proust, Marcel: Auf der Suche nach der verlorenen Zeit, übers. v. Eva Rechel-Mertens, Frankfurt a. M. 1955.

Pytheas von Marseille: Über das Weltmeer. Die Fragmente, hrsg. u. übers. v. D. Stichtenoth, Köln/Graz 1959.

Russel[l], Richard: A Dissertation on the Use of Sea Water in the Diseases of the Glands, 4. Aufl., London 1760.

Rilke, Rainer Maria: Briefe aus den Jahren 1906 bis 1907, Leipzig 1930.

Rilke, Rainer Maria: Duineser Elegien. Die Sonette an Orpheus, Frankfurt a. M. 1949.

Rosenberg, Alfred: Der Mythus des 20. Jahrhunderts, München 1935.

Rott, Herbert W./Siegert, Dietmar (Hgg.): Neapel und der Süden. Fotografien 1846–1900. Sammlung Siegert, Ostfildern 2011.

Rousseau, Jean-Jacques: Emile oder Über die Erziehung, Leipzig o. J.

Ryccardi de Sancto Germano notarii Chronica, hrsg. v. Carlo Alberti Garufi, Bologna 1938.

Sarnelli, Pompeo: Guida de'forestieri curiosi di vedere e d'intendere le cose più notabili di Pozzoli, Baia, Miseno, Cuma ed altri luoghi convicini, 3. Aufl., Napoli 1691.

Schillers Werke. Nationalausgabe. Weimar 1943 ff.

Schiller, Friedrich: Philosophische Schriften, hrsg. v. Barthold Pelzer, Berlin 2005 (= Sämtliche Werke, 8).

Schmidt, Arno: Die Gelehrtenrepublik. Kurzroman aus den Roßbreiten, Zürich 1985.

Schott, Albert (Hrsg.): Das Gilgamesch-Epos, Stuttgart 1958.

Shelley, Percy Bysshe: Poetical Works, hrsg. v. Thomas Hutchinson, London 1970.

Siebert, Johannes: Der Dichter Tannhäuser. Leben, Gedichte, Sage, Halle 1934.

Smollett, T[obias]: An Essay on the External Use of Water, London 1752.

Smollett, Tobias: Travels through France and Italy, hrsg. v. James Morris, Fontwell 1969.

Solschenizyn, Alexander: Der Archipel Gulag, Bern 1974.

Stahr, Adolf: Ein Jahr in Italien, Bd. I, 3. Aufl., Oldenburg 1863 [EA 1847].

Stifter, Adalbert: Sämtliche Werke, hrsg. v. Gustav Wilhelm, Reichenberg 1929.

Stolberg, Christian / Stolberg, Friedrich Leopold von: Gedichte, Bd. I, Leipzig 1821.

Straparola, Francesco: Le piacevoli notti, hrsg. v. Manlio Pastore Stocchi, 2 Bde., Bari 1979.

Tabula de Amalpha, Salerno 1965.

Tersteegen, Gerhard: Geistliches Blumengärtlein inniger Seelen, 8. Aufl., Frankfurt a. M. 1778.

Tischbein, Johann Heinrich Wilhelm: Aus meinem Leben, hrsg. v. Lothar Brieger, Berlin 1922.

Tomasi di Lampedusa, Giuseppe: I racconti, Milano 2010.

Touring Club Italiano (TCI): Guida pratica ai luoghi di soggiorno e di cura d'Italia, Bd. I: Le stazioni al mare, Milano 1932.

Trelawny, Edward J.: Letzte Sommer. Mit Shelley und Byron an den Küsten des Mittelmeers, Berlin 1986.

Trommer, Harry (Hrsg.): Das Leuchten des Meeres. Seesagen und Schiffermärchen aus aller Welt, Schwerin 1964.

Verne, Jules: L'île à hélice, Paris 1971 (= Les œuvres de Jules Verne, Bd. 46).

Verne, Jules: Vingt mille lieus sous les mers, Paris 1966 (dt. 20.000 Meilen unter den Meeren, Frankfurt a. M. 1997).

Vogel, Samuel Gottlieb: Über den Nutzen und Gebrauch der Seebäder. Nebst der Ankündigung einer öffentlichen Seebadeanstalt welche an der Ostsee in Mecklenburg angelegt wird, Stendal 1794.

Wagner, Richard: Mein Leben, hrsg. v. Martin Gregor-Dellin, München 1963.

Waiblinger, Wilhelm: Werke und Briefe, hrsg. v. Hans Königer, 5 Bde., Stuttgart 1980–1988.

Walther von der Vogelweide: Gedichte, hrsg. v. Peter Wapnewski, Frankfurt a. M. 1966.

Weinbrenner, Friedrich: Denkwürdigkeiten aus seinem Leben, von ihm selbst geschrieben, hrsg. v. Kurt K. Eberlein, Potsdam 1920.

Weiße, Christian Felix: ›Über die Schamhaftigkeit bei Gelegenheit des öffentlichen Badens‹, in: Der Kinderfreund, 12. Teil, 160. Stück, Leipzig 25.7.1778, S. 49-80.

Wilhelmine von Bayreuth: Tagebuch der Italienischen Reise (1754–1755), hrsg. v. Helke Kammerer-Grothaus, Bayreuth 2002.

Woolf, Virginia: Briefe 2, hrsg. v. Klaus Reichert, Frankfurt a. M. 2006.

Wyneken, Friedericus: De balneis marinis, Kiliae 1862.

Wynmann, Nicholaus: Colymbetes sive De arte natandi dialogus et festivus et iucundus lectu, Augustae Vindelicorum 1538 (neu 1623).

Zimmermann, W. F. A.: Das Meer, seine Bewohner und seine Wunder, Stuttgart 1837.

Literatur

Adorno, Theodor W.: Gesammelte Schriften, Frankfurt a. M. 1977.

Assmann, Jan/Kucharek, Andrea (Hgg.): Ägyptische Religion. Totenliteratur, Frankfurt a. M. 2004.

Bennholdt-Thomsen, Anke/Guzzoni, Alfredo: Hesperische Verheißungen. Analecta Hölderliniana III, Würzburg 2007.

Berry, Sue: Georgian Brighton, Chichester 2005.

Binet, René: Natur und Kunst, München 2007.

Bitterli, Urs: Die »Wilden« und die »Zivilisierten«. Grundzüge einer Geistes- und Kulturgeschichte der europäisch-überseeischen Begegnung, München 1976.

Bitterli, Urs: Die Entdeckung Amerikas. Von Kolumbus bis Alexander von Humboldt, München 1992.

Blumenberg, Hans: Schiffbruch mit Zuschauer, Frankfurt a. M. 1997.

Boeckmann, Kurt von: Vom Kulturreich des Meeres, Berlin 1924.

Boetius, Antje/Boetius, Henning: Das dunkle Paradies. Die Entdeckung der Tiefsee, München 2011.

Braudel, Fernand: La Méditerranée et le monde méditerranéen a l'époque de Philippe II., 2 voll., Paris 1966 (dt. Das Mittelmeer und die mediterrane Welt in der Epoche Philipps II., 3 Bde., Frankfurt a. M. 1990).

Braudel, Fernand et al.: Die Welt des Mittelmeers. Zur Geschichte und Geographie kultureller Lebensformen, Frankfurt a. M. 1990.

Brödner, Erika: Die römischen Thermen und das antike Badewesen, Darmstadt 1992.

Buchner, Elmar/Buchner, Norbert: Klima und Kulturen. Die Geschichte von Paradies und Sintflut, Remshalden 2005.

Buddemeier, Heinz: Panorama, Diorama, Photographie. Entstehung und Wirkung neuer Medien im 19. Jahrhundert, München 1970.

Burckhardt, Jacob: Der Cicerone. Eine Anleitung zum Genuß der Kunstwerke Italiens, Leipzig 1941.

Carl Gustav Carus. Natur und Idee. Ausst.-Kat. Dresden 2009.

Carson, Rachel L.: Geheimnisse des Meeres, München 1952 (= The Sea Around Us, 1951).

Corbin, Alain: Meereslust. Das Abendland und die Entdeckung der Küste 1750–1840, Berlin 1990 (= La territoire du vide. L'Occident e la plaisir du rivage 1750–1840, Paris 1988).

Crist, Darlene Trew/Scowcroft, Gail/Harding, James M.: Schatzkammer Ozean. Volkszählung in den Weltmeeren, Heidelberg 2010 (= World Ocean Census, 2009).

Delumeau, Jean: Angst im Abendland. Die Geschichte kollektiver Ängste im Europa des 14. bis 18. Jahrhunderts, 2 Bde., Reinbek 1985.

Dörrie, Heinrich: Die schöne Galatea. Eine Gestalt am Rande des griechischen Mythos in antiker und neuzeitlicher Sicht, München 1968.

Dollinger, Philippe: Die Hanse, 6. Aufl., Stuttgart 2012.

Duerr, Hans Peter: Nacktheit und Scham, Frankfurt a. M. 1988.

Duerr, Hans Peter: Die Fahrt der Argonauten, Berlin 2011.

Eder, Ernst Gerhard: Bade- und Schwimmkultur in Wien. Sozialhistorische und kulturanthropologische Untersuchungen, Wien 1995.

Eissfeldt, Otto: ›Gott und das Meer in der Bibel‹, in: Kleine Schriften, Bd. III, Tübingen 1966, S. 256–264.

Eliade, Mircea (Hrsg.): Die Schöpfungsmythen. Ägypter, Sumerer, Hurriter, Hethiter, Kanaaniter und Israeliten, Einsiedeln 1964.

Endlich Urlaub! Die Deutschen reisen. Ausst.-Kat. Bonn (Haus der Geschichte) 1996.

Fielding, Xan: Das Buch der Winde, Nördlingen 1988.

Freud, Sigmund: Das Unbehagen in der Kultur, Frankfurt a. M. 1996.

Frevert, Ute: ›Gefühle um 1800‹, in: Kleist-Jahrbuch, 2008/9, S. 47–62.

Frey, Manuel: Der reinliche Bürger. Entstehung und Verbreitung bürgerlicher Tugenden in Deutschland 1760–1860, Göttingen 1997.

Fürbeth, Frank: Heilquellen in der deutschen Wissensliteratur des Spätmittelalters, Wiesbaden 2004.

Gargano, Giuseppe: La bussola e Flavio Gioia. Il mistero dell'invenzione che sconvolse le tecniche della navigazione, Salerno 2006.

Glaser, Horst Albert: Utopische Inseln. Beiträge zu ihrer Geschichte und Theorie, Frankfurt a. M. u. a. 1996.

Gumbert, Hans Ludwig (Hrsg.): Lichtenberg in England. Dokumente einer Begegnung, Bd. I, Wiesbaden 1977.

Hedinger, Bärbel (Hrsg.): Saison am Strand. 200 Jahre Badeleben an Nord- und Ostsee, Herford 1986.

Heinisch, Klaus J.: Der Wassermensch. Entwicklungsgeschichte eines Sagenmotivs, Stuttgart 1981.

Hennig, Christoph: Reiselust. Touristen, Tourismus und Urlaubskultur, Frankfurt a. M. 1997.

Heyden, Ulrich van der: Rote Adler an Afrikas Küste. Die brandenburgisch-preußische Kolonie Großfriedrichsburg in Westafrika, Berlin 2001.

Hofrichter, Robert (Hrsg.): Das Mittelmeer. Fauna, Flora, Ökologie, Heidelberg/Berlin 2002.

Holzberg, Niklas: Vergil, der Dichter und sein Werk, München 2006.

Honold, Alexander: ›Auf der Suche nach dem Ort des Neuen. Weltumsegelung und Selbstbegegnung im 18. Jahrhundert‹, in: Hansjörg Bay/Kai Merten (Hgg.): Die Ordnung der Kulturen, Würzburg 2006, S. 121–146.

Hornung, Erik (Hrsg.): Das Totenbuch der Ägypter, Zürich 1979.

Inseln der Winde. Die maritime Kultur der bronzezeitlichen Ägäis. Ausst.-Kat. Heidelberg (Institut für Klassische Archäologie) 2011, Kästner-Museum Hannover 2011/12.

Ipsen, Dorothea: Das Land der Griechen mit der Seele suchend. Die Wahrnehmung der Antike in deutschsprachigen Reiseberichten über Griechenland um die Wende zum 20. Jahrhundert, Osnabrück 1999.

Jacobsen, Thorkild: ›The Battle Between Marduk and Tiamat‹, in: Journal of the American Oriental Society, 88/1, 1968, S. 104–108.

Kahlmeyer, Johannes: Seesturm und Schiffbruch als Bild im antiken Schrifttum, Hildesheim 1934.

Kaiser, Otto: Die mythische Bedeutung des Meeres in Ägypten, Ugarit und Israel, Berlin 1962.

Kaufmann, Jean-Claude: Frauenkörper, Männerblicke, Konstanz 1996.

Kerényi, Karl: Die Mythologie der Griechen, Bd. I, : Die Götter- und Menschheitsgeschichten, 3. Aufl., Darmstadt 1964.

Kerényi, Karl: Zeus und Hera. Urbild des Vaters, des Gatten und der Frau, Leiden 1972.

Kesel, Humbert: Capri. Biographie einer Insel, München 1983.

Kiefl, Walter: Schlaraffenland, Bühne und Ventil. Ein Plädoyer für den ganz normalen Bade- und Pauschaltourismus, München/Wien 2002.

Kirchner, Werner: ›Hölderlin und das Meer‹, in: Hölderlin-Jahrbuch, 12, 1961/62, S. 74–94.

Knöll, Stefanie et al. (Hgg.): Der Tod und das Meer. Seenot und Schiffbruch in Kunst, Geschichte und Kultur. Ausst.-Kat. Hamburg (Altonaer Museum) 2012.

Koch, Heinrich P.: Der Sintflut-Impakt. Die Flutkatastrophe vor 10.000 Jahren als Folge eines Kometeneinschlags, Frankfurt a. M. 1998.

Krause, Clemens: Villa Jovis. Die Residenz des Tiberius auf Capri, Mainz 2003.

Krauss, Wolfgang: ›Die Hydrotherapie. Über das Wasser in der Medizin‹, in: Herbert Lachmayer u. a. (Hgg.): Das Bad. Eine Geschichte der Badekultur im 19. und 20. Jahrhundert, Salzburg 1991, S. 181–189.

Kreitlhuber, Eva: ›Körper am Strand oder Es ist voll im Paradies‹, in: Voyage. Jahrbuch für Reise- und Tourismusforschung, 2003, S. 64–80.

Kreutz, Barbara M.: ›Amalfi e il mare‹, in: Istituzioni civili e organizzazione ecclesiastica nello stato medievale amalfitano, Atti del Congresso Internazionale, Amalfi 1986, S. 113–128.

Kurscheidt, Georg: ›Kolumbus entdeckt Amerika? Zur Deutung der Gestalt des italienischen Seefahrers bei Schiller‹, in: Hellmut Th. Seemann (Hrsg.): Europa in Weimar, Visionen eines Kontinents. Jahrbuch der Klassik Stiftung Weimar, Göttingen 2008, S. 159–172.

Lichtenberger, Hermann: ›Baths and Baptism‹, in: Lawrence H. Schiffman et al. (Hgg.): Encyclopedia of the Dead Sea Scrolls, vol. I, Oxford 2000, S. 85–89.

Lüers, Grete: Die Sprache der deutschen Mystik des Mittelalters im Werke der Mechthild von Magdeburg [1926], Darmstadt 1966.

Malamat, Abraham: ›Das Heilige Meer‹, in: Ingo Kottsieper et al. (Hgg.): »Wer ist wie du, Herr, unter den Göttern?« Studien zur Theologie und Religionsgeschichte Israels, Göttingen 1994, S. 65–74.

Mann Borgese, Elisabeth: Mit den Meeren leben. Über den Umgang mit den Ozeanen als globaler Ressource, Köln 1999.

Manning, Till: Die Italiengeneration. Stilbildung durch Massentourismus in den 1950er und 1960er Jahren, Göttingen 2011.

Mertens, Sabine: Seesturm und Schiffbruch. Eine motivgeschichtliche Studie, Hamburg 1987 (= Schriften des deutschen Schiffahrtsmuseums, 16).

Michelet, Jules: Das Meer (La mer, 1861), übers. v. Rolf Wintermeyer, mit einem Vorwort v. Michael Krüger, Frankfurt a. M. 2006.

Mollat du Jourdin, Michel: Europa und das Meer, München 1993.

Moritz, Rainer: Und das Meer singt sein Lied, Hamburg 2012.

Mühlenbrock, Josef/Richter, Dieter (Hgg.): Die letzten Stunden von Herculaneum. Ausst.-Kat. Mainz 2006.

Murray, John/Hjort, Johan: The Depths of the Ocean. A General Account of the Modern Science of Oceanography, London 1912.

Mylonopoulos, Joannis: ›Poseidon, der Erderschütterer. Religiöse Interpretationen von Erd- und Seebeben‹, in: Eckart Olshausen/Holger Sonnabend (Hgg.): Naturkatastrophen in der antiken Welt, Stuttgart 1998, S. 82–89 (= Stuttgarter Kolloquium zur historischen Geographie des Altertums 6, 1996).

Mylonopoulos, Joannis (Hrsg.): Divine Images and Human Imaginations in Ancient Greece and Rome, Leiden 2010.

Orme, Nicholas: Early British Swimming 55 BC – AD 1719. With the First Swimming Treatise in English 1595, Exeter 1983.

O'Rourke Boyle, Marjorie: ›Cusanus at Sea: The Topicality of Illuminative Discourse‹, in: The Journal of Religion, 71, 1991, S. 180–201.

Pontrandolfo, Angela/Rouveret, Agnès/Cipriana, Marina: Les tombes peintes de Paestum, Paestum 1997.

Promies, Wolfgang: ›Der Deutschen Bade-Meister. Georg Christoph Lichtenberg und die Wirkungen aufgeklärten Schreibens‹, in: Photorin. Mitteilungen der Lichtenberg-Gesellschaft, 4, 1981, S. 1–15.

Rabinovitch, Melitta: Der Delphin in Sage und Mythos der Griechen, Dornach 1947.

Rader, Olaf B.: Friedrich II. Der Sizilianer auf dem Kaiserthron. Eine Biographie, München 2010.

Richter, Dieter: Schlaraffenland. Geschichte einer populären Utopie, Frankfurt a. M. 1984.

Richter, Dieter: ›Das Bild der Neapolitaner in der Reiseliteratur des 18. und 19. Jahrhunderts‹, in: Hans-Wolf Jäger (Hrsg.): Europäisches Reisen im Zeitalter der Aufklärung, Heidelberg 1992, S. 118–130.

Richter, Dieter: Der Süden. Geschichte einer Himmelsrichtung, Berlin 2009.

Röhrlich, Dagmar: Tiefsee. Von Schwarzen Rauchern und blinkenden Fischen, Hamburg 2010.

Rothe, Peter: Erdgeschichte. Spuren im Gestein, 2. Aufl., Darmstadt 2009.

Rüdiger, Hans: ›Das Baden in der See‹, in: Johannes Fromme/Wolfgang Nahrstedt (Hgg.): Baden gehen. Freizeitorientierte Bäderkonzepte – Antworten auf veränderte Lebens-, Reise- und Badestile, Bielefeld 1989, S. 79–94.

Sakula, Alex: ›Doctor Brighton. Richard Russell and the sea water cure‹, in: Journal of Medical Biography, 1995/3, S. 30–33.

Schalansky, Judith: Atlas der abgelegenen Inseln. Fünfzig Inseln, auf denen ich nie war und niemals sein werde, Hamburg 2009.

Schulz, Raimund: Die Antike und das Meer, Darmstadt 2005.

Seyfi, Sasan: ›Das hundertköpfige Hunds-Ungetüm, das ich liebe. Friedrich Nietzsche und das Meer‹, in: Nietzscheforschungen, 9, 2002, S. 325–341.

Sombart, Werner: Liebe, Luxus und Kapitalismus. Über die Entstehung der modernen Welt aus dem Geist der Verschwendung, Berlin 1992.

Sprawson, Charles: Ich nehme dich auf meinen Rücken, vermähle dich dem Ozean. Eine Kulturgeschichte des Schwimmens, Hamburg 2002.

Stanley, Steven M.: Wendemarken des Lebens. Eine Zeitreise durch die Krisen der Evolution, Heidelberg 1998.

Stanley, Steven M.: Earth System History, 2. Aufl., New York 2005.

Stefanizzi, Serena: Il »De balneis« di Tommaso Giunti (1553), Firenze 2011.

Striehl, Georg: Der Zeichner Christoph Heinrich Kniep (1755–1825). Landschaftsauffassung und Antikenrezeption, Hildesheim 1998.

Stückelberger, Alfred: Einführung in die antiken Naturwissenschaften, Darmstadt 1988.

Taviani, Paolo Emilio: Das wunderbare Abenteuer des Christoph Columbus, Berlin 1989.

Triani, Giorgio: Pelle di luna, pelle di sole. Nascita e storia della civiltà balneare 1700–1946, Venezia 1988.

Urbain, Jean-Didier: Sur la plage. Moeurs et coutumes balnéaires (XIXe–XXe siècles), Paris 1994.

Wakeman, Mary K.: God's Battle with the Monster. A Study in Biblical Imagery, Leiden 1973.

Walter-Karydi, Elena: ›Poseidons Delphin. Der Poseidon Loeb und die Darstellungsweisen des Meergottes im Hellenismus‹, in: Jahrbuch des Deutschen Archäologischen Instituts, 106, 1991, S. 243–260.

Weber, Marga: Antike Badekultur, München 1996.

Weeber, Karl-Wilhelm: Luxus im alten Rom. Die Schwelgerei, das süße Gift, Darmstadt 2003.

Weeber, Karl-Wilhelm: Luxus im alten Rom. Die öffentliche Pracht, Darmstadt 2006.

Weeber, Karl-Wilhelm: Baden, spielen, lachen. Wie die Römer ihre Freizeit verbrachten, Darmstadt 2007.

Wegener, Alfred: Die Entstehung der Kontinente und Ozeane [1915], Berlin 2005.

Weischedel, Wilhelm: Die philosophische Hintertreppe. Von Alltag und Tiefsinn großer Denker, München 1966.

Zanker, Paul/Ewald, Björn Christian: Mit Mythen leben. Die Bilderwelt der römischen Sarkophage, München 2004.

Zippel, Albert: Wilhelm Heinse und Italien, Jena 1930.

Zwierlein-Diehl, Erika: Antike Gemmen und ihr Nachleben, Berlin 2007.

Bildnachweis

Vorsatz vorn/hinten: Der Prophet Jona wird von dem großen Fisch ausgespien/verschlungen. Mosaik im Dom von Ravello, 1130. Foto Dieter Richter

Frontispiz: Michael Ancher, Sommertag auf dem Meer, 1894. Kunstmuseum Aarhus

S. 13, 15, 16, 35, 36, 46, 54, 58, 60, 72, 86, 118, 119, 142, 145, 146, 165, 208: Foto Dieter Richter

Seite 21, 29, 31, 102, 150, 154, 180, 195, 202: Wikimedia Commons

S. 33: Archäologisches Museum Paestum, Foto Dieter Richter

S. 42, 71: Baia, Museo Archeologico dei Campi Flegrei, Foto Dieter Richter

S. 61: Florenz, Museo del Duomo, Foto Dieter Richter

S. 69: J. H. Campe, *Robinsons Schicksale auf der einsamen Insel im Ocean*, Nürnberg 1850

S. 78: Aus der Reihe *Deutsche Jugendbücherei*, hrsg. vom Dürerbund, Nr. 522. Berlin/Leipzig o. J. [1934]

S. 82: Capware. *Tecnologie per la cultura*, Neapel

S. 83: *Antichità di Ercolano esposte*, vol. VII, Napoli 1779, Tafel 37

S. 84 oben: Rom, Museo Nazionale Romano, Palazzo Massimo

S. 84 unten: Villa Pietra Papa, Rom. Museo Nazionale Romano

S. 92: © 2014 Pechstein Hamburg/Tökendorf

S. 103: Max Beckmann: Landesmuseum Oldenburg, © VG Bild-Kunst, Bonn 2013; P. S. Kroyer: Sammlung Hirschsprung, Kopenhagen; Max Liebermann: Landesmuseum Hannover

S. 110: Kunsthalle Bremen, © VG Bild-Kunst, Bonn 2013

S. 114, 167: Prometheus Bildarchiv

S. 115: R. Aßkamp u. a. (Hrsg.): *Luxus und Dekadenz. Römisches Leben am Golf von Neapel*, Mainz 2007, S. 117

S. 116: Staatsgalerie Stuttgart, Prometheus Bildarchiv

S. 121, 156, 159, 161, 177, 183, 184: Sammlung Dieter Richter

S. 124: Kunsthalle Schweinfurt

S. 140: Handschrift Rom, Biblioteca Angelica, Ms. 1474; Wikimedia Commons

S. 153: Skagens Museum, Prometheus Bildarchiv

S. 166: J. B. Basedow, *Elementarwerk I*, 1909, 36 (= I, 4) und III, Tafel

S. 178: *Napoli in posa*, Napoli 1989, S. 228

S. 179: *Guida pratica ai luoghi di soggiorno e di cura d'Italia*, Milano 1932, S. 191

S. 200: Topographic Map of World Ocean

Register

C

D

E

F

G

O

P

Q

R

S

T

U

Ezzelino v. Wedel

Dieter Richter, geboren 1938 in Hof/Bayern, ist Literaturwissenschaftler und Autor zahlreicher Bücher zur europäischen Kulturgeschichte. Er lebt in Bremen und Süditalien.

Dieter Richter bei Wagenbach

Dieter Richter **Der Süden** *Geschichte einer Himmelsrichtung*

Vom Süden in der antiken Welt zur Capri-Sonne der 1950er Jahre, von der Entdeckung der Südseeinsel Tahiti bis zur heutigen Sehnsucht nach Strand, Palmen und blauem Meer: Der Süden leuchtet! Dorthin zeigt die Kompassnadel des Glücks.

Leinen mit Prägung und aufgeklebtem Schildchen
Mit vielen Abbildungen. 208 Seiten

Dieter Richter **Der Vesuv** *Geschichte eines Berges*

Einer der besten Kenner des Golfs von Neapel hat die faszinierende Geschichte eines Berges geschrieben, der seit Jahrhunderten Angst und Schrekken verbreitet und zugleich eine unwiderstehliche Anziehungskraft ausübt.

Gebunden. Mit vielen Abbildungen. 224 Seiten

Dieter Richter **Goethe in Neapel**

An der dauernden Italiensehnsucht der Deutschen hat Goethes Italienische Reise großen Anteil. In Neapel kulminieren Glücksgefühl und Befremden des fahrenden Nordmenschen. Dieter Richter begibt sich – gewohnt kenntnisreich – auf eine höchst unterhaltsame Spurensuche.

SVLTO. Rotes Leinen. Fadengeheftet. 144 Seiten

Dieter Richter **Neapel** *Biographie einer Stadt*

Eine umfassende Kulturgeschichte Neapels von den vorchristlichen Anfängen über die »Grand Tour« bis heute. Leicht fasslich, mit vielen Neuentdekkungen und sogar: konkurrenzlos!

WAT 509. Broschiert. 304 Seiten. Originalausgabe

Dieter Richter **Carlo Collodi und sein Pinocchio**
Ein weitgereister Holzbengel und seine toskanische Geschichte

Eine heitere, lehr- und kenntnisreiche Kultur-, Entstehungs- und Rezeptionsgeschichte Pinocchios, in der man nicht nur viel über Italien (insbesondere über Florenz und die Toskana) im 19. Jahrhundert erfährt, sondern auch über die noch heute herausragende Bedeutung dieses italienischen Klassikers.

WAT 495. Broschiert. 144 Seiten

Kulturgeschichte bei Wagenbach

Bernd Roeck Gelehrte Künstler
Maler, Bildhauer und Architekten der Renaissance über Kunst

Wie wird der Künstler vom Handwerker zum Gelehrten und schließlich zum zweiten Gott, der eigene Welten erschafft?

Gebunden mit Schildchen und Prägung
Mit vielen, teils farbigen Abbildungen. 256 Seiten

Horst Bredekamp Der schwimmende Souverän
Karl der Große und die Bildpolitik des Körpers

Karl der Große setzte auf einen fluiden Herrscherstil, auf Wasser- und Lichtströme, auf permanente Übertragung und Respons, kurz: den Fluxus.

Gebunden mit Schildchen und Prägung
Mit vielen, teils farbigen Abbildungen. 176 Seiten

Natalie Zemon Davis Leo Africanus

Die große Historikerin Natalie Zemon Davis erzählt die exemplarische Lebensgeschichte des Leo Africanus wie einen Abenteuerroman: als Muslim geboren, von Katholiken vertrieben, von Piraten gefangengenommen und vom Papst getauft.

Aus dem Englischen von Gennaro Ghirardelli
Gebunden mit Schildchen und Prägung
Mit zahlreichen Abbildungen. 400 Seiten

Jörg Trempler Katastrophen
Ihre Entstehung aus dem Bild

Die Katastrophe wird erst durch das Bild weithin bekannt. Jörg Trempler erzählt, wie diese Entwicklung begann und wie Sturmfluten und Brände in dramatischen Darstellungen zugleich Furcht und heimliches Wohlgefühl bei all jenen auslösen, die nicht betroffen sind.

Gebunden mit Schildchen und Prägung
Mit sehr vielen, teils farbigen Abbildungen. 160 Seiten

Umschlaggestaltung Julie August unter Verwendung einer Farblithographie (»Poseidons Pferde«) von Walter Crane (1910) © bridgeman art library
Gesetzt aus der Poppl-Pontifex von Dörte Nielandt
Einbandmaterial von peyer graphic GmbH, Leonberg.
Gedruckt auf chlor- und säurefreiem Papier (Schleipen)
und gebunden bei Kösel, Krugzell.

ISBN 978 3 8031 3648 0

50 Jahre Wagenbach Verlagsgeschichte

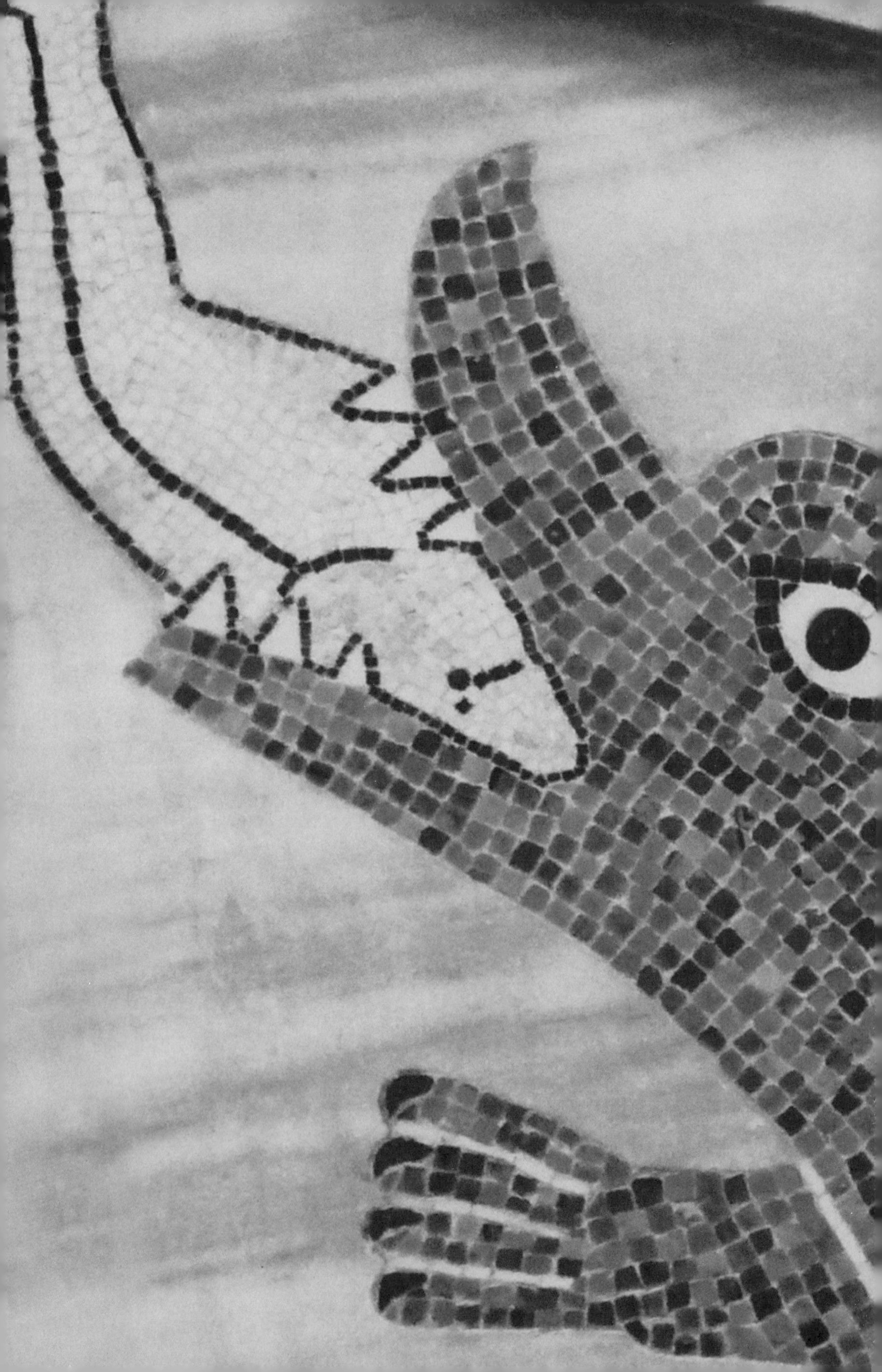